泽州县大东沟镇河底村汤王庙（北宋），2012 年 3 月 31 日摄

长子县丹朱镇南鲍村汤王庙（北宋），2012 年 4 月 1 日摄

长子县丹朱镇西上坊村成汤庙（金代重修），2012 年 4 月 1 日摄

壶关县树掌镇神郊村真泽宫（二仙祖庙），2011 年 9 月 10 日摄

壶关县神郊村真泽宫牌坊，2011 年 9 月 10 日摄

壶关县神郊村真泽宫北宋崇宁赐封二仙真人碑，2011 年 9 月 10 日摄

陵川县西溪二仙庙献殿（金代重修），2010年4月5日摄

陵川县西溪二仙庙建筑群，2010年4月5日摄

陵川县西溪二仙庙二仙塑像，2010年4月5日摄

高平市河西镇岭坡村二仙庙（金代重修），2011年9月10日摄

高平市岭坡村二仙庙护庙老人讲述二仙传说（台阶下即金代题记），
2011 年 9 月 10 日摄

泽州县金村镇小南村二仙庙（北宋重修），2012 年 3 月 31 日摄

陵川县礼义镇崔府君庙，2010年4月4日摄

泽州县金村镇府城村玉皇庙（北宋），2012年3月31日摄

泽州县府城玉皇庙碑廊，2012 年 3 月 31 日摄

壶关县黄家川乡南阳护村三峻庙（金代），2015 年 5 月 8 日摄

南部太行山区祠神信仰研究：618-1368

A Study on the God Faith Temple in
Southern Taihang Mountains:618-1368

宋燕鹏 著

中国社会科学出版社

图书在版编目（CIP）数据

南部太行山区祠神信仰研究：618—1368 / 宋燕鹏著. —北京：
中国社会科学出版社，2015.12
（中国社会科学博士后文库）
ISBN 978 - 7 - 5161 - 7311 - 4

Ⅰ.①南…　Ⅱ.①宋…　Ⅲ.①神—信仰—研究—山西省—
618～1368　Ⅳ.①B933

中国版本图书馆 CIP 数据核字（2015）第 300797 号

出 版 人	赵剑英	
责任编辑	吴丽平	
责任校对	邓雨婷	
责任印制	王　超	

出　　版	中国社会科学出版社	
社　　址	北京鼓楼西大街甲 158 号	
邮　　编	100720	
网　　址	http://www.csspw.cn	
发 行 部	010 - 84083685	
门 市 部	010 - 84029450	
经　　销	新华书店及其他书店	

印刷装订	北京君升印刷有限公司
版　　次	2015 年 12 月第 1 版
印　　次	2015 年 12 月第 1 次印刷

开　　本	710×1000　1/16
印　　张	16.25
字　　数	278 千字
定　　价	59.00 元

第四批《中国社会科学博士后文库》编委会及编辑部成员名单

（一）编委会

主　任：张　江

副主任：马　援　　张冠梓　　俞家栋　　夏文峰

秘书长：张国春　　邱春雷　　刘连军

成　员（按姓氏笔画排序）：

卜宪群	方　勇	王　巍	王利明	王国刚	王建朗	邓纯东
史　丹	刘　伟	刘丹青	孙壮志	朱光磊	吴白乙	吴振武
张车伟	张世贤	张宇燕	张伯里	张星星	张顺洪	李　平
李　林	李　薇	李永全	李汉林	李向阳	李国强	杨　光
杨　忠	陆建德	陈众议	陈泽宪	陈春声	卓新平	房　宁
罗卫东	郑秉文	赵天晓	赵剑英	高培勇	曹卫东	曹宏举
黄　平	朝戈金	谢地坤	谢红星	谢寿光	谢维和	裴长洪
潘家华	冀祥德	魏后凯				

（二）编辑部（按姓氏笔画排序）：

主　任：张国春（兼）

副主任：刘丹华　　曲建君　　李晓琳　　陈　颖　　薛万里

成　员（按姓氏笔画排序）：

王　芳	王　琪	刘　杰	孙大伟	宋　娜	苑淑娅	姚冬梅
郝　丽	梅　枚	章　瑾				

序　言

2015年是我国实施博士后制度30周年，也是我国哲学社会科学领域实施博士后制度的第23个年头。

30年来，在党中央国务院的正确领导下，我国博士后事业在探索中不断开拓前进，取得了非常显著的工作成绩。博士后制度的实施，培养出了一大批精力充沛、思维活跃、问题意识敏锐、学术功底扎实的高层次人才。目前，博士后群体已成为国家创新型人才中的一支骨干力量，为经济社会发展和科学技术进步作出了独特贡献。在哲学社会科学领域实施博士后制度，已成为培养各学科领域高端后备人才的重要途径，对于加强哲学社会科学人才队伍建设、繁荣发展哲学社会科学事业发挥了重要作用。20多年来，一批又一批博士后成为我国哲学社会科学研究和教学单位的骨干人才和领军人物。

中国社会科学院作为党中央直接领导的国家哲学社会科学研究机构，在社会科学博士后工作方面承担着特殊责任，理应走在全国前列。为充分展示我国哲学社会科学领域博士后工作成果，推动中国博士后事业进一步繁荣发展，中国社会科学院和全国博士后管理委员会在2012年推出了《中国社会科学博士后文库》（以下简称《文库》），迄今已出版四批共151部博士后优秀著作。为支持《文库》的出版，中国社会科学院已累计投入资金820余万元，人力资源和社会保障部与中国博士后科学基金会累计投入160万元。实践证明，《文库》已成为集中、系统、全面反映我国哲学社会科学博士后优秀成果的高端学术平台，为调动哲学社会科学博士后的积极性和创造力、扩大哲学社会科学博士后的学术影响力和社会影响力发挥了重要作用。中国社会科学院和全国博士后管理委员会将共同努力，继续编辑出版好《文库》，进一步提高《文库》的学术水准和社会效益，使之成为学术出版界的知名品牌。

哲学社会科学是人类知识体系中不可或缺的重要组成部分，是人们认识世界、改造世界的重要工具，是推动历史发展和社会进步的重要力量。建设中国特色社会主义的伟大事业，离不开以马克思主义为指导的哲学社会科学的繁荣发展。而哲学社会科学的繁荣发展关键在人，在人才，在一批又一批具有深厚知识基础和较强创新能力的高层次人才。广大哲学社会科学博士后要充分认识到自身所肩负的责任和使命，通过自己扎扎实实的创造性工作，努力成为国家创新型人才中名副其实的一支骨干力量。为此，必须做到：

第一，始终坚持正确的政治方向和学术导向。马克思主义是科学的世界观和方法论，是当代中国的主流意识形态，是我们立党立国的根本指导思想，也是我国哲学社会科学的灵魂所在。哲学社会科学博士后要自觉担负起巩固和发展马克思主义指导地位的神圣使命，把马克思主义的立场、观点、方法贯穿到具体的研究工作中，用发展着的马克思主义指导哲学社会科学。要认真学习马克思主义基本原理、中国特色社会主义理论体系和习近平总书记系列重要讲话精神，在思想上、政治上、行动上与党中央保持高度一致。在涉及党的基本理论、基本路线和重大原则、重要方针政策问题上，要立场坚定、观点鲜明、态度坚决，积极传播正面声音，正确引领社会思潮。

第二，始终坚持站在党和人民立场上做学问。为什么人的问题，是马克思主义唯物史观的核心问题，是哲学社会科学研究的根本性、方向性、原则性问题。解决哲学社会科学为什么人的问题，说到底就是要解决哲学社会科学工作者为什么人从事学术研究的问题。哲学社会科学博士后要牢固树立人民至上的价值观、人民是真正英雄的历史观，始终把人民的根本利益放在首位，把拿出让党和人民满意的科研成果放在首位，坚持为人民做学问，做实学问、做好学问、做真学问，为人民拿笔杆子，为人民鼓与呼，为人民谋利益，切实发挥好党和人民事业的思想库作用。这是我国哲学社会科学工作者，包括广大哲学社会科学博士后的神圣职责，也是实现哲学社会科学价值的必然途径。

第三，始终坚持以党和国家关注的重大理论和现实问题为科研主攻方向。哲学社会科学只有在对时代问题、重大理论和现实问题的深入分析和探索中才能不断向前发展。哲学社会科学博士后要根据时代和实践发展要求，运用马克思主义这个望远镜和显微镜，增强辩证思维、创新思维能力，善于发现问题、分析问题，积极推动解决问题。要深入研究党和国家面临的一系列亟待回答和解决的重大理论和现实问题，经济社会发展中的全局性、前瞻性、战略性问题，干部群众普遍关注的热点、焦点、难点问题，以高质量的科学研究成果，更好地为党和国家的决策服务，为全面建成小康社会服务，为实现"两个一百年"奋斗目标和中华民族伟大复兴中国梦服务。

第四，始终坚持弘扬理论联系实际的优良学风。实践是理论研究的不竭源泉，是检验真理和价值的唯一标准。离开了实践，理论研究就成为无源之水、无本之木。哲学社会科学研究只有同经济社会发展的要求、丰富多彩的生活和人民群众的实践紧密结合起来，才能具有强大的生命力，才能实现自身的社会价值。哲学社会科学博士后要大力弘扬理论联系实际的优良学风，立足当代、立足国情，深入基层、深入群众，坚持从人民群众的生产和生活中，从人民群众建设中国特色社会主义的伟大实践中，汲取智慧和营养，把是否符合、是否有利于人民群众根本利益作为衡量和检验哲学社会科学研究工作的第一标准。要经常用人民群众这面镜子照照自己，匡正自己的人生追求和价值选择，校验自己的责任态度，衡量自己的职业精神。

第五，始终坚持推动理论体系和话语体系创新。党的十八届五中全会明确提出不断推进理论创新、制度创新、科技创新、文化创新等各方面创新的艰巨任务。必须充分认识到，推进理论创新、文化创新，哲学社会科学责无旁贷；推进制度创新、科技创新等各方面的创新，同样需要哲学社会科学提供有效的智力支撑。哲学社会科学博士后要努力推动学科体系、学术观点、科研方法创新，为构建中国特色、中国风格、中国气派的哲学社会科学创新体系作出贡献。要积极投身到党和国家创新洪流中去，深入开展探索性创新研究，不断向未知领域进军，勇攀学术高峰。要大力推进学术话语体系创新，力求厚积薄发、深入浅出、语言朴实、文风清新，力戒言之无物、故作高深、食洋不化、食古不化，不断增强我国学术话语体系的说服力、感染力、影响力。

"长风破浪会有时，直挂云帆济沧海。"当前，世界正处于前所未有的激烈变动之中，我国即将进入全面建成小康社会的决胜阶段。这既为哲学社会科学的繁荣发展提供了广阔空间，也为哲学社会科学界提供了大有作为的重要舞台。衷心希望广大哲学社会科学博士后能够自觉把自己的研究工作与党和人民的事业紧密联系在一起，把个人的前途命运与党和国家的前途命运紧密联系在一起，与时代共奋进、与国家共荣辱、与人民共呼吸，努力成为忠诚服务于党和人民事业、值得党和人民信赖的学问家。

是为序。

张江

中国社会科学院副院长

中国社会科学院博士后管理委员会主任

2015 年 12 月 1 日

摘　要

　　南部太行山区民间祠神信仰，属于中国古代民间信仰的有机组成部分之一。在唐代以前，南部太行山区民间祠神信仰并不兴盛，表现出非常低迷的状态。我们从史料上能见到的多为寺院存在且兴旺的事迹，看不到有什么明显的祠神信仰。这与北朝、隋、唐、晋东南人口变化有密切关系。随着人口的增加，原有的寺院数量已不能满足信众的需求，凭借巫觋存在的各类祠神信仰就如雨后春笋般异军突起，趁势填补了晋东南民众的信仰空间，由此晋东南以寺院为主的信仰格局被打破。

　　各种类型的祠神信仰在南部太行山区都有所表现。如果仅从祠神类型上来说，与江南、华南地区并没有什么区别。所不同的是，南部太行山区的祠神在唐、宋、金时期都经历了一个兴起与传播的过程，自然神也普遍被人格化，上古帝王信仰在唐、宋、金时期得到重新演绎。

　　从祠庙的重修过程中，我们可以看到南部太行山区民间祠神的信仰范围。在今泽州县和高平市的宋元碑刻能见到"村社"的普遍存在，尤其泽州县从北宋到元，一直沿用"管—村"的基层组织模式，每个"管"下面都有几个"社"，每几个"社"负责某个祠庙的维护和重修。但是在陵川县我们看到的则是从后周到元代，一直维持着以"乡"为组织的模式，并且几个主要的"乡"都没有什么变化。因此同在晋东南，各地的组织模式并不一致，只是各自的传统从宋代以降皆各自传承。

　　金元为少数民族政权，这些进入华北的少数民族成员面对汉人原有的祠神信仰，和汉人一样信奉。在对神灵的崇拜方面，各个民族并无二致。因此如果说"宋—金—元"变革，至少在祠神信仰方面很难看到变化。

　　重修由官员发起，民众参与，官员所代表的国家力量是对祠庙的肯定，也是"保护伞"。国家的赐额和赐封则代表国家对祠庙的正式认可，避免了祠庙被排挤到"淫祀"名录而被拆毁的命运。也因此祠庙获得了地域更为广泛的信众，加强了信仰对外传播的动力。地方势力在有关祠庙活动中也加以运作，以地方耆老和士人为主的群体，开始对地方文化资源有意进行整合，由此进一步巩固了地方心理认同，"同乡"关系网络在祠庙发展过程中有重要作用。因此祠庙的每一次重修，都是地方社会凝聚心理认同的有效手段。通过祠庙重修，我们能够看到华北区域社会逐渐成形的过程。宗教势力对祠神信仰也多有关注。这些宗教势力在与祠庙进行博弈过程中，采取了各种不同的方法对其进行渗透。

　　通过对成汤、二仙和崔府君三个个案的考察，可以获得一些一般性认识：信仰的兴起往往依靠巫觋的力量；信仰的传播需要很多因素，其中最主要的因素是灵验的频度和程度；每座祠庙多为一定范围内的村落所共同信奉，这些村落在南部太行山区沿着河谷或山势自然分布，构成了祠庙信仰分布的日常模式。

关键词：南部太行山区；祠神信仰；兴起；传播

Abstract

The folk faith in the Southern Taihang Mountains is one essential constituent of folk belief system in ancient China. Prior to the Tang Dynasty, it was barely known to the public. From historical documents, it is shown that there are a great many cases of prestigious monasteries with no indication of apparent folk faith. The phenomenon was closely bound up with the population shifts in the Southeastern region of Shanxi Province during the North Dynasty and Sui-Tang Dynasties. As the population proliferated, the previous monasteries were incapable of satisfying the believers' demand. Depending on the existence of witches, various types of folk faith sprang up. The trend filled the void in the religious space of folks inhabiting in the Southeast region of Shanxi Province, breaking up the belief situation that depends on the monasteries in the region.

Various types of folk faith can be seen in the Southern Taihang Mountains. As far as the type of the folk faith was concerned, there was no distinction in comparison with Southeast China. What has been dissimilar was that the folk faith in this region witnessed a process of rise and spread during the Tang, Song and Jin Dynasties. The natural gods were generally personified and primitive emperors were re-embodied at the same period of time.

From the restoration of the temples, we are able to ascertain the range of folk faith in the Southern Taihang Mountains. "Village community" was not necessarily the same in the region. The existence of "village community" was common in the Zezhou County and Gaoping City today. Particularly Gaoping city still adopted a grassroots organizational model named " Guan-Village " constantly. Each " Guan " had several " communities " with each community responsible for the maintenance and restoration of certain temple from North Song Dynasty and Yuan Dynasty. It is, however, discovered that the Linchuan County still kept the " Village " as its organizational model without any change in the major villages from Later Zhou Dynasty to Yuan Dynasty. Therefore, even if in the same region, the organizational model varies from each other, with the inheritance of their own traditions in separate ways since the Song Dynasty.

Jin and Yuan Dynasty were established by the ethnic minority, the members of which believed in the same faith as Han people upon the entry of North China when confronted with the original folk faith of Han people. With regard to the idolization of Gods, every race is the same. Hence if there were revolution in the " Song-Jin-Yuan " Dynasties, no transformation would be seen in the folk faith.

The restoration of temples was initiated by government officials with folks' involvement. The national power represented by government officials was approval and protection for the folk faith temples. The plaques and reward granted by the government symbolized the official approval of the temples, which prevented them from being listed as " illegal temples " and avoided the fortune of destruction. As a consequence, folk temples gained a broader base of believers, consolidating its strength to spread farther. Local powers also played their roles in the operation of activities pertaining to the folk temples. Groups that consist of primarily the elderly and scholars began to restructure the local cultural resources deliberately, thus strengthening the region's psychological identity. Social networks formed by the people who originated from the same hometown played an indispensable role in the development of the folk temples. Each restoration of the folk temples was a means to hold together the psychological identity by the local community. Through such restoration, we are able to identify the evolution of regional community in North China. Thirdly, the religious powers also paid attention to the folk faith. These powers took various measures to infiltrate the folk temples over the course of competition.

By investigating three cases of Cheng Tang, Er Xian and Cui Fu Jun, a general understanding can be drawn: the rise of faith usually relied on the power of witches; the spread of faith required multiple factors, one significant factor is the frequency of effectiveness and extent to which the faith is authentic; each temple was shared by the villages in the region. These villages were dotted along the valley or the range of the Southern Taihang Mountains, forming a regular pattern of folk faith.

Key words: Southern Taihang Mountains; Folk faith; Rise; Spread

目　　录

Contents

Contents

绪　　论

第一节　选题意义和研究现状

一　选题意义

"南部太行山区"指太行山南部一段，包括今山西长治、晋城，河北邢台、邯郸，河南安阳、新乡、鹤壁、焦作等地区，即山西、河南、河北交界之处。近二十年来，对中国古代民间信仰的研究逐渐增多，但对于南部太行山区的研究则寥寥无几。

首先，对南部太行山区民间信仰的长时段研究有很强的学术意义。

一是把握618—1368年间南部太行山区神灵变迁的内在推动力，有助于正确理解中国传统民间祠神信仰的实质。南部太行山区包括山西、河南、河北交界处的太行山区。经过汉魏六朝的发展，包括南部太行山区在内的华北地区民间信仰发展到唐朝就比较成熟。汉唐之间不同神灵都或多或少经历了产生、兴盛、繁荣、衰落，甚至是消失，抑或是改头换面的过程，而这一过程在10世纪后由于史料的丰富而愈加明显，其中影响神灵地位变动的因素也愈加清晰。在唐宋金元时期该区域民间信仰有何特点？与社会的变迁有何关系？对后世华北祠神信仰的发展有何影响？因此探索唐、宋、金、元时期该地区信仰的流变可以找到中国民间祠神信仰发展演变的本质。

二是把握618—1368年间南部太行山区民间祠神信仰在不同时段的变化，有助于正确理解传统民间信仰与社会之间的互动关系。该时段是北方政权、民族变动频繁的时期，民族迁徙对民间信仰也带来很多影响，民间祠神信仰也不断适应着变动不居的社会现状，体现出自身很强的调试功能。自唐朝至元朝少数民族大量进入华北之后，民间信仰有无变化？社会各阶层对民间信仰的态度如何？祠庙兴修过程中体现出来怎样的社会整合？通过上述问题，既可以从新的角度考察华北区域社会变迁的内在线索，又可以从长时段来回答"唐宋变革"或"宋元明变革"等理论范式在华北区域适用与否的问题。

三是利用区域社会史的视野研究 618—1368 年间南部太行山区民间祠神信仰，将其作为北方一个研究单元，有助于总结出唐宋以降北方区域性社会变迁的特点。与南方民间信仰研究的兴盛相比，华北区域民间信仰的研究则显得冷清很多，这是整个华北区域研究相对不足的表现之一。唐宋以降华北区域社会变化速度加快，并且因和政治中心近在咫尺，表现出与江南、华南区域不同的社会发展面貌。附着在其上的民间信仰在社会变动的潮流中，也或多或少表现出时代特点。打破政区界限，按照自然区域，就可以还原南部太行山区民间信仰外在的同一性及内在的差异性，从而为区域社会史研究提供北方区域社会变迁的具体个案。

其次，对南部太行山区民间信仰的长时段研究有很强的现实意义。在举国上下重视"三农"问题的时候，民间信仰也成为学术界内外广为关注的社会问题。有些民间信仰活动成为非物质文化遗产，有些民间祠庙则属于各级文物，因此各地各级政府部门也不同程度地参与到民间信仰活动中去。那么，在 21 世纪的当代，对于民间信仰，政府对其应该抱有何种态度和采取何种措施？现今每一个阶层面对民间信仰应该如何作为？618—1368 年间为唐宋金元时期，处于中国古代社会转型期的唐宋金元政府及地方诸阶层的应对措施对我们有何启迪？着眼于此，本书的研究，对寻找影响中国民间祠神信仰的历史根源，完善国家在民间祠神信仰方面的管理制度，亦有重要的意义。

二 国内外研究现状述评

"祠神信仰"，或直接称为"民俗信仰"，是在长期的历史发展过程中，在民众中自发产生的一套神灵崇拜观念、行为习惯和相应的仪式制度。作为重要的民俗事象，在 20 世纪，对中国民间信仰的研究是与民俗学的出现紧紧相随的（如顾颉刚对妙峰山的研究）。由于众所周知的原因，长达几十年内民间信仰作为封建迷信而被排除在研究者视野之外。最近十多年，民间信仰的研究才成为学者研究的重要选题之一，而同时中国古代祠神信仰也成为社会史研究中的热点之一，开始从静态的、平面式的研究转向动态的立体式的研究，并且逐步与台湾和海外学者的研究接轨。

就近年刊发的论著来看，对中国古代民间信仰的探讨，以综合论证居多，既有对整个中国古代民间信仰的纵向（条状）的、整体的研究，也有专门针对某些地域和某些群体或个体（如福建、广东、山西等地）的块状的、具体的探讨。已有研究成果多注重对中国古代民间信仰的断代研究，如对汉代①、魏晋南北朝②、唐代③、宋代④诸时期民间信仰的成果相对较多，如王永平、贾二强、沈刚、梁满仓、雷闻、余欣、皮庆生、王章伟、刘黎明、韩森（Valerie Hansen）、韩明士（Robert Hymes）、伊佩霞（Patricia Buckley Ebrey）、David Johnson 等学者的论著；虽然有专论神灵穿越朝代的变化，但数量却不多，或又因文章主旨及研究地域的局限，没能对华

---

① 林富士：《汉代的巫者》，台北稻乡出版社1999年版；蒲慕洲：《追寻一己之福——中国古代的信仰世界》，上海古籍出版社2007年版；沈刚：《民间信仰与汉代社会》，历史学博士后出站报告，吉林大学，2006年11月；贾艳红：《汉代民间信仰研究》，博士学位论文，山东大学，2004年；李子香：《文化认同与文化控制：秦汉民间信仰研究》，博士学位论文，河南大学，2010年。更多汉代民间信仰的研究综述可参见李子香《近30年来汉代民间信仰研究》，《史学月刊》2010年第3期。

② 蔡宗宪：《北朝的祠祀信仰》，硕士学位论文，"国立"台湾大学历史学研究所，1997年；张亿平：《魏晋南北朝民间信仰研究》，硕士学位论文，"国立"台湾大学中国文学研究所，2001年；王建明：《东晋南朝江南地区民间信仰研究》，硕士学位论文，安徽师范大学，2003年；储晓军：《魏晋南北朝民间信仰研究》，博士学位论文，西北大学，2009年等。

③ 王永平：《论唐代的民间淫祠与移风易俗》，《史学月刊》2000年第5期；《论唐代的水神崇拜》，《首都师范大学学报》2006年第4期；《论唐代的山神信仰》，《首都师范大学学报》2004年第6期；《论唐代山西的民间信仰》，《山西大学学报》2004年第1期；贾二强：《神鬼界域：唐代民间信仰透视》，陕西人民教育出版社2000年版；《唐宋民间信仰》，福建人民出版社2002年版；雷闻：《郊庙之外——隋唐国家祭祀与宗教》，生活·读书·新知三联书店2009年版；赵宏勃：《唐代的巫觋研究：七至十世纪中国民间信仰的一个视角》，博士学位论文，南开大学，2001年；孙军辉：《唐代民间信仰研究》，博士学位论文，北京师范大学，2009年。

④ ［美］Patricia Buckley Ebrey, Peter N. Gregory. *Religion and Society in Tang and Sung China*. Honolulu: University of Hawaii Press, 1993. ［美］韩森：《变迁之神——南宋时期的民间信仰》，浙江人民出版社1999年版；皮庆生：《宋代民众祠神信仰研究》，上海古籍出版社2008年版；刘黎明：《宋代民间巫术研究》，巴蜀书社2004年版；王章伟：《在国家与社会之间——宋代巫觋信仰研究》，中华书局2005年版；李晓红：《宋代社会中的巫觋研究》，光明日报出版社2010年版。

北地域性民间信仰与乡村社会变迁有更深入的研究。近年一些历史人类学和区域社会史的论著在考证分析明清江南、华南等地域民间信仰问题的时候，已经注意到宋代以来民间神灵发展、传播的动态过程。特别是陈春声、赵世瑜、郑振满、朱海滨、王健、滨岛敦俊、丁荷生（Kenneth Dean）、王斯福（Stephan Feuchtwang）等海内外学者的论著，提供了对民间信仰很有价值的认识。本书论题就是在有关学者研究的基础上展开的，同时也是对我们以往研究内容的整合、补充和提升。

近年来有关华北区域民间信仰的研究论著中，多集中在明清山西南部地区，由于断代的局限，对上溯唐宋便心有余而力不足。南部太行山区跨越山西、河北、河南三省，在自然条件上属于同一种类型，居民互相有较多的来往，在信仰上有很多共通性，经常处于一个神灵的信仰圈内。为了克服以往基本上站在断代和人为划分的政区上看民间信仰，本书采用"长时段"的视角来观察，跨越传统上所谓唐宋金元四个断代。同时采用"区域社会史"的视角来观察太行山区在民间信仰与乡村社会的变迁，力图从民间信仰神灵变迁这个特定角度切入，系统地、更为深入考察地域心理的形成和神灵祠庙的兴修中的社会整合，从而进一步探讨太行山区民间信仰与基层社会之间的关系。

第二节　区域社会史视野下的中国古代民间信仰

众所周知，在改革开放之前的数十年间，民间信仰被作为"封建迷信"受到严肃批判，而如今却是比较热门的研究题目，不仅当今的民间信仰有民俗学、人类学、社会学等学科加以研究，历史上的民间信仰，也不断进入学人的研究视野，各学科在这个领域都找到了研究对象。民俗学、人类学等学科关注信仰的仪式与象征等方面，而历史学则关注历史上民间信仰的发展与演变，这自然是和古今研究对象材料的多寡有关联，也反映了不同学科的研究取向。但不管怎样，不同学科在这里，找到了对话点。不同断代史研究者在民间信仰领域也能够找到同路人。①

---

① 参见复旦大学文史研究院编《民间何在　谁之信仰》（中华书局 2009 年版）之讨论。

中国古代民间神灵信仰的发展过程，基本上可以从唐代划分为前后两个阶段。唐代以前，神灵固守着"神不越界"的传统，而且多数都是本地神，并且地域（Territorial）神灵的信仰圈非常大，造成文献记载上地方（Local）神灵在文献记载上多数是缺失的。① 唐代开始，地方神灵开始兴起，并且个别神灵在宋金时期不断传播，成为地域神灵。这个传播的过程在北方开始于唐末，兴盛于北宋金代。而南方也在北宋开始，在南宋方兴盛。基本上在元朝时南北民间信仰都达到了发展史上的第一个高潮，奠定了明、清民间神灵信仰分布的基本格局。以历史人类学著称的"华南学派"其研究主要着重于明、清、近代，资料上的丰富以及理论上成熟，使其研究成果荦荦大观。但对于传世文献与金石碑刻文献相对皆少的前明、清时代，民间信仰的研究应该如何进行？笔者对此有一些思考。

"国之大事，在祀与戎"，在先秦时期，祭祀神灵本是统治阶级的特权。② 进入两汉，统治阶层的信仰与普通民众的信仰则不再完全重合，而开始各自有侧重点。有的信仰是最高统治者祭祀的，而更多的则是普通民众自身崇拜的。还有一部分是统治者与普通民众皆祭祀。如西汉的西王母信仰，则是属于最高统治者与普通民众皆信仰。更多的则是政府未正式承认者，属于"淫祠"。"淫祠"一词第一次在《宋书》中出现，《宋书》为南朝梁沈约所撰，可以认为南朝统治阶层对民间滥设的祠庙有一种较为清晰的认识。在其后的《北齐书》也出现该词。该书卷四十《循吏传·苏琼》云其任职清河太守时，"禁断淫祠"。该书为唐初李百药在其父亲李德林所写的基础上所撰，反映的是南北朝时期的观念。可见在南北朝时期出现"淫祠"一词不是偶然现象。但是这个词的出现在南北朝时期，并不能说明"淫祠"一词所指的滥设的祠庙在两汉魏晋时期不存在或者说很少。一种事物经常存在，但人们对它的认识却是不断变化的，淫祠也不例外。从先秦到魏晋，一直是用"淫祀"一词来指代不合礼法的祭祀活动以及滥设的祠庙。到南北朝时期则是"淫祠"与"淫祀"二词可以互相替代使用。《宋书》卷三《武帝纪下》："（永初二年）夏四月己卯朔，诏曰：'淫祠惑民费财，前典所绝，可并下在所除诸杂庙。'"这里用的是"淫祠"。

① 笔者所谓地域（Territorial）是指不局限在一个地方信仰，地方（Local）则指仅在一地信仰。
② 参见詹鄞鑫《神灵与祭祀——中国传统宗教综论》，江苏古籍出版社1992年版，第181—183页。

同书卷十七《礼志四》："宋武帝永初二年，普禁淫祀。"这里使用的却是"淫祀"。可见这个时候"淫祠"与"淫祀"二词是可以互相替代使用的。因此，得到政府承认者，就进入"祀典"，成为合法信仰。没有得到承认的，就有可能被作为"淫祠"而拆毁。随着人口不断增加，文献记载中的地方信仰越来越多，"迎神赛社"带来社会财富的巨大浪费，因此地方官员不断站在国家的立场上对地方信仰加以整饬。但是地方官更换频繁，政策往往带有个人色彩，民众的信仰并不会因为暂时的祠庙拆毁而消失，却总是随着官员的离任而再次将祠庙兴建起来。[①] 甚至连皇帝都下令拆除的祠庙，在其死后依然会堂而皇之地建立起来。

对于祠庙，因为官员对神灵有所求，神人关系在这里得到交集。能够满足官员所求的神灵，不一定都是官员承认者。将民间各路神灵纳入国家祭祀的系统，是唐代开始采取的措施。政府用赐额的方式，将各地为民有功的神灵纳入祀典。民间神灵层出不穷，政府不断用赐额来认定其合法性，用毁坏来打击"淫祠"，这就使得地方势力经常编造灵验故事用以申请"赐额"来保护地方祠庙，显示出了地方利益与国家权力的相互博弈。

在改革开放前的三十年间，研究中国的外国学者无法正常进入中国大陆进行研究，只好选择香港、台湾进行民间信仰的人类学、社会学、历史学等学科的调查研究，甚至对流传于东南亚的民间宗教也有浓厚兴趣。以此形成了众多关于中国东南地域宗族社会、民间信仰等研究成果。但是因此也造成了一种比较严重的后果，就是中国地域广阔，可是提到宗族、信仰等，多是华南印象，广阔的华北、西北、东北亦是如此吗？或者就一概而论说中国宗族、民间信仰就是怎么样。以著名的宗族论题为例，自从弗里德曼的《中国东南的宗族组织》出版以后，以族长、族谱、族规、族产、宗祠等为代表的东南宗族就成为宗族的标准，凡是符合上述五项者就被认为是完整宗族，不完全符合或者没有的就被认为是不完整宗族，或者

---

① 1949年后"破四旧"运动曾将南北各地的祠庙毁坏殆尽，但是随着改革开放后思想放开，被毁坏的祠庙又逐渐重新建立起来。笔者在河北南部的邯郸、邢台的田野调查发现，1987年是农村信仰开始破冰的主要时间点。笔者外祖父家在邯郸市永年县北杜村，村中从1987年开始建立关公庙，90年代开始大量修建其他祠庙，如今一个村内大小祠庙已有20多处，因为村较大，分成前街、后街两个专门的修庙委员会。可以说，只要有信众存在，暂时的祠庙被毁并不能使信仰消失，古时如此，现在亦如此。

是缺陷宗族。① 其实明代初年华北并非没有过宗族建设，华北宗族作为血缘纽带，是自然存在的，只是没有东南地区的所谓宗族建设的内容。因此我们不能说华北没有宗族，只能说华北宗族没有那些所谓宗族要素。宗族的观念是自然而然的，尤其是以"五服"观念迄今依然存在，家族与宗族的观念在华北农村依然广为盛行。相比之下民间信仰的研究亦是如此，东南地区的民间信仰虽然具有中国汉族民间信仰的共性，但是其特点亦非常明显，作为参照对象，华北民间信仰就是代表了北方的模式。赵世瑜教授所说的"华北社会史研究"至少在学术范式上是有重要意义的。② 因此从华南与华北的对比来说，先入为主的华南认知经常成为衡量的标准，这在学术研究上是不恰当的。在华北内部，也区分成为若干各具特点的地理区域，唐宋以降，随着史料的增多，完全可以做更为细致的研究。一条材料就想说明一个王朝的问题的做法，在唐宋以降就显得不那么合时宜了。因此，在长时段的关照下，仔细观察一个地域，就很有必要。因此，唐宋以降中国古代民间信仰的研究取向，应该是通史下的区域史。

　　进一步讲，地理上的华北包括现在山西、河北、北京、天津和内蒙古的一部分。不言而喻，各个省份内部也存在着文化上的差异。比如如今的河北地区在历史上也发生了多次文化变异。自先秦起，河北地区是黄河中下游农业最发达、人口密度最大的地区，相应地在文化上也是属于先进地区。但是这种文化的先进地位在唐代开始发生了重要变化，那就是"胡化"，这个过程在北朝后期就已经开始。北魏末年北方边境六镇起义，随着高欢和宇文泰各自完成对关东和关西的控制，大量鲜卑人进入河朔地区。少数民族的风俗和习惯得到输入，本地汉族的风俗习惯也相应改变。陈寅恪先生就详细阐述了"河朔胡化"，大概以现在定州、赵县为南北界线。籍贯范阳涿县的卢氏，离开河北定居洛阳和长安的房支皆保持着士族的门风和社会地位，而留在老家的卢氏子弟则击球走马，二十多岁还未知

① 兰林友：《论华北宗族的典型特征》，《中央民族大学学报》2004 年第 1 期。
② 赵世瑜：《作为方法论的区域社会史——兼及 12 世纪以来的华北社会史研究》，《史学月刊》2004 年第 8 期；另见赵世瑜《小历史与大历史——区域社会史的理论、方法与实践》，生活·读书·新知三联书店 2006 年版，第 3—11 页。

孔子为谁。① 而后经过北宋与辽的对峙、金元长期统治华北，那些少数民族的因素在河北得到渗透。迄今河北北部和中南部风俗就有着明显的不同。自西晋开始，山西北部就有大量匈奴族进入，十六国后期则是鲜卑族占据了山西北部以大同为中心的广大地区。② 而到唐代，这里是北部边疆，和蒙古高原少数民族的接触使这里的民风彪悍。因相比之下，晋中以晋阳为中心的地带是河东地区的政治经济中心，今运城地区则属于关中文化圈，与山西其他地域有明显差异。而晋东南由于四周环山，形成了自己独特的风俗文化特点。因此，山西至少有雁北、晋中、河东、上党四个文化区域。不同的文化区域则在国家的背景之下于社会各方面都有自身的特点。但是如运城地区与关中文化圈类似，上党地区与河南的河内地区则联系紧密。

历史上，河南的黄河以北地区长期与太行山北部和东部在行政军事体制上属于一体。如唐朝的河阳三城节度使，是安史之乱后的方镇之一。因节度使治河阳三城得名，简称"河阳"，又名怀卫。唐德宗建中二年（781）置。较长期领有河阳三城和五县（后置孟州）及怀、卫二州，相当于今河南黄河故道以北、太行山以南、浚县以西及黄河南岸孟津、荥阳县的汜水、广武两镇等地。怀（治所在今河南省沁阳市）、孟（治所在今河南省孟州市）、卫（治所在今河南汲县）三州在北宋则属河北西路，金朝怀、孟二州则与潞州、泽州同属河东南路，卫州与彰德府（治今河南安阳市）、磁州、邢州同属河北西路。而后元朝泽、潞二州属于平阳路（后改名晋宁路，治所在平阳府，今临汾市），怀、孟、卫三州为怀庆路，方才分开。怀、孟二州北部为南部太行山，山北即为泽州。与泽州同河南怀、孟二州交界相似，潞州则和今河北的磁州交界。尽管泽州与怀、孟、卫三州中间横亘着南部太行山，但是人员往来、经济交流则比其他山西地域更密切。而潞州则向东与磁州有比较密切的来往。卫州北部是彰德府，该府西部则为以林虑山为代表的南部太行山脉。这个区域在神灵信仰上的特点比较明显，南部太行山的南北分享着共同的信仰，如二仙、崔府君和成汤信仰。如今的地理划分上，河南、湖北、湖南并为华

① 毛汉光：《论安史之乱后河北地区之社会与文化——举在籍大士族为例》，收入淡江大学中文系主编《晚唐的社会与文化》，台北学生书局 1990 年版，第 99—111 页。
② ［日］前田正名：《平城历史地理学研究》，李凭等译，书目文献出版社 1994 年版，第 59—70 页。

中地区，但是出于上述考虑，笔者将南部太行山南北作为一个区域单元来进行研究。由于时间和资料等条件的限制，本书仅选择位于今长治、晋城地区的潞州、泽州为研究对象，太行山南麓的怀州、卫州等地留待将来机会成熟时再做考察。

第三节　南部太行山区地理风俗概述

太行山是中国东部地区的重要山脉和地理分界线，耸立于北京、河北、山西、河南四省、市间。北起北京西山，南达豫西北黄河北岸，西接山西高原，东临华北平原，绵延700余公里，为山西东部、东南部与河北、河南两省的天然界山。清人说：

> 太行山起于河南之济源，迤逦东北延袤千里，东跨河南怀庆、卫辉、彰德三府，及直隶真定府境，西入山西泽、潞二府，沁、辽、平定三州境，自平定而东，井陉、获鹿而北，则为《禹贡》之恒山矣。[①]

太行山成为华北中间的天然地理界线，按照山川的自然走向，南部太行山区可以分为两大部分，晋东南和豫西北。东部是广阔的华北平原，经济发达，人口众多，是黄河中下游的经济中心，其南部，即是河洛地区。历史上，两者有着广泛的经济、文化交流。

南部太行山，其北部为晋东南地区，历史上统称为上党地区（包括泽、潞二州），从唐代开始，晋东南开始稳定在两个地方行政区划之内，即潞州和泽州。唐武德二年（619）于潞州置总管府，贞观元年废都督府。八年置大都督府。十年，又改为都督府。潞、泽、沁三州作为一个整体属于一个军事建置。安史之乱爆发，于潞州、泽州设置泽潞节度使。[②] 第一次，广德元年（763），泽潞节度增领怀州与河阳三城；第二次，大历十二

---

① （清）张淑渠修，姚学瑛、姚学甲纂：《潞安府志》卷四《山川》，乾隆三十五年（1770），国家图书馆藏。
② 《资治通鉴》卷二一九《肃宗至德元载》，中华书局1956年版，第7010—7011页。

年（777）泽潞跨越太行山脉，兼领河北邢、磁二州及建中三年（782）增领洺州。代宗大历元年（766），薛嵩任相卫六州节度使，"号其军为昭义"，代宗将相卫六州节度使赐名为昭义军节度，昭义镇由此得名正式建镇，成为唐中后期、五代历史上重要的藩镇之一。第三次，建中二年（781），泽潞节度罢领怀州与河阳三城。

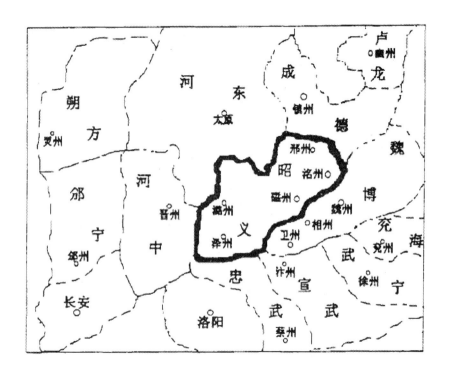

图 0-1 唐中后期昭义军形势图①

泽、潞和洺、磁、邢州长期处于一个军事管理体系之下，不仅是军事意义上，另外对民间信仰的传播也带来一定影响。北宋时，潞州、泽州属河东路。金代属河东南路，元代属平阳路，元成宗改晋宁路。尽管河东地区的政区名称多有变化，这两个地方政区的名称和辖区日后却少有不同。如潞州在北宋崇宁三年（1104）升为隆德府，金称潞州，蒙古和元仍称潞

---

① 转引自王韵《论唐、五代的昭义镇》，硕士学位论文，四川师范大学，2003年，第6页。

州。为叙述方便，报告中涉及潞州地区，一律称为潞州。泽州亦做此处理。

晋东南地区平均海拔在 1200 米以上，境内山峰重叠，山地居多，长治、黎城、晋城、高平等小型盆地错列其中。顾炎武曰："上党初置郡时，奄有潞、泽、沁、辽之地，居太行之巅，据天下之脊，自河内观之泽山高万仞，自朝歌望之则如黑云在半天，即太原、河东亦环趾而处于山之外也。"① 形象地说明了晋东南地区的地形特点及与四邻的地理位置关系。

　　潞州

　　在府境者，始于壶关之东南，迄于黎城县之东北，绵亘郡属各县，诸山随地异名，大约皆太行之分支。而壶关一县及长治、潞城、黎城三县东境实据其脊，至长子、屯留，西境襄垣，西次三经之首，而谒戾、发鸠，诸山俱以次相属，则同出于太行无疑也。②

《汉书·地理志》："壶关有羊肠坂。"《史记·魏世家·正义》："羊肠坂道在太行山上，南口怀州（今河南沁阳），北口潞州（今山西长治市）。"羊肠坂道是太行山间一条崎岖小道，状若羊肠。地势险峻，战略位置极为重要，是兵家必争之地。羊肠坂道周代已有，春秋时为赵国重要的通道，孔子北说赵国曾过此地。战国时秦将白起率军克羊肠攻赵，取得长平之战的胜利。三国时曹操北征盘踞在壶关的袁绍外甥高干，写下了著名的《苦寒行》。③

太行山里外的交通极其不便，道路险阻之处比比皆是。唐人有诗写

---

① （清）顾炎武：《天下郡国利病书》第 5 册《山西》，《四部丛刊三编》，上海书店出版社 1985 年版，第 118 页。

② （清）张淑渠修，姚学瑛、姚学甲纂：《潞安府志》卷四《山川》。

③ 杨保群主编：《焦作市文物志》，中州古籍出版社 2005 年版，第 66 页。如今在沁阳市北 25 公里处的常平乡常平村北，依然还有"古羊肠坂"石刻。曹操《苦寒行》："北上太行山，艰哉何巍巍！羊肠坂诘屈，车轮为之摧。"（《曹操集》，中华书局 1974 年版，第 11 页）可见羊肠坂之艰险。有人认为曹操攻打壶关是由林州西部的霭珠路入山西平定高干。这是想当然的认识，以为曹操身在邺城，从邺城去壶关必定走林州，如果属实，则曹操就不是"北上"太行，而是"西去"了。严耕望先生在《唐代交通图考》亦据此认为羊肠坂为壶关至林州之霭珠路，不过严先生似乎也不确定，在地图上标志"羊肠坂"的时候，后面还打了个问号以示严谨。（《唐代交通图考》第五册，第 1512—1513 页之间插图）

道："迢迢太行路，自古称险恶。千骑俨欲前，群峰望如削。"① "太行山首始于河内，北出幽州，凡百岭，岩亘十二州之界。有八陉：第一轵关陉，今属河南府济源县，在县理西十一里；第二太行陉，第三白陉，此两陉今在河内；第四滏口陉，在邺西；第五井陉，第六飞狐陉，一名望都关，第七蒲阴陉，此三陉在中山；第八军都陉，在幽州。太行陉阔三步，长四十里。"② 大中祥符八年（1015），河东转运使陈尧佐给宋真宗上劄子，说明太行山的艰行之处："臣伏见太行山路窄狭，险峻异于他处，公私纲运，常有摧轮折辐之患，人畜大段费力。兼又整买去人烟少远，多是野宿，唯只润得山下倖民收贮修车物料，缓急乐取贵价。又虞贼寇惊动，即令却走行者一名，求乞修垒。"③ 紧邻潞州的林州亦是如此。林州之林虑县天平山，属于南部太行一部分，中有连接安阳与长治的驿道，这条古驿道曾是当年安阳通往山西长治的交通要道，它打破了太行天险，使两处的物资周转比别处快，能抢占市场和价格，但因道路难走，皆迂回而往。"太行之罨珠路，乃天下危险之极处，虽蜀道之难莫之若也。自亡金屯戍天平，取其守御之易，故毁其道，几七十载矣。虽尝有作，且然未固，岁深崩摧，致行者股颤心寒而惧之，不避迂远，皆别径而由。"④

晋东南属大陆温带季风气候，一般来说春季干旱多风少雨，夏季暖热较多雨水，秋季晴和，时有暴雨，冬季较为寒冷干燥。晋东南有沁水、漳河等河水流贯高原、丘陵、盆地和山谷之间，是晋东南主要的水利来源。这些河流多源于高山峡谷的地表泉流与山涧供水，流量很不稳定，具有明显的枯水期和涨水期。"太行水皆洑流地中，关中诸水皆行流地上。"⑤ 水的利用大为不便。如上党山区，则田地皆为梯田，凿井灌溉皆为不可想象之事，完全靠自然降水。泽州除了今泽州县和高平市部分地区处于低谷外，其余如陵川、沁水、阳城县则就是山区。土地肥力不高，晋东南"田多峻阪，硗瘠

---

① （唐）刘长卿：《太行苦热行》，《全唐诗》卷二四，中华书局1999年增订版，第319页。
② 王文楚等点校：《太平寰宇记》卷五二《河北道二·怀州》"河内县"，中华书局2007年版，第1094—1095页。
③ （宋）陈尧佐：《请平治太行山道劄子》，（清）林荔修，姚学甲纂：《凤台县志》卷一三《艺文一》，乾隆四十九年（1784），国家图书馆藏。
④ （元）司德义：《重修罨珠路记》，王泽溥修，李见荃纂：《林县志》卷一四《金石上》，民国二十一年（1932）石印本，国家图书馆藏。
⑤ （元）王恽：《玉堂嘉话》，中华书局2006年版，第152页。

者往往再岁一易"①。因此靠天吃饭的民众对雨水的需求也就更为严重，祈雨就成为我们能够见到的最主要的神灵功能，故雨神也就格外的多。

自先秦秦汉开始，豫西北就和晋南地区有了密切的经济与文化往来。②上党的发展是与中原（准确说是河内）紧密相关的。《史记·货殖列传》说："温、轵（属河内）西贾上党，北贾赵、中山。"这种具体的物资往来我们在笔记小说中也能看到。"唐龙朔元年，怀州有人至潞州市猪至怀州卖。有一特猪，潞州三百钱买，将至怀州，卖与屠家，得六百钱。"③ 是从怀州到潞州长距离贩猪，也说明怀州有了专门的屠宰户，猪的来源地之一就是潞州。

元代人说："怀之为郡旧矣，禹别九州，居其中，盖中央之地，太行、崧少间，背山面河，土沃民饶。物产之完盛，习俗之平易，非他郡所拟。"④ 清末人对怀庆府有这样的评价："府南控虎牢之险，北倚太行之固，沁河东流，沇水西带，表里山河，雄跨晋卫，舟车都会，号称陆海。"⑤ 与晋东南处于太行山区之中不同，焦作、新乡、安阳地区都地处太行山脉与豫北平原的过渡地带，焦作、新乡地区的地势是由西北向东南倾斜，由北向南渐低；安阳地区则是由西向东倾斜，由西向东渐低。该地区皆从山区到平原呈阶梯式变化，层次分明。焦作境北的太行山山势宏伟，西接王屋山，向东延伸至修武，绵延数千里，境内为其尾部，百余公里，平均海拔1000米左右，最高处百贼岭1359米。山地地形复杂，各山岭间由峡谷相连，山势陡峻，山谷切割较深，呈"V"字形，阴坡一般较陡，土层深厚。焦作市属各县则多为山地、平原交界区，北部为太行山区。比如济源市的封门口为"太行八陉"之第一陉——积关陉，是豫、晋交通要道，战略地位十分重要。丘陵区分布在山区外侧，是山区与平原的过渡地带，海拔高度介于150—250米，坡度10°—20°，总面积约300平方公里。该区大部分耕地凸凹不平，呈梯田状，沿倾向有河谷切割，有众多的黄土冲沟，高

---

① 《金史》卷四七《食货志二》，中华书局1975年版，第1059页。
② 薛瑞泽：《周代河洛地区与晋南地区的交流》，载邓永俭主编《河洛文化与闽台文化》，河南人民出版社2008年版，第268—275页。
③ 《太平广记》卷四三九《畜兽六·李校尉》，中华书局1966年版，第3577页。
④ （元）弋毂：《覃怀重建府治记》，（明）胡谧纂：《河南总志》卷一三，成化二十二年（1486），国家图书馆藏。
⑤ （清）留香书屋主人：《河南全省地理择要》卷三《怀庆府属》，光绪三十二年（1906），国家图书馆藏。

低起伏，没有明显的山丘，亦可称岗地。① 沁阳市的平原分布在市境中部和南部，海拔 110—130 米，占总面积的 65.8%。土地肥沃，排灌便利，主要河道有沁河、丹河、济河，均系黄河水系，并有广利、丹西两大灌区，历来为河南省粮棉集中产区之一。② 因此豫西北总体和晋东南不同，皆处于山地、丘陵、平原共存的形势下。

唐朝人说："汲郡、河内，得殷之故壤，考之旧说，有纣之余教。汲又卫地，习仲由之勇，故汉之官人，得以便宜从事，其多行杀戮，本以此焉。今风俗颇移，皆向于礼矣。长平、上党，人多重农桑，性尤朴直，盖少轻诈。"③ 隋时上党郡包括日后的潞州、泽州之地。唐代昭义镇不仅是军事建置，而且其民间风俗也体现出种族文化的冲突因素。泽潞地区"控带河洛，扼束燕赵，其土膴，其人劲，养理训习，尤所重难"④。正因为昭义镇处于西北胡化的边缘，"以精兵闻天下，故其民好武为健斗"⑤，其民风带有悍劲的一面。其胡化因素表现在其军队战斗力的强大，其内部叛乱的频繁，对唐朝廷调遣的不服从等方面。五代时有人说："潞州山川高险，而人俗劲悍。"⑥ 到元代时则有人说："上党土厚水深，民俗勤俭质直，带经而锄，扶未而诵，子弟以不知书为耻，友朋以不相劝勉为罪。"⑦ 很明显，数百年间晋东南地区的风俗在宋金之际有一个比较显著的变化。元朝郝经是陵川人，他曾追述道：

> 河东自唐为帝里，倚泽、潞为重。五季以来，屡基王业，故其土俗质直尚义，武而少文。明道先生令泽之晋城，为保伍，均役法，惠孤茕，革奸伪，亲乡闾，厚风化，立学校，语父老以先王之道，择秀俊而亲教导之，正其句读，明其义理，指授《大学》之序，使格物致知，诚意正心，修身齐家，笃于治己，而不忘仕禄，视之以三代治具，观之以礼乐。未几，被儒服者数百人，达乎邻邑之高平、陵川，

---

① 河南省焦作市地方史志编纂委员会编纂：《焦作市志》，红旗出版社 1993 年版，第 111—112 页。

② 马修杰主编，河南省沁阳市地方史志编纂委员会编纂：《沁阳市志》，红旗出版社 1993 年版，第 1 页。

③ 《隋书》卷七〇《地理志中》，中华书局 1974 年版，第 860 页。

④ （唐）元稹：《元氏长庆集》卷四一《授刘悟昭义军节度使制》，上海古籍出版社 1994 年版，第 139 页。

⑤ （宋）张耒：《张右史文集》卷四九《陵川县山水记》，《四部丛刊》本。

⑥ 《新五代史》卷四二《杂传·孟方立》，中华书局 1974 年版，第 456 页。

⑦ （元）胡祇遹：《潞州增修庙学记》，（明）马暾：《潞州志》卷四，中华书局 1995 年版。

渐乎晋、绛，被乎太原，担簦负笈而至者，日夕不绝，济济洋洋，有齐鲁之风焉。在邑三年，百姓爱之如父母，去之日，哭声震野。金源氏有国，流风遗俗日益隆茂，于是平阳一府冠诸道，岁贡士甲天下，大儒辈出，经学尤盛。虽为决科文者，六经传注皆能成诵，耕夫贩妇，亦知愧谣诼，道文理，带经而锄者四野相望，雅而不靡，重而不佻，矜廉守介，莫不推其厚俗，犹有先生之纯焉。①

这段话是从追述曾任晋城令的北宋程颢开始的。在郝经看来，正是因为程颢的到来，晋东南才改变了民风。程颢在晋城任职三年期间，从儒家礼法的观念出发推行了诸多有益措施，使晋东南的社会风貌有了很大起色，改变了宋前"武而少文"的状况。"武而少文"则民风相对彪悍，"重文轻武"则使民风相对儒雅。其实在程颢之前，地方官已经开始做出改变民风的努力。在元朝初年的时候，李俊民回忆泽州庙学的历史时说："郡之庙学旧近市，宋至和乙未，太守吴中徙焉。悯其民之不喜儒术，境内贡举五六十年无一人登高第者。于是聚徒养士，以东里学规教授，习俗稍变。至元丰乙丑，黄夷仲题秦氏书斋云：'泽州学者如牛毛野处。'又云：'长平朱紫半。'夫三十年间，何作成之遽耶？盖不患民之难化，患教养之不至尔。"② 至和乙未是 1055 年，元丰乙丑为 1085 年，相距恰好三十年。在李俊民看来，正是有了吴中的兴学措施，三十年后才有了文风的大盛。而程颢出任晋城令是在 1064 年左右，③ 正好是这三十年间，但有意思的是李俊民在这段庙学的回顾中，只字未提程颢以及其所谓贡献。李俊民（1176—1260）活动时间为金朝后期与元朝初年，而郝经（1223—1275）成年后的时间已经为元朝初年了。相比之下，郝经大力强调程颢在晋东南文化发展上的地位，将其作为文化符号确定下来，是与元朝初年忽必烈对二程理学的推崇政策有关。④

---

① （元）郝经：《宋两先生祠堂记》，秦雪清点校：《郝文忠公陵川文集》卷二七，山西人民出版社、山西古籍出版社 2006 年版，第 385 页。
② （元）李俊民：《重修庙学记》，（清）朱樟修，田嘉谷纂：《泽州府志》卷四五《文》，雍正十三年（1735），国家图书馆藏。
③ 《二程遗书》附录《明道先生行状》，文渊阁《四库全书》本。
④ 参阅乌兰察夫、段文明《理学在元代的传播与发展》，《内蒙古社会科学》（汉文版）1991 年第 2 期。

其实文化发展是一项持续工程，不是地方官员的偶尔政绩所能决定的。泽州及其属县，尤其是陵川、高平在金元时的儒学繁荣，主要应归功于北宋吴中之后包括程颢在内的继承者们。其中，北宋元丰年间任陵川县令的吕由庚即其中之一。光绪《山西通志》："吕由庚任陵川令，能兴教化，士风丕变。提刑学士黄公廉以诗宠之，祀名宦。"明成化《山西通志》卷十六有黄廉的"陵川励俗"诗：

> 河东人物气劲豪，泽州学者如牛毛。大家子弟弄文墨，其次亦复跨弓刀。去年较射九百人，五十八人同赐袍。今年两科取进士，落钧连引十三鳌。迩来习俗益趋善，家家门户争相高。驱儿市上买书读，宁使田间禾不薅。我因行县饱闻儿，访问终日忘勤劳。太平父老知此否？语汝圣世今难遭。欲令王民尽知教，先自乡里烝群髦。古云将相本无种，从今着意鞭儿曹。

可见泽州当时文化教育之盛况。金朝李晏在《先考正奉君墓志》中说："当崇宁、大观间，学校益崇，伯父、先人始应进士举。是时泽州解额一十二，而就试者无虑千人。"李宴（1123—1197）生活的年代为金朝前中期，他回忆的崇宁、大观为北宋末期，相差不过百年。泽州解额只有十二人，但参加考试的则有千人之多。自北宋始，读书业儒者即为士人，而读书人的增多，使得在宋代"重文轻武"的社会环境下，"士人"这一独特的社会阶层逐渐成长。而参加科举考试者即为士人，由此可见泽州士人之多。而到金、元时期，则泽州附近的潞州也已"承平时号衣冠数泽，习科艺者连甍接里"①，可见泽州所属地区文化教育的连续发展，其文化基础历金、元的异族统治而没有动摇。

顺便说的是，与潞州紧邻的太行山东麓的林州则属于另外一种情况，元人说："彰德属州曰林，俗淳讼寂，号易治，且山水可适"②。林州四围皆山，人口相对较少，与山西长治相隔巍巍太行，交通极其不便。"县居太行山麓，地僻土瘠，舟车不通，商贾罕至，民俗朴实，好勇尚气，男女耕织，衣食节俭。"明朝洪武二十四年（1391）的黄册数字，实在户3947

---

① （元）宋渤：《潞州学田记》，《山右石刻丛编》卷三六，《石刻史料新编》第1辑第21册。
② （元）许有壬：《公生明堂记》，载《圭塘小藁》卷八，文渊阁《四库全书》本。

户，口 24242 众人。① 如今林州市的面积与明、清以前的面积相差无几，为 2046 平方公里，如以此为参照值，则在明朝初年的林州人口密度为 11.85 人/平方公里。可以想象，在宋、元这个密度会更低。人口越少的地方，商品经济越不发达，民风就越淳朴，治安情况就越好，越容易治理。但是林州的业儒之风很淡，直至清朝前期才开始有科举入仕者。

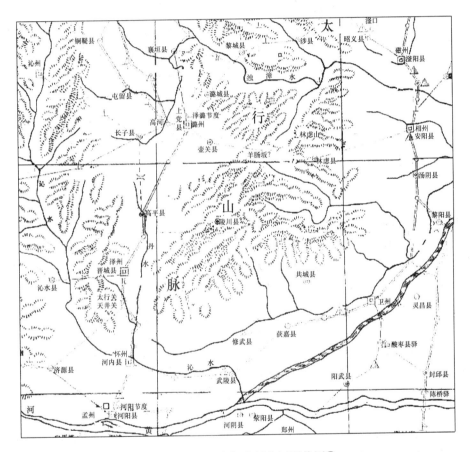

图 0－2　唐代南部太行山区形势图②

① （清）徐岱等：《林县志》卷四《田赋第七上・户口》，康熙三十四年（1695），国家图书馆藏。
② 转引自严耕望《唐代交通图考》第五卷《河东河北区》之"唐代河东太行区交通图（南幅）"，台北"中研院"历史语言研究所专刊之八十三，1986 年。有修改。

第四节　唐以前南部太行山区的祠神信仰

自先秦以降，民间信仰在民众日常生活中就开始占有比较重要的地位。但是由于神灵是"层累型"存在的，即每个时代在继承了很多原有神灵之外，也产生了很多神灵，因此从两汉南北朝开始神灵呈现出复杂多样的状态，南部太行山区应亦未能例外。但是在先唐时期，此区域的地方神灵却并不兴盛，至少在文献记载上是这样表现出来的。

一　《魏书·地形志》与《水经注》中的南部太行山区祠庙

《魏书·地形志》与《水经注》记载了当时北方各地的一些祠庙，其中处于南部太行山区祠庙如下。

（一）上党郡

尧庙，上党郡乐阳县（治所在今长子县岳阳村，北魏末年置，北齐废）。尧的祠庙北方多有，其中山西中南部和河北中部都有分布。

关龙逢祠，上党郡屯留县。关龙逢为夏朝末年的大臣，因为进谏夏桀的暴政而被杀。其祠庙应该是后人所立，自从先秦延续下来。

五龙祠，上党郡壶关县。五龙祠"慕容永所立，以祭五方神"①。

刘公祠和白马祠，前者应为刘姓官员的祠庙，后者为当地产马，故而有此祠庙。

（二）怀州河内郡

华岳神，在河内郡野王县，祭祀华山神。沁水东过野王县北，"水北有华岳庙，庙侧有攒柏数百根，对郭临川，负冈荫渚，青青弥望，奇可玩也，怀州刺史顿丘李洪之之所经构也。庙有碑焉，是河内郡功曹山阳荀灵

---

① （唐）李吉甫：《元和郡县图志》卷一五《河东道四·潞州上党县》，中华书局1983年版，第418页。《太平寰宇记》卷四五《河东道·潞州》上党县，引《十六国春秋》云："上党五龙山，慕容永时有五龙见于此山上，因置五龙祠，以祭五方神。"（第938页）

龟以和平四年造，天安元年立"①。

孔子庙，在野王县。

七贤祠，在修武县。"（清水）又迳七贤祠东，左右筠篁列植，冬夏不变贞萋。……向子期所谓山阳旧居也，后人立庙于其处，庙南又有一泉，东南流注于长泉水。"②

（三）司州汲郡

伏羲祠，在朝歌县。

太公庙，在汲县。"（汲县）城东门北侧有太公庙，庙前有碑，碑云：太公望者，河内汲人也。……城北三十里，有太公泉，泉上又有太公庙。庙侧高林秀木，翘楚竞茂。相传云：太公之故居也。"③

这些神灵都可以归入地方性神灵的范畴，都只是在地方小范围内被祭祀，没有传播的情况发生。只有华岳庙应该是华山神的行祠。尧、舜、禹等上古帝王的祠庙不仅在山西境内，在河北、河南、山东等地也多有，祠庙多与这些帝王的行迹有关，我们无法得知这些祠庙建立的时间。

二　十六国至唐代南部太行山区的神灵事迹

从十六国到唐代，我们可以发现一些发生在南部太行山区之神灵事迹，神灵信仰的辐射范围可见一斑。

其一，《晋书》卷一百五《石勒载记下》：

> 暴风大雨，震电建德殿端门、襄国市西门，杀五人。雹起西河介山，大如鸡子，平地三尺，涝下丈余，行人禽兽死者万数，历太原、乐平、武乡、赵郡、广平、钜鹿千余里，树木摧折，禾稼荡然。勒正服于东堂，以问徐光曰："历代已来有斯灾几也？"光对曰："周、汉、魏、晋皆有之，虽天地之常事，然明主未始不为变，所以敬天之怒也。去年禁寒食，介推，帝乡之神也，历代所尊，或者以为未宜替也。一人吁嗟，王道尚为之亏，况群神怨憾而不怒动上帝乎！纵不能

① （北魏）郦道元：《水经注校释》，陈桥驿校释，杭州大学出版社1996年版，第157页。
② 同上书，第152页。
③ 同上书，第153页。

令天下同尔，介山左右，晋文之所封也，宜任百姓奉之。"勒下书曰："寒食既并州之旧风，朕生其俗，不能异也。前者外议以子推诸侯之臣，王者不应为忌，故从其议，倘或由之而致斯灾乎！子推虽朕乡之神，非法食者亦不得乱也，尚书其促检旧典定议以闻。"有司奏以子推历代攸尊，请普复寒食，更为植嘉树，立祠堂，给户奉祀。勒黄门郎韦谀驳曰："案《春秋》，藏冰失道，阴气发泄为雹。自子推已前，雹者复何所致？此自阴阳乖错所为耳。且子推贤者，曷为暴害如此！求之冥趣，必不然矣。今虽为冰室，惧所藏之冰不在固阴沍寒之地，多皆山川之侧，气泄为雹也。以子推忠贤，令绵、介之间奉之为允，于天下则不通矣。"勒从之。于是迁冰室于重阴凝寒之所，并州复寒食如初。

从这条材料可知介子推神的影响是可以跨过太行山的。石勒是并州上党郡武乡（今山西榆社北）人，而介子推神原本亦在并州境内，因此徐光才会说是"帝乡之神"。因介子推神而寒食的禁忌，原本只在山西，而后在北朝历经禁断。介子推神虽然没有大范围拓展势力范围，但禁忌却迅速跨过太行山，并且在南北朝后期影响到了长江中游。[①] 但是介子推神的祭祀圈并没有扩大，依然停留在山西境内。

其二，《太平广记》卷七十三《道术三·程逸人》：

上党有程逸人者，有符术。刘悟为泽潞节度，临沼县民萧季平，家甚富，忽一日无疾暴卒。逸人尝受平厚惠。闻其死，即驰往视之，语其子云："尔父未当死，盖为山神所召，治之尚可活。"于是朱书一符，向空掷之，仅食顷，季平果苏。其子问父："向安适乎？"季平曰："我今日方起，忽见一绿衣人云：霍山神召我。由是与使者俱行，约五十余里，适遇丈夫朱衣，仗剑怒目，从空而至，谓我曰：'程斩邪召汝，汝可即去。'于是绿衣者驰走，若有惧。朱衣人牵我复偕来，有顷忽觉醒然。"其家惊异，因质问逸人曰："所谓程斩邪者，谁邪？"逸人曰："吾学于师氏归氏龙虎斩邪符箓。"因解所佩箓囊以示之，人

<hr />

① （梁）宗懔：《荆楚岁时记》第二十条："去冬节一百五日。即有疾风甚雨。谓之寒食。禁火三日。造饧大麦粥按历合在清明前二日。亦有去冬至一百六者。介子推三月五日。为火所焚。国人哀之。每岁春暮。为不举火。谓之禁烟。犯之则雨雹伤田。"（宋金龙校注，山西人民出版社 1987 年版，第 33 页）

方信其不诬。

泽潞节度，为昭义军节度使的简称。临沼县则为临洺县之误，因昭义军辖下洺州有临洺县。开皇六年（586）改易阳县为邯郸县，开皇十年（590）改为临洺县，唐亦为临洺县，属洺州。宋熙宁六年（1073）改临洺县为镇入永年县。县治就在今永年县县城临洺关镇。

霍山又称"霍太山""太岳"，在今山西霍州，对其崇拜自从先秦赵国开始就已经很兴盛。司马迁提到霍太山与赵氏的联系是在晋献公灭霍国时说：

> 赵夙，晋献公之十六年伐霍、魏、耿，而赵夙为将伐霍。霍公求奔齐。晋大旱，卜之，曰"霍太山为祟"。使赵夙召霍君于齐，复之，以奉霍太山之祀，晋复穰。[①]

晋献公十六年（前661），晋国灭霍国，霍公逃奔到齐国。当年晋国大旱，占卜的结论是"霍太山"作祟。于是召还霍君，以奉霍太山祭祀，晋国农作物得以再次获得丰收。由此可见霍太山信仰本来不是晋国的信仰，因此山不在晋国境内。在灭霍国后，此地并入晋国，也就成为晋国的信仰内容。而后三家分晋，此地成为赵地，从而成为赵国的信仰神灵。可见赵氏能够和霍太山发生联系，也只能在前661年之后，那些追溯此年之前赵国与霍太山的故事皆不可信，只能说是赵国建立后为了追溯自己祖先而编造出来的神异之事。但是霍太山因此成为赵国重要的祠神却是不争的事实。

霍太山作为重要的祠神信仰，在赵国之后历代延续，隋朝之前地位依然崇高。《水经注》云汾水"出东北太岳山，《禹贡》所谓岳阳也。即霍太山矣。……霍太山有岳庙，庙甚灵，鸟雀不棲其林，猛虎常守其庭，又有灵泉以供祭祀，鼓动则泉流，声绝则水竭"[②]。可知霍太山为太岳，因此宋代毛晃引《周礼·职方氏》云"冀州山镇曰霍山，即霍太山也，亦曰太

[①] 《史记》卷四三《赵世家》，中华书局1962年版，第1781页。
[②] （北魏）郦道元：《水经注校释》卷六，陈桥驿校释，第101页。

岳"①。隋开皇十四年（594）"诏东镇沂山，南镇会稽山，北镇医无闾山，冀州镇霍山，并就山立祠"②。霍山由太岳降而为中镇，成为五镇之山。清朝胡渭径直说："历代因之号曰中镇，即古之中岳也。降而为镇，为嵩高所压耳。"③ 由此可以描绘出霍太山在秦汉以来地位的变化。霍太山长期作为太岳存在，而汉之前五岳之制因势而异，各有不同。而汉武帝时正式确定五岳制度，并固定下来，霍太山就成为中岳嵩山地位最大的威胁。因而在隋朝统一全国后不久就重新对五岳进行确认，趁势取消霍太山的"太岳"称呼，中岳嵩山就真正没有了对手。"中镇"的建制就一直延续下来。④

临洺县在太行山东麓，境内的聪明山、苟山等都属于太行山脉的东延。而县民被霍山神所召，可知临洺县在霍山神的控制范围之内。霍山神本庙却在山西，其影响力越过南部太行山，可见尽管南部太行山行路艰难，但潞州到洺州一线的交通依然是畅通的。霍山神能够产生影响就是表现之一。

其三，《太平广记》卷一百五十八《定数十三·李甲》：

> 唐天祐初，有李甲，本常山人。逢岁饥馑，徙家邢台西南山谷中。樵采鬻薪，以给朝夕。曾夜至大明山下，值风雨暴至，遂入神祠

---

① （宋）毛晃：《禹贡指南》卷三，《丛书集成初编》本。
② 《隋书》卷七《礼仪志二》，第140页。
③ （清）胡渭著，邹逸麟点校：《禹贡锥指》卷十一上，上海古籍出版社2006年版。
④ 北宋太平兴国八年（983）规定"土王日祀中岳嵩山于河南府，中镇霍山于晋州"。（《宋史》卷一〇二《礼志五》，中华书局1977年版，第2485页）金朝大定四年（1164）定制"季夏土王日，祭中岳于河南府、中镇霍山于平阳府"。（《金史》卷三四《礼志七》，第810页）元朝成宗大德二年（1298）二月，"加封东镇沂山为元德东安王，南镇会稽山为昭德顺应王，西镇吴山为成德永靖王，北镇医巫闾山为贞德广宁王，中镇霍山为崇德应灵王，敕有司岁时与岳渎同祀"。（《元史》卷七六《祭祀志五》，中华书局1976年版，第1900页）明朝洪武三年（1370）"诏定岳镇海渎神号。略曰：'为治之道，必本于礼。岳镇海渎之封，起自唐、宋。夫英灵之气，萃而为神，必受命于上帝，岂国家封号所可加？渎礼不经，莫此为甚。今依古定制，并去前代所封名号。……五镇称东镇沂山之神，南镇会稽山之神，中镇霍山之神，西镇吴山之神，北镇医无闾山之神。……'帝躬署名于祝文，遣官以更定神号告祭"。（《明史》卷四九《礼志三》，中华书局1974年版，第1284页）清朝康熙三十五年（1696）"正月，为元元祈福，始遣大臣分行祭告，凡岳五：……镇五：曰东镇沂山、南镇会稽山、中镇霍山、西镇吴山、北镇医巫闾山"。（《清史稿》卷八三《礼志二》，中华书局1976年版，第2522页）

以避之。俄及中宵，雷雨方息。甲即寝于庙宇之间，松柏之下。须臾有呵殿之音，自远而至。见旌旗闪闪，车马阗阗，或擐甲胄者，或执矛戟者，或危冠大履者，或朝衣端简者，揖让升阶，列坐于堂上者十数辈，方且命酒进食。欢语良久，其东榻之长，即大明山神也，体貌魁梧，气岸高迈。其西榻之首，即黄泽之神也，其状疏而瘦，其音清而朗。更其次者，云是漳河之伯。余即不知其名。坐谈论，商榷幽明之事。其一曰："禀命玉皇，受符金阙。太行之面，清漳之湄，数百里间，幸为人主，不敢逸豫怠惰也，不敢曲法而徇私也，不敢恃尊而害下也。兢兢惕惕，以承上帝，用治一方。故岁有丰登之报，民无扎瘥之疾。我之所治，今兹若是。"其一曰："清冷之域，泱漭之区，西聚大巅，东渐巨浸，连陂凑泽，千里而遥。余奉帝符，宅兹民庶，虽雷电之作由己也，风波之起由己也，鼓怒驰骤，人罔能制予。予亦非其诏命，不敢有为也；非其时会，不敢沿泝也。正而御之，静而守之，遂致草木茂焉，鱼鳖蕃焉，咸卤磊块而滋殖，萑蒲蓊郁而发生。上天降鉴，亦幸无横沴尔。"又一曰："岑崟之地，岞崿之都，分块圠之一隅，总飞驰之众类。熊罴虎豹，乌鹊雕鹗。动止咸若，罔敢害民。此故予之所职耳，何假乎备言。"……食既毕，天亦将曙，诸客各登车而去。大明之神，亦不知所在。

自然神的人格化有一个比较长的演进过程，在南北朝时尚未完全成功，但是在唐代已经达到完美的境界。"见旌旗闪闪，车马阗阗，或擐甲胄者，或执矛戟者，或危冠大履者，或朝衣端简者，揖让升阶，列坐于堂上者十数辈，方且命酒进食。欢语良久，其东榻之长，即大明山神也，体貌魁梧，气岸高迈。其西榻之首，即黄泽之神也，其状疏而瘦，其音清而朗。更其次者，云是漳河之伯。"此时自然神已经完全人格化了。"太行之面，清漳之湄，数百里间，幸为人主"，此为漳河之神的辖区，基本上应是南部太行山区从山西到河北南部的区域。"清冷之域，泱漭之区，西聚大巅，东渐巨浸，连陂凑泽，千里而遥。"此为黄泽之神的辖区。黄泽在今安阳内黄县西，安阳县与汤阴县的交界处，是中古时期华北比较重要的大泽之一。[1] 据上述引文黄泽之神的辖区当为从黄泽往东的广大地域。"岑崟之

① 许作民：《黄泽与广润陂》，《殷都学刊》1989 年第 3 期。

地，岞崿之都，分块圿之一隔，总飞驰之众类。"此为大明山神的辖区。据引文，大明山在邢台西南山谷中，其所控制的领域在太行山区东麓。

其四，《太平广记》卷二百九十七《神七·睦仁蒨》：

> 唐睦仁蒨者，赵郡邯郸人也。少事经学，不信鬼神。常欲试其有无，就见鬼人学之，十余年不能得见。后徙家向县，于路见一人如大官，衣冠甚伟，乘好马，从五十余骑，视仁蒨而不言，后数见之。经十年，凡数十相见。后忽驻马，呼仁蒨："比频见君，情相眷慕，愿与君交游。"仁蒨即拜之，问："公何人耶？"答曰："吾是鬼耳。姓成名景，本弘农人，西晋时为别驾，今任临湖国长史。"仁蒨问其国何在？王何姓名？答曰："黄河已北总为临湖国，国都在楼烦西北沙碛是也，其王即故赵武灵王。今统此国，总受泰山控摄，每月各使上相朝于泰山。是以数来至此，与君相遇也……"

该故事传递了不同的神灵版本。黄河以北为临湖国，国王为故赵武灵王，受泰山统领。不过这个版本出乎当时一般人们的认识，似乎有些离谱，并未被后人所接受。

通过以上几个神灵事迹的描述，基本上可以说是版本不一。不同的神灵都对南部太行山区有所影响，并且控制地域互有交叉。没有一个神灵能单独对这一区域做专门的掌控。或者换句话说，是不同神灵的信仰人群在这一区域皆有分布，因此不同地位崇高的神灵之信仰皆辐射到这里，同一区域不同的神灵都有或大或小的影响，致使不同神灵的信仰圈皆有重合。

因记载的缺失，尚有各地山神等自然神的存在，只是这些山神的影响力仅限于本地，并未能如霍山神那样影响力之大。

李商隐曾作有《为李怀州祭太行山神文》：

> 谨按《礼经》云，诸侯得祭名山大川之在其地者。今刺史乃古之诸侯，太行实介我藩部，险虽天设，灵则神依。岂可步武之间，便容孽竖；磅礴之内，久贮妖氛？今忠武全师，河桥锐卒，指贼庭而将扫，望寇垒以争先。神其辅以阴兵，资之勇气，使旌旗电耀，桴鼓雷奔，一麾开天井之关，再举复金微之地。然后气通作限，云出降祥，长崇望日之标，永作倚天之柱。酒肴在列，蔬果惟时，敢洁虑以献

诚，冀通幽而写抱。

太行山虽然绵延千里，怀州却是其南部终点，历代多在此地祭祀太行山神。洺州临洺县境内有聪明山，此山山神在唐代因元和年间卢琠之祷文《祷聪明山记》而被人所知。

> 聪明山之神，盖傲落上古，不知其始兴也。若曰福善祸淫之谓聪，降祥毓物之谓明，美称备焉，取名斯在。观夫群山逶迤自西北，而兹镇秀拔，屹临东夏。揖岱宗于远邑，延旭日于高标。豁开广平，千里如砥。灵源森麓，回合窈冥。禳祈必徵，肸蠁如睹。祀典曰："山川丘陵，能出云为风雨，有功及物曰神，诸侯在其地则祭。"元和丙戌岁，右仆射范阳王总戎之三年，诏自上党抚巡东封。登车誓师，颗若画一，万旅齐列，千轮比冲。振荡林峦，翩翻旆旌，雷动云驰，不闻人声。公清明在躬，文武是宪，翼圣济俗，宣威靖难。申伯旋谢，太公祖齐，华夏具瞻，今古荣观。冬仲月生魄，至于兹山，斋庄庙庭，躬执祀事。于是大备桎楬，毕陈牺牲，神之格斯，歆我明德。君子曰："惟精诚通乎神，惟聪明应乎人，天地交泰而观人用，神人和叶而茂勋立。"公之举也，神之助也。不然，何年祀未几，而变化神速臻于是耶？……琠谬职分符，今逾一纪，获奉威命，旧邦惟新，黎庶其苏，邦家之庆，祝公寿考，永固河山。夫"言而无文，行之不远"。乃刻石以纪，传于后人。自公及监军使幕客郡守列将等，咸载名氏云。元和四年七月九日记。①

唐人与前人一样，在所经过之地，为了一定的目的，会向当地神灵求助。聪明山位于今永年县县城临洺关镇西 5 公里处洺水南岸，东与苟山、朱山成掎角之势，是由山西上党地区东进河北平原的必经之路，也是重要的军事要地。元和丙戌岁是元和元年（806），"右仆射范阳王总戎之三年，诏自上党抚巡东封"。所指的是当时的昭义节度使卢从史在唐宪宗同意下兵

---

① （唐）卢琠：《祷聪明山记》，载《文苑英华》卷八一五，中华书局 1966 年版。

出山东之事。① "冬仲月生魄，至于兹山"，他在聪明山祈祷的时间在十一月望日。卢顼则是当时的洺州刺史。② 洺州东部为平原，山脉主要集中在该州西部，聪明山尽管海拔只有四百多米，北临洺河，但是在东部是平原的地形对比下，显得比较突出，与临近的朱山和苟山相比亦属海拔高者。我们可以说，聪明山神是洺州境内最大的地方神灵信仰。

综上所述，我们可以得出一个结论：北朝到唐朝，南部太行山区受到附近地位比较高的神灵的影响，造成本地神灵影响低迷的现象。在外部神灵的控制下，本地神灵也依然存在，并且在当地发挥着比较重要的作用。

---

① 卢从史出兵山东之事，可参见卢向前《卢从史出兵山东与唐宪宗用兵河朔之关系》，载《中华文史论丛》（总第八十七辑）2007 年第 3 期。
② 孙继民、郝良真、张士忠：《河北永年朱山唐代石刻考察记》，《文物春秋》2003 年第 6 期。

第一章 南部太行山区祠神信仰的兴起：潞州

"龙王"在中国的旧传说中是会降雨的神圣之一（传说中这一系列的神圣还有好多位），所以在经常遭受旱灾威胁的地方，往往都建有龙王庙。

金斗坪村的龙王庙，建筑在村北头河西边的高岸上。这岸的底部是村西边山脚下的崖石。据老人们说，要不是有这一段崖石，金斗坪早被大河冲得没有影了。

在解放以前，每逢天旱了的时候，金斗坪的人便集中在这庙里求雨。求雨的组织，是把全村一百来户人家每八人编成一班，轮流跪祷。……第一班焚上香之后，跪在地上等一炷香着完了，然后第二班接着焚香跪守……该不着上班的人，随便在一旁敲钟打鼓，希望引起龙王注意。这样周而复始地轮流着，直到下了雨为止。

上面这段话，出自赵树理的小说《求雨》。[①] 赵树理是晋城市沁水县人，19岁考到位于长治的山西省第四师范学校，可以说他是在晋东南的社会环境里成长起来的。他在小说里为我们展示了新中国成立前晋东南农民因干旱向龙王求雨的场面。而求雨，是晋东南曾经最重要的民间信仰的诉求。我们将目光投向一千多年以前的南部太行山区，那里的信仰世界是什么模样？

---

① 原载《人民文学》1954年第10期。另见《赵树理文集》第一卷，工人出版社1980年版，第331—335页。

第一节 地方神灵

在中古时期，由于文献记载的缺失，往往只有临近政治中心的神灵才能获得较多的关注，也因此在文献上出现的频率会比较高。比如南朝建康附近蒋山的蒋子文信仰，[①] 北朝邺城附近的西门豹信仰，[②] 唐代的东岳泰山神信仰与西岳华山神信仰。[③] 这些信仰都是属于国家祭祀的层面，当然也渗透着基层民众自发的内容在里面，属于国家与民众皆信奉的神灵。在此之外，一大批地方神灵在国家控制的范围之外兴起，这是一股不可遏制的力量，致使"淫祠"与"祀典"的讨论逐渐兴盛，成为唐代文化史上的一个重要话题。[④]

唐代起，文献记载的各路神灵突然多了起来，并且在一定条件下在地域范围内传播，显示出与前代不尽相同的特点。自然文献记载的多被列入官方认可之"祀典"。唐代兴起的神灵得到传播者以成汤、二仙与崔府君信仰为代表。本节仅就文献记载较为重要者加以罗列，以示唐代以降南部太行山区民间信仰的基本面貌。

南部太行山区的神灵，主要分地方神灵和地域神灵两种。前者主要有九天圣母、五龙神、灵湫神，等等，信仰范围狭小，集中在当地；后者主要有二仙、崔府君、灵贶王（后羿）庙、灵显王（灵泽王，李靖）庙，等

① 蒋子文信仰的研究较多，可参见林富士《中国六朝时期的蒋子文信仰》，收入傅飞岚（Franciscus Verellen）、林富士编：《遗迹崇拜与圣者崇拜》（台北允晨文化出版公司 2000 年版），第 163—204 页；刘聪：《蒋子文信仰流行考》，硕士学位论文，北京大学，2003 年；刘雅萍：《中国古代民间神灵的兴衰更替——以南京蒋子文祠为例》，《世界宗教研究》2011 年第 4 期等。

② 拙著《试论中古时期邺下的西门豹信仰》，载姜锡东主编《华北区域历史变迁国际学术研讨会论文集》，河北大学出版社 2012 年版。

③ 参见贾二强《论唐代的华山信仰》，《中国史研究》2000 年第 2 期，另见氏著《唐宋民间信仰》，福建人民出版社 2002 年版，第 13—52 页。

④ 参见雷闻《唐宋时期地方祠祀政策的变化——兼论"祀典"与"淫祠"概念的落实》，《唐研究》第十一卷，北京大学出版社 2005 年版，第 269—294 页；蔡宗宪：《淫祀、淫祠与祀典——汉唐间几个祠祀概念的历史考察》，《唐研究》第十三卷，北京大学出版社 2007 年版，第 203—230 页。

等，信仰范围跨村越县，有明显的传播轨迹。成汤、二仙与崔府君的信仰具有很强的典型性，故留到下一章专门介绍。尽管不少庙宇建筑属于宋金式样，但由于只有明清碑刻，故不在叙述范围之内。

一 九天圣母庙

潞城县三池里东（现在平顺县东河），故老云圣母之仙乡，有九天圣母庙，北宋建中靖国元年（1101）加以重修。据传此地"是大唐时来遇卫公投宵之所，得圣母重赐之筵，驾祥云□太虚之天，兴雷雨涤中华之国"①。卫公即李靖，因其封爵为"卫国公"，相传其曾投宿此地，得圣母留宿并拜托其行雨。按此一传说，见于方志记载：

> 李靖射猎山中，宿一朱衣家。夜半叩门急，一妪人谓之曰："此龙宫也。帝符行雨，二子皆出；欲奉烦如何？"命乘骢马，系一小瓶，戒曰："马蹠地嘶鸣，取水滴马鬃上；一滴水三〔寸〕（尺），慎无多也。"继而雷掣云间，连下十余滴。是夕平地水三尺云云。②

此故事在唐人笔下就已经有完整的演绎，因关涉下面所要提到的灵显王（李靖），故移录如下：

> 唐卫国公李靖，微时，尝射猎灵山中，寓食山村③。村翁奇其为人，每丰馈焉，岁久益厚。忽遇群鹿，乃逐之。会暮，欲舍之不能。俄而阴晦迷路，茫然不知所归，怅怅而行，困④闷益甚。极目有灯火光，因驰赴焉。既至，乃朱门大第，墙宇甚峻。扣门久之，一人出

---

① （宋）张孝先：《潞州潞城县三池东圣母仙乡之碑》，冯俊杰编著《山西戏曲碑刻辑考》，中华书局 2002 年版，第 28 页。"大唐时来"，冯俊杰录文作"大唐时末"，误，据碑刻径改。明朝嘉靖八年（1529），割潞城、黎城、壶关三县设平顺县，故该碑现存平顺县东河九天圣母庙内献殿西侧，碑身高 1.8 米，宽 80 厘米，下有底座 58 厘米，碑额直镌"重修圣母之庙"六字。
② （清）觉罗石麟修，储大文纂：《山西通志》卷九四《金石记·圣母庙碑》，雍正十二年（1734），国家图书馆藏。
③ 底本用《太平广记》，以下简称《广记》，以《李卫公别传》（"古今说海"本）参校，以下简称《别传》。"村"，《广记》作"中"，依《别传》径改。
④ "困"，《广记》作"因"，依《别传》径改。

问。靖告其迷途①，且请寓宿。人曰："郎君已出，独太夫人在。宿应不可。"靖曰："试为咨白。"乃入告。复出曰："夫人初欲不许，且以阴黑，客又言迷，不可不作主人。"邀入厅中。有顷，一青衣出曰："夫人来。"年可五十余，青裙素襦，神气清雅，宛若士大夫家。靖前拜之。夫人答拜曰："儿子皆不在，不合奉留。今天色阴晦，归路又迷，此若不容，遣将何适。然此乃山野之居，儿子还时②，或夜到而喧，勿以为惧③。既而食，颇鲜美，然多鱼④。食毕，夫人入宅。二青衣送床席裀褥衾被，皆极香洁，铺陈闭户，系之而去。⑤ 靖独念山野之外，夜到而闹者何物也？惧不敢寝，端坐听之。夜将半，闻扣门声甚急。又闻一人应之，⑥ 曰："天符，报大郎子当行雨。周此山七百里，五更须足。无慢滞，无暴急⑦。"应门⑧者受符入呈。闻夫人曰："儿子二人未归，行雨符⑨到，固辞不可⑩，违时见责。纵使报之，亦已⑪晚矣。僮仆无专任⑫之理，当如之何？"一小青衣曰："适观厅中客，非常人也。盍请乎？"夫人喜。因自扣厅⑬门曰："郎觉否？请暂出⑭相见。"靖曰："诺。"遂下阶见之。夫人曰："此非人宅，乃龙宫也。妾长男赴东海婚礼，小男送妹，适奉天符，次当行雨。计两处云程，合逾万里。报之不及，求代又难，辄欲奉烦顷刻间。如何？"靖曰："靖俗人⑮，非乘云者。何⑯能行雨？有方可教，即唯命耳。"夫

---

① 《广记》作"靖告迷道"，依《别传》径改。
② "时"，《别传》作"往"，《广记》为优。
③ "惧"，《广记》作"愳"，即"惧"的异体字，依《别传》径改。
④ "鱼"，《别传》作"鱼鲜"，衍"鲜"字。
⑤ 《广记》作"床席裀褥，衾被香洁，皆极铺陈，闭户系之而去"，依《别传》径改。
⑥ 《别传》无此六字。
⑦ "急"，《广记》作"厉"，依《别传》径改。
⑧ "门"，《广记》无，依《别传》增补。
⑨ "符"，《别传》作"次"，《广记》为优。
⑩ "固不可辞"，《广记》作"固辞不可"，依《别传》径改。
⑪ "已"，《广记》作"以"，依《别传》径改。
⑫ "专任"，《广记》作"任专"，据语意依《别传》径改。
⑬ "厅"，《广记》作"其"，依《别传》径改。
⑭ "暂出"，《别传》无。
⑮ "人"，《别传》作"客"。
⑯ "何"，《广记》作"奈何"，依《别传》径改。

人曰："苟从吾言，无有不可也。"遂敕黄头，鞴青骢马来。又①命取雨器，乃一小瓶②子，系于鞍前。戒曰："郎乘马，无须③衔勒，信其行。马跑④地嘶鸣，即取瓶中水一滴，滴马鬃上。慎勿多也。"于是上马腾腾而行，其足⑤渐高，但讶其稳⑥疾，不自知其云上也。风急如箭，雷霆起于步下。于是随所跃，辄滴之。既而电掣云开，下见所憩村。思曰："吾扰此村多矣。方德其人，计无以报。今久旱，苗稼将悴⑦。而雨在我手，宁复惜之？"顾一滴不足濡，乃连下二十滴。俄顷雨毕，骑马复归。夫人者泣于厅曰："何相误⑧之甚！本约一滴，何乃私滴二十耶？⑨此一滴，乃地上一尺雨也。此村夜半，平地水深二丈。岂复有人？妾已受谴，杖八十矣。"袒⑩视其背，血痕满焉。"儿子亦⑪连坐。奈何⑫？"靖惭怖，不知所对。夫人复曰："郎君世间人，不识云雨之变，诚不敢恨。只⑬恐龙师来寻，有所惊恐，宜速去此。然而劳烦，未有以报，山居无物，有二奴奉赠。总取亦可，取一亦可。唯意所择。"于是命二奴出来。一奴从东廊出，仪貌和悦，怡怡然。一奴从西廊出，愤气勃然，拗怒而立。靖私念⑭："我猎徒，以斗猛为事。今但取一奴，若取悦者⑮，人以我为怯也⑯。"因曰："两人皆取则不敢。夫人既赐，欲取怒者。"夫人微笑曰："郎之所欲乃尔。"遂揖与别，奴亦随去。出门数步，回望失宅，顾问其奴，亦不见矣。独寻路而归。及明，望其村，水已极目，大树或露梢而已，不复有

---

① "又"，《别传》作"夫人"，《广记》为优。
② "瓶"，《广记》作"缾"，误。《别传》作"缾"，即"瓶"，据改。
③ "须"，《广记》作"勒"，据《别传》径改。
④ "跑"，《别传》作"踏"，似误。
⑤ "其足"，《广记》作"倐忽"，"其足"语意通顺，依《别传》径改。
⑥ "稳"，《广记》作"隐"，误，依《别传》径改。
⑦ "今久旱，苗稼将悴"，《别传》作"今久旱苗瘁"。
⑧ "误"，《别传》作"负"。
⑨ "何乃私滴二十耶"，《广记》作"何私下二十尺之雨"，依上下语意据《别传》改。
⑩ "袒"，《广记》作"但"，依《别传》径改。
⑪ "亦"，《别传》作"正"，《广记》为优。
⑫ "奈何"，《别传》作"如何"，《广记》为优。
⑬ "只"，《别传》作"即"，《广记》为优。
⑭ "私念"，《广记》作"曰"，据语意依《别传》径改。
⑮ 《别传》无"今但取一奴"，"若取悦者"，《广记》作"如取悦者"。
⑯ "也"，《别传》作"乎"，《广记》为优。

人。其后为大将①，功盖天下。而终不作②相。岂非悦③奴之不得乎？世言关东出相，关西出将，岂东西喻邪？所以言奴者，亦在④下之象。向使二奴皆取，即极将相矣。⑤

这个故事本身所要宣传的是李靖充满奇异的早年经历，以此来证明作为杰出军事家的李靖之所以为李靖，是因为与普通人相比，他有这些奇异经历，并且这些经历决定了日后的命运。这个传说的情节还算曲折，但李靖官至尚书右仆射，在李世民时代自然是宰相，传说云其"终不作相"，只可能是神化李靖的作者仅知"同中书门下平章事"为宰相，而对唐初宰相制度已经不熟悉了。故而该传说的编造时间只能是在唐代后期，或者更晚了。该故事的发生地在"灵山"，今陕西凤翔县城西30里之灵鹫山，古名九顶莲花山，以先秦穆公狩猎于此遇见灵鹫鸟而始名，简称"灵山"。李靖籍贯陕西三原县，距离凤翔县只有数县之遥。这个传说的发生地应该就在凤翔县。但是为何潞州就附会了这个传说呢？

在普通民众看来，李靖是否做了宰相并不重要，真正吸引人之处，是龙母儿子的降雨能力，以及李靖的降雨经历。而潞州属干旱少雨之地，农作物的收成皆有赖于降雨。"今（潞城）县西有起云台，亦即卫公事。良由潞地高亢，得雨为艰，故乡俗庙祀最殷。虽事属悠谬，亦有为而为之也。"⑥地方民众关注这个传说是与潞州地区缺水的地理环境有密切关系。自然龙母的形象在北宋时就已经完全改造，摇身一变成为圣母。为了凸显其神仙身份，碑文称庙"东枕于九朝马□圣景，控大赵之桑田，看太虚之日月。西观盖井葛仙公炼药之宫，广□帝聚金之地，南临没虎之境，此乃终南山灵公学业之洞，围棋客归洞天岁远，烂柯仙抛乡故年深。北望灵台秀岭白鹿险山，有八山共荐于灵宫，泛二浪永敷于圣池。……丹宵住九霞

---

① "为大将"，《广记》作"竟以兵权静寇难"。
② "作"，《广记》作"及于"，依《别传》径改。
③ "悦"，《广记》作"取"，依《别传》径改。
④ "在"，据《别传》补。
⑤ 《太平广记》卷四一八《龙一·李靖》引《续玄怪录》，第3407—3409页。
⑥ （清）觉罗石麟修，储大文纂：《山西通志》卷九四《金石记·圣母庙碑》，雍正十二年（1734）。

之宫，灵府隐八宝之殿。……圣母者，授天符震雨，朝玉帝奔雷。"① 葛仙公、终南山灵公、围棋客、烂柯仙皆是成仙之人，碑文用这些典故来烘托圣母的神仙身份。

但是传说的发展并未停止，随着道教在华北的广泛传播，圣母的身份再次发生变化。经过金末的战乱，元朝中统二年（1261）加以重修，碑文径直曰："况兹九天圣母者，在天为玄妙玉女，在地为太一元君，驱雷举电，叱风咤云，块掇五岳，杯揽四滨，非神妙不测变化无穷，其孰能于此乎?"② "九天圣母"很容易和"九天玄女"附会到一起，同为女仙。在元初人看来，"九天圣母"的身份比较复杂，在天为"玄妙玉女"，在地为"太一元君"，但这两个角色都无法确定为道教哪位尊神。但是具有"九天"二字的女仙尚有"九天玄女"，在黄帝与蚩尤大战时，助黄帝一臂之力。元初时"九天圣母"与"九天玄女"尚有一定距离，二者尚未画上等号。"其庙自隋唐以来有之，迄今五百余霜矣，累遭兵劫，而秋毫无损焉，亦神明保佑之力也。"元代碑文将九天圣母庙的创建时间上推五百多年，正好是唐朝中期安史之乱前后。安史之乱的战火并未燃烧到上党地区，但是这里却创建了许多庙宇，九天圣母庙就是其中之一。李靖替代龙母行雨的传说也是只有在这个时候才编造出来，被民间信仰吸收加以改造，就成为九天圣母来历的最佳母本。

二 会应王（五龙神）

在潞州，有名的神灵还有五龙神。五龙神祠的来历其实跟十六国时的西燕慕容永有关，西燕的国都就是长子县。"五龙山，在县东南二十里。《十六国春秋》云：'上党五龙山，慕容永时有五龙见于此山上，因置五龙祠，以祭五方神。'"③ 很明显，五龙祠的出现，是和山上出现五龙有关。五龙神就是青龙神、赤龙神、黄龙神、白龙神、黑龙神，代表东西南北中五个方位。很明显，我们可以推测，慕容永建立五龙祠，他的出发点是将五龙作为祥瑞来认识。但是对龙的崇拜由来已久，尽人皆知，而龙的重要

---

① （宋）张孝先：《潞州潞城县三池东圣母仙乡之碑》，冯俊杰编著《山西戏曲碑刻辑考》，第28页。
② （元）秦彦客：《重修九天圣母庙记》，碑现存平顺县九天圣母庙内献殿东侧。
③ （宋）乐史：《太平寰宇记》卷四四《河东道六·潞州》，中华书局2007年版，第938页。

功能之一就是行雨。龙王庙的大量修建是在佛教东渐以后，但龙能行雨的观念却是中国历来就有的。① 对于以农为本的古代中国来说，雨水的适量与否，决定着农业收成的丰歉及整个社会经济的成败。因此五龙祠虽然建立的缘起是五龙出现在山顶，但是建立后，民众对其诉求却主要集中在求雨上了。

自甲骨文的时代起，祷雨祭礼便成了史册记载中的大事。在五花八门的求雨方式中，"土龙祈雨法"可谓中国特产，对后世影响甚大。据《淮南子·坠形训》高诱注，此等古法可追溯于商汤："汤遭旱，作土龙以像龙；云从龙，故致雨夜。"现已发掘的甲骨卜辞中，有一片上面刻着："其乍（作）龙于凡田，又雨。"看来，高诱的说法并非全无根据。塑造土龙以求雨，曾经在汉代大为走红，其操作方法详见于董仲舒《春秋繁露·求雨篇》，不过又掺入了阴阳五行等内容，相当繁复。② 后来在民间流传的"画龙祈雨法"和"蜥蜴祈雨法"，其实就是同一种方法的延伸及简化。

这种随影逐形的求雨法，实际的效果如何，很早就有人怀疑。③ 尽管如此，历代兴建的龙王庙，仍是只见其多，不见其少。究其原因，恐怕是一种残存的原始思维方式在作怪。在原始人的心目中，"从肖像那里可以得到如同从原型那里得到的一样的东西，可以通过对肖像的影响来影响原型"④。因此，在难以寻见真龙的情势下，通过向龙的塑像、画像以及龙的相似者如蜥蜴等献祭祷祝，照样可以达到人们所企盼的目的。⑤ 这类在现在看来根本无法成立的神秘联系，早期居民是笃信不疑的。

远在蒙昧时代，人类就开始对某些动物潜藏的"灵性"产生了浓厚兴趣。他们渴望利用动物的特殊能力来弥补自身的缺陷，甚至幻想自己就是

---

① 吉成名：《中国崇龙习俗》，天津古籍出版社 2002 年版。

② 相关阐述参见裴锡圭《说卜辞的焚巫尪与作土龙》，胡厚宣主编：《甲骨文与殷商史》，上海古籍出版社 1983 年版。

③ 西汉杨雄说："像龙之致雨也，难矣哉！"（《法言·先知》）东汉的王充说得更加干脆："土虎不能而致风，土龙安能而致雨？"（《论衡·乱龙篇》）

④ ［法］列维·布留尔：《原始思维》，丁由译，商务印书馆 1981 年版，第 73 页。

⑤ （宋）彭乘：《墨客挥麈》卷三"京师久旱"条："熙宁中，京师久旱，按古法，令坊巷各以大瓮贮水，插柳枝，泛蜥蜴，使青衣小儿绕呼曰：'蜥蜴、蜥蜴，兴云吐雾，降雨滂沱，放汝归去。'开封府准堂札，责坊巷、寺观祈雨甚急，而不能尽得蜥蜴，往往以蝎虎代之。蝎虎入水即死，无能神变也，小儿更其语曰：'冤苦冤苦，我是蝎虎，似恁昏昏，怎得甘雨。'"（中华书局 2002 年版，第 313 页）

某些"神异动物"的后代。这也是早期人类试图征服自然的一种稚态表现。中国东部的广大地区，深受季风影响，故而旱涝无常；对于降水量的强烈关注，便构成了我们民族神话传说中的一大特色。但是龙神并非处处皆有，需要与一定的自然环境相联系。一般有水潭之地，因水深幻影，多产生貌似龙的错觉；因山顶云雾若隐若现龙的大致轮廓，也会产生龙的崇拜等。因此，自秦汉以降，大江南北各地多有龙神的祭祀存在。

唐代国家与地方政府的祈雨活动中，龙神是重要的对象之一。官方祈祷的龙仍以传统的五方龙为主。在民间，龙本身形象则更具有人格化的色彩，江河湖海、潭渊塘井，凡有水之处，必有龙的传说。类似的事件在中晚唐颇为常见。[1]北宋时期更是用赐额的方式将全国的龙祠纳入祀典。"五龙祠，太祖建隆三年自元武门徙于此。国朝缘唐祭五龙之制，春秋常行其祀，用中祀礼。真宗大中祥符元年四月，诏修饰神帐。哲宗元祐四年七月，赐额。先是熙宁十年八月，信州有五龙庙，祷雨有应，赐额曰会应，自是五龙庙皆以此名额云。徽宗大观二年十月，诏天下五龙神皆封王爵，青龙神封广仁王，赤龙神封嘉泽王，黄龙神封孚应王，白龙神封义济王，黑龙神封灵泽王。"熙宁诏书将全国的五龙庙皆赐额"会应"，于是各地就有了众多的会应王庙。但是似乎在宋神宗时长治五龙庙未被赐额。绍圣元年（1094）长治大旱，地方官员祈雨于此。"上党五龙祠，旧云慕容永时有五方龙见于此山，因以名山，而立祠。此方民贫而地确，其须雨泽比它处倍甚，而四时祷请辄应，故一方之民恃五龙以为衣食。"[2]该庙就是慕容永建立的五龙庙。真正使五龙神庙得以声名远扬，则是北宋徽宗年间了。《五龙神像记》载："皇宋之熙宁三年五月旱，开国公刘涣刺潞州军州事，祷雨于祠，而灵雨飞倾。始壕五龙像于正殿之后堂。大观戊子岁八月，灵雨害稼，河东转运判官王恒祈晴捷应，乃以状闻，敕赐曰'会应王'，褒神之应也。"可见在熙宁以前，五龙是没有神像的。在元代地方官曾屡次求雨获得灵验，因此得到了多次重修，也多次重申了五龙祠的灵应和当地民众的崇拜。"潞之东南，距城二十有五里，有山曰五龙。环山皆长松，黛色参天，巍然森耸。拱岚锁翠，郁郁葱葱。上有龙祠，能兴云致雨，每

---

[1]　雷闻：《郊庙之外——隋唐国家祭祀与宗教》，第 325 页。

[2]　（宋）李夷行：《重修五龙庙记》，《山右石刻丛编》卷一六，《石刻史料新编》第 1 辑第 20 册，第 15295 页。

遇干旱，有祷必应。前代封会应五龙王爵。庙貌深严，历代奉祀，居民香火，不特岁时。"① "潞之东南仅半舍之内，巍乎森然，有敕赐五龙庙在焉。咸有加赐王号，盖其德符于五方者也。昔多应感，民因立庙，于理宜哉。"② "潞郡之南甫舍，有山曰五龙山，山之椒有祠曰会应王庙。世传当慕容永时，其上有五色龙见，以为瑞应，因立屋而祀。故凡旱干水溢，祷祭祠下，诚无不格。居民感其灵异，世世奉祀。"③ 可见民众对五龙祠的诉求集中于"旱干水溢"，这是晋东南水旱失调的现实与龙神行雨功能集中在一起的体现。

三　灵湫庙

灵湫庙是长子县境内发鸠山下的一座泉神庙。"灵湫庙在县西五十里发鸠山之下，祭告行署一所，祷雨辄应，土人因立庙虔祀，失传创于何时，宋治平元年主簿张徵礼重建殿庑。政和元年县令王大定请于朝，始赐额灵湫，宣和间有窦毅夫者不知何许人，增建亭榭。元皇庆元年主簿赵失名复修治。"④ 清朝方志中对灵湫庙的存在历史做了一番简明的交代。创建年代已不可知，最早可知为北宋治平元年（1064）加以重修。可推测其始建时间至少在唐代以前了。因为神的灵验，在宋徽宗政和元年（1111）赐额"灵湫"。

> 县西四十里，有山曰发鸠，其麓有泉，漳水之源也，有神主之，庙貌甚古。岁时水旱祈祷，无不应验。政和元年，自春徂夏不雨。夏苗尽槁，秋种未播，人心皇皇。臣大定躬率吏民，祷于祠下。未二日雨，合境沾足，邻封接壤，有隔辙而土不濡湿者，神之灵异也。荷神之休，卒获有年之庆。以其事上闻，漕台考核不诬，以其状奏焉，天

① （元）杨仁风：《重修五龙庙记》，（清）李桢修，杨笃纂：《长治县志》卷四，光绪二十年（1894），国家图书馆藏。

② （元）曹太素：《令应五龙王感应之记》，《山右石刻丛编》卷三三，《石刻史料新编》第1辑第21册，第15717页。

③ （元）李庭通：《五龙祠灵应记》，《山右石刻丛编》卷三七，《石刻史料新编》第1辑第21册，第15809页。

④ （清）郭守邦等修：《长子县志》卷三《官师志·庙祠》，康熙四十四年（1705），国家图书馆藏。

子敕名"灵湫庙"，褒神利国惠民之功也。谨刻石传之永久。①

　　这是现存最早有关灵湫庙的碑文。此事即《宋会要辑稿》中所云"漳源泉神祠。在长子县发鸠山。徽宗政和元年八月赐庙额'灵湫'"。从中我们可知"灵湫"是发鸠山山麓的泉水，为漳河的源头。泉水有神，"庙貌甚古"，言其创始时间甚早。"水旱祈祷，无不应验"，民众对其诉求是降雨。政和元年因为自春至夏不雨，知县王大定祷雨祠下而获应验，因此上报，转运使核实奏上，因此赐额。该赐额碑文现存：

　　　　尚书省牒隆德府长子县灵湫庙
　　　　礼部状：准都省送下河东路转运司奏，据隆德府申，长子县发鸠山漳源泉神庙，祈祷无不感应，乞赐庙额。本司保明，诣实伏侯指挥。
　　　　敕：宜赐灵湫庙为额，牒至准敕故牒
　　　　政和元年八月七日牒
　　　　通议大夫、守右丞邓
　　　　中大夫、守左丞侯
　　　　通奉大夫、守右仆射
　　　　特进、左仆射②

　　在政和元年（1111）的时候，灵湫神只是简单地被认为是泉水之神。但是在政和二年（1112）的赐额碑文中，对灵湫神的出现有了进一步的认识。

　　　　邑之西南，山名发鸠，浊漳之源实出其下。庙有神女，世号泉神，而庙貌之设，古无碑碣，莫知建立之所始。前有泉窦，广才数

① （宋）王大定：《发鸠山灵湫庙碑记》，（清）张淑渠修，姚学瑛、姚学甲纂：《潞安府志》卷二九《艺文》，乾隆三十五年（1775），国家图书馆藏。
② 《发鸠山灵湫庙赐额碑》，《长子县志》卷七《金石志》，光绪八年（1882），国家图书馆藏。

尺，具流涓涓，大旱不竭，穷冬不涸，委曲东注，至邺遂为清漳。①

在主簿沈昇的笔下，灵湫神不仅是神，而且还是一位女神。在随后宣和元年（1119）修庙碑记中，依然沿用女神的认识。② 这位主管泉水的女神，身份之单纯，远没有日后丰富。非常遗憾的是，屯留县灵湫庙金元时期的碑刻已无从查考，传说发展线索基本割断。但发鸠山灵湫庙与炎帝之女，甚至精卫附会到一起，归根结底是《山海经·北山经》上的一段话所引起的："发鸠山，其上多柘木。有鸟状如乌，而文首、白喙、赤足，名曰精卫，其鸣自詨。是炎帝之少女名曰女娃，女娃游于东海，溺而不返，故为精卫。常衔西山之木石，以堙于东海。漳水出焉，东流注于河。"③ 宋初乐史修《太平寰宇记》，叙述长子县发鸠山时，他也引用了《山海经》的这段话。但他并未说发鸠山的灵泉与精卫有什么关系。宋人将泉神附会为女神的时候，就成功地迈出了泉神与炎帝之女，甚至与精卫之间附会的第一步。

现存的明代数块碑刻，可以让我们看到日后发展的轨迹。

永乐十八年（1420）重修碑记："神实炎帝之圣女，生有圣德，祭而显灵，膺封□□是山之源著显，仁藏用之，功昭威声，赫灵之迹，福庇一方，为官民祈祷之所，故远迩莫不钦崇焉。"④

嘉靖九年（1530）重修碑记："主之者炎皇之三子，而莅于是也。昔者炎皇，教民稼穑，乃粒烝民，神其神于有肇；而三圣统灵源，又灌溉乎斯民。"⑤

万历三十四年（1606）重修碑记："实惟浊漳之源。有神主之，曰三圣公主，相传为炎帝三女。说者又谓即女娃，化精卫衔西山木石以堙东海

① （宋）沈昇：《敕赐灵湫庙额记》，《长子县志》卷七《金石志》，光绪八年（1882），国家图书馆藏。
② （宋）刘之美：《修灵湫庙载记》，碑刻现存长子县灵湫庙内，录文见《高平金石志》，第74页。
③ 袁珂校注：《山海经校注》，上海古籍出版社1980年版，第92页。
④ （明）丁彦信：《重修灵湫庙记》，碑刻现存长子县灵湫庙内，录文见《高平金石志》，第77页。
⑤ （明）王卿：《重修灵湫庙记》，碑刻现存长子县灵湫庙内，录文见《高平金石志》，第80页。

者，然世远其详不可考云。"①

这个附会的过程就是：泉神→女神→炎帝之女→炎帝之女三公主（精卫）的转换就在数百年间逐步建立起来，并且在明朝后期基本完成。但是与其他信仰相比，灵湫庙的信仰圈仅仅停留在当地，没有做大范围的传播，其行祠罕见。

第二节　地域神灵

一　李靖庙（灵显王、灵泽王）

前述替圣母行雨的李靖，亦是潞州等地的著名神灵之一，先后被封为灵显王和灵泽王。李靖（571—649）是唐代名将，籍贯雍州三原（今陕西三原县）。祖父李崇义，任北魏殷州刺史、永康公。父李诠，隋赵郡守。其舅韩擒虎，是隋代名将。隋朝建立时，李靖方10岁，以20岁出仕，已经是590年以后了。在唐朝统一全国时，以及唐太宗时期，都树立了赫赫战功，所著《李卫公问对》是著名的军事著作。曾任兵部尚书、尚书右仆射等职，封卫国公，死后陪葬昭陵。李靖的战功是其得以神化的主要原因。

李靖身份的提高是在五代后唐时，明宗天成二年（927）十一月，"诏太宗朝左仆射李靖可册赠太保，郑州仆射陂可改为太保陂。时议者以仆射陂者，后魏孝文帝赐仆射李冲，故因以为名，及是命之降以为李靖，盖误也"②。虽然这是一个张冠李戴的诏书，但却使一个地名的意义发生了变化。陂旁有庙，因陂名称为李靖庙。③ 真正使李靖神在民间的地位得到提

---

① （明）陶鸿儒：《重修灵湫庙记》，碑刻现存长子县灵湫庙内，录文见《高平金石志》，第85页。

② 《旧五代史》卷三八《明宗纪》，第530页。

③ （宋）高承：《事物纪原》卷七《灵宇庙貌记第三十七》："灵显王庙，在郑州城东仆射陂侧。陂本魏孝文赐仆射李冲，里俗因呼仆射陂。唐末建庙，因陂为名，俗误传为李靖。后唐明宗天成二年，赠靖太保。晋天福二年八月，敕唐卫国公李靖宜封灵显王。"（中华书局1989年版，第374页）

升的则是后晋石敬瑭。

北宋明道二年（1033）四月，潞州树立了一通碑铭，记载了石敬瑭的晋封之事，碑铭曰：

> ……昔在皇唐，佐命享高年之祉；迨于晋室，聪明降胼绤之灵。……生民以来，王侯之祭，功德不朽，神变无方，未有如灵显王者矣。……晋高祖奄有四方，肇基王迹，大勋未集，戎马生郊。暴盗生戈，下据成皋之隘；王师扰旆，遂蹁溱洧之郊。上相洁诚，聿永阴助，明灵在梦，式降玄符。自卷甲疾趋，诘朝请见，枭鸣右纛，果召胜风，血染成河，大歼鲸敌。岂止钟山之草，但化人形；即墨之兵，始言神助。繇是飞章上达，制册垂休。青编分字于日华，茂典增封于王爵。……夏伏冬腊，常存黄石之祠；春露秋霜，无废皋陶之祀。其功德神变也，有如此哉！①

这篇碑文集中讲了李靖两件事，第一件是辅佐唐朝，使其享有二百多年天下。第二件是后晋时助石敬瑭讨伐张从宾。张从宾在后唐为灵武节度使，后晋"高祖（石敬瑭）即位，受代入觐，会驾东幸，留从宾警巡洛下。……及范延光据邺城叛，诏从宾为副部署使，从杨光远同讨延光。会延光使人诱从宾，从宾时在河阳，乃起兵以应之。先害皇子重信，及入洛，又害皇子重乂，取内库金帛以给部伍，因东据水关，且欲观望军势。高祖命杜重威、侯益分兵讨之，从宾大败，乘马入河，溺水而死焉"②。张从宾原本归附后晋高祖，但在范延光叛乱后，他也起兵入洛阳，杀害皇子，并计划东据汜水关以观望石敬瑭的军势，汜水关即著名的虎牢关，在今荥阳西北，原为成皋县，是著名的军事要地。石敬瑭本来有皇子六人，一早夭，二为后唐末帝所杀，这次又有二人被张从宾所害，身边仅留年幼一子，可想其内心之愤怒。（以至于后来不得不让侄子石重贵接替皇位）在作战之前，将士祈祷李靖，得到了胜利的先兆。"上相洁诚，聿永阴助，明灵在梦，式降玄符。自卷甲疾趋，诘朝请见，枭鸣右纛，果召胜风，血

---

① （宋）李公弼：《唐卫国公晋封灵显王碑铭》，弘治《潞州志》卷九。雍正《山西通志》卷二〇二《艺文二一·记二》亦收录此文，但作者为杨义方。

② 《旧五代史》卷九七《张从宾传》，中华书局1976年版，第1289页。

染成河，大歼鲸敌。"就指的是这件事。在胜利后，石敬瑭也不忘答谢神灵的帮助。在天福二年（937）八月下诏："负固者，天地不容；为逆者，人神共怒。永惟躬殓，实有感通。昨出师之时，将帅虔祷，颇闻阴祐，成此战功。唐卫国公宜封灵显王。"① 但是李靖的庙在哪里呢？诏书未明言。

前述李靖代龙母行雨的传说，并未发生在潞州。但潞州则紧紧围绕李靖的传说做文章，将龙母以及李靖的传说发生地移植过来。在晋封之事已经过去一百年后，潞州重树晋封碑铭，通过将晋封神灵的地域转移以此来确定自己为李靖本庙的既成事实，并且这种重构在宋代以后得到了强化。开封东部的李冲陂变成李靖陂，缘于"冲""靖"皆属后鼻韵母，在方言发音上容易讹误。故而后唐庄宗将原本北魏李冲误戴到李靖头上，跟李靖在开封的影响有关，同时也可以认为这种误传也是当地人的努力。事实上，潞州祭祀李靖，已经时间久远了。碑铭曰："夏伏冬腊，常存黄石之祠；春露秋霜，无废皋陶之祀。"夏伏冬腊，是古代两祭名。秦汉以后，以夏至后第三个庚日起，连续三旬为伏日，一称三伏；又以冬至后第三个戌日致祭百神为腊祭，是时令祭祀，为祭祀的一种常态，说明李靖祠在潞州的存在时间已经久远。其实北宋人对潞州祭祀李靖也未能解释一二。元符元年（1098）吕升卿任河东转运使时，行部潞州，就见到李靖庙，他说："卫国李公佐命唐室，勋德第一，生挺奇节，殁为明神，固其理也。传称公京兆人。元符元年九月升卿行部入潞州界，至微子岭，有灵显王庙在焉。视古刻乃知卫公之祠，庙貌甚盛，邑人祠祭信向，言神威灵，祈请如响。问始所以建庙，则曰王占籍于此，与唐史不同，莫可考者。"② 而潞州当地人为了解释祭祀李靖的原因，就归到李靖占籍此地。尽管吕升卿也表达了自己的怀疑，但是也只好用"莫可考者"来做结论。

绍圣元年（1094），潞城县重修灵显王庙，碑文曰："唯兹潞城，微子故墟，北行十里，爰有爽垲，重冈复岭，土厚水深，风俗淳朴，是宜神灵安定休止，作庙于此，百有余岁，载在祀典，礼以时举。水旱疫疠，祷无

---

① 《册府元龟·帝王部·崇祭祀第三》，晋高祖天福二年八月诏。《全唐文》作《平张从宾赦制》，见卷一一四《石敬瑭（晋高祖一）》。

② （宋）吕升卿：《谒李卫公神祠记》，（清）觉罗石麟修，储大文纂：《山西通志》卷二○二《艺文二一·记二》。

不应，牲牢享献，傍走数县。"① 于此，可以大概推知此李靖祠庙建立在北宋建立之后的宋太宗时期（976—997），而在宋真宗时期树立的那块晋封碑铭，也只是潞州当地势力为了确立李靖祠存在的合理性。"水旱疠疫，祷无不应，牲牢享献，傍走数县"，可见民众对其诉求主要是"水旱疠疫"，而其信仰圈所覆盖者，为"傍走数县"，也即潞州数县而已。

到了元代初年，吕升卿见到的祠庙再次得到修缮。"上党东北六十里而近，故有唐封卫国李公所遗之祠。□然驿涂之左，唐贤宋人勒铭题咏者□□右。中外堂庑旧制，而余区兵余存者，十才三四。自余往来其下，见之三十年，立者日以倾，腐者日以漫，村之民初未经意。至元廿三年，曲沃人杜君佐自泽州尹来治上党。"方劝率豪右加以修缮。②

前述历代潞州人对李靖传说地及李靖祠庙的经营，客观上强化了潞州李靖祠作为李靖本庙的色彩。在元世祖时代，加封李靖的"制"就专门颁发给了潞城县。"矧生为天下之将，殁有精爽至于神明，其何虚王仪而弗用乎？隆德府潞城县微子岭广德庙灵显王，以智勇忠义佐命有唐。方北破突厥，继太原出定襄，师行之道，英魂犹存。斯民岁岁奉祀不怠，至于雨旸之祈，捷若影响，厥功懋焉。其加褒称之典，以慰潞城之民，抑以见朕思奖颇牧之意，可特封灵泽王。"③

在潞城县之外，壶关县亦有李靖庙。"天党潞子之邦，斯神庙貌，是处有之。每岁四月二十日，遐迩居民咸致敬以祼焉。古壶林邑之北一里有庙曰灵泽，值大兵之后，正殿廊庑烬灭不存，唯荆榛瓦砾而已。逮我大元国朝以马上得天下，四海隆平，封五岳，赠百神，诚敬如是也。"④于大德三年（1299）加以重修，而后因地震，于皇庆二年（1312）再次重修。

一如今人所为，唐宋时其他地域也未放过李靖这个文化资源。在北宋

---

① （宋）张山：《潞州潞城县重修灵显王庙记》，（清）觉罗石麟修，储大文纂：《山西通志》卷二〇二《艺文二一·记二》。

② （元）宋渤：《重修灵泽王祠记》，《山右石刻丛编》卷三五，《石刻史料新编》第 1 辑第 20 册。

③ 元世祖：《加封李靖制》，（清）觉罗石麟修，储大文纂：《山西通志》卷一八三《艺文·制》。

④ （元）王天利：《重修灵泽王庙记》，（清）胡燕昌修，杨笃纂：《壶关续志》卷下，光绪七年（1881），国家图书馆藏。

时，就已经形成数个李靖信仰中心，胪列如下：

山西。"李靖祠。一在潞城县，徽宗崇宁四年二月赐额'广德'。一在解县，大观元年正月封忠烈王。二年封辅世惠烈王。又石晋封灵显王，徽宗大观元年十一月改封普世忠烈王。"① 潞城县李靖祠就是上述吕升卿所拜谒之庙。

磁州。"庙在河北路磁州昭德镇。唐李靖祠，石晋封灵显王，徽宗大观元年十一月改封。"②

东京。"庙在东京管城县东仆射陂侧。是陂本后魏赐仆射李冲，唐末建庙，因陂为名，俗传李靖神也。后唐天成三年，册赠靖太保，晋加号灵显王。"很明显，东京的李靖祠因为靠近都城，受到的关注也就相对要多，自上而下的修缮活动比较多，规模也就比较大。"建隆元年，太祖临幸，因遣内侍葺祠宇，春秋二祀。太宗淳化元年七月，遣中使再修。至道三年五月，遣内侍送银香合。真宗景德元年，又遣供奉官钱昭厚增修。二年，又修后殿。四年，车驾朝陵，命入内都知石知颙致祭。祀汾阴毕，亲幸，登东北亭，观陂水，又阅碑刻所载不得详备，别命官作记。仁宗天圣二年，命郑州马至董役重修。庆历六年，端明殿学士李（洲）［淑］知郑州，表请完治，诏以县官绝户钱增葺，刻石记事。"③ 原本东京之李靖祠是地位最高者，但经过了宋金元的变迁之后，只剩下潞州一地为显要者。

滑县。"距滑之东北二十里，有林曰程固，是为显灵王祠。王姓李，讳靖，字药师，大唐功臣也。……此庙基构自宋庆历前，中遭劫火，废址犹存。"可知其建立时间在北宋庆历（1041—1048）以前，其后黎阳神霄宫主孙至真者，同提控张信、坛主王聚等，"因为畜疫，以新缔创，为王血食之地。庙宇森严，廊庑雄丽，迄今几七十年矣。庙之西南，有圣井焉。无故而汲者，速受其谴；有疾而饮之者，立享其安。赫赫厥灵，捷如影响，若旸若雨，即副所求。其威灵显应，播在人耳目者，非一言可述"④。

---

① 《宋会要辑稿·礼二〇》"诸祠庙"。
② 《宋会要辑稿·礼二一》"岳渎诸庙·普世忠烈王庙"条。
③ 《宋会要辑稿·礼二一》"岳渎诸庙·灵显王庙"条。
④ （元）黄坦：《显灵王庙记》，（清）吴乔龄修，吕文光纂：《滑县志》卷四《祠祀》，乾隆二十五年（1760），国家图书馆藏。

浙江安吉。宋代以降，李靖信仰的传播地更为广阔，遍布大江南北，重要者则属浙江安吉，此地之李靖祠于崇宁三年十一月赐额"仁济"，[1] 在南宋以降有完整的信仰传承。因浙江不在本书研究范围内，故不赘述。

由上可知，李靖信仰虽然在唐代后期就已经成为地域信仰，但其传播时间和过程并不清晰，无法建构完整的传播路径。笔者猜测他的信仰与尧、舜、禹的信仰类似，不是一般意义上的传播，而是当地人对伟人的崇拜之表现。

二 灵贶王（三嵕庙）

三嵕山位于屯留县城西北 25 千米处，北与襄垣为邻；西偎崇山峻岭。三峰鼎峙，一名麟山，一名灵山，一名徐陵山，按"数峰并峙曰"，三嵕山即三峰所聚之意，故名"三嵕山"。其主峰在东，即麟山，为丛岭迭峰之首。三嵕山神庙始建何时，不得而知，在《元和郡县图志》和《太平寰宇记》中皆无片字，可知其在唐五代时期地位低微。北宋中期欧阳修编纂的《新唐书·地理志》："屯留　有三嵕山。"这时三嵕山在地方上才有一席之地。北宋末年宋徽宗大封天下神祠之时，三嵕山异军突起。"三嵕山神祠　在屯留县。徽宗崇宁三年十二月赐庙额'灵贶'。"[2] 由此赐额，三嵕山神祠正式进入祀典。唐、宋时期三嵕庙的情况大体就只能知道这些了。

屯留县三嵕山为三嵕庙的本庙，笔者猜测在北宋时期就已经开始了传播的过程。因为在金代初年的天眷元年（1138），泽州城东北二十里的盘龙山就建立了三嵕庙的行祠。但是在这时，三嵕庙的主神就发生了变化。原本三嵕庙是三嵕山神庙，是传统以山川为代表的自然神，在传播的过程中被附会成后羿的祠庙，所谓灵贶王，也就成了后羿。

遗憾的是，屯留县的三嵕神本庙的宋金碑刻皆不可见，所幸在高平县（今山西高平市）河西村保存着北宋天圣十年（1032）的三嵕庙庙门铭

---

① （宋）《仁济庙敕牒碑》，（清）宗源瀚修，陆心源纂：《湖州府志》卷五五《金石略十·安吉县》，同治十三年（1874），国家图书馆藏。浙江安吉的李靖信仰，高峰期在南宋以降。
② 《宋会要辑稿》礼二〇"山川祠"。

记，铭记作者为乡贡三传郭道直，学究王在存书，因此从中可窥当时地方士人对三嵕的认识，移录如下：

> 若夫希夷同像，不可以智知；大道幽玄，莫将其识。识钻之弥，固仰之弥高。天地不能究其源，阴阳不能穷其始者，其唯神灵之谓乎？唯神成名静默，立德幽徵。齐阴阳不测之功，壮天地无私之力。春秋冬夏，挥律□以明定四时；暑往寒来，吹灰管而潜分八节。而又三才共立，七气同分。显威风而以镇云雷，化雨露而苏草木。牧围得牺牲之滋盛；丁壮有黍稷丰登。在坎在土之黎民，赖神祇之重德。斯神也，三元至贵，九府极尊，赏罚无昧于吉凶，褒贬有凭于善恶，可谓威光自在，圣意逍遥。乘云游月殿星楼，控鹤绕丹台紫府。普天之下，皆承血物之恩；率土蒸民，尽荷无私之育。……①

在天圣十年的时候，三嵕庙在高平就已经存在了。可以想见其建立时间应是更靠前的唐末或者五代了。"唯神成名静默，立德幽征。齐阴阳不测之功，壮天地无私之力。春秋冬夏，挥律□以明定四时；暑往寒来，吹灰管而潜分八节。而又三才共立，七气同分。显威风而以镇云雷，化雨露而苏草木。"这段话说明三嵕神还只是山神，因为山神，方宁静沉默。它主管"定四时""分八节"，也就是掌管四时节气，风调雨顺，农牧生产繁盛。"乘云""控鹤"，皆为神仙之流。基本上我们可以说三嵕庙在北宋前期的时候，依然是山神，与后羿尚未牵扯到一起。

金代天眷元年（1138）泽州建立三嵕庙时，请一位进士卢璪写了一篇碑文记载了建立的来龙去脉：

> ……晋邑封部环数百里，其比间族党建立□□为民祈祭者，非止一二，而特为民所畏敬者，号称三嵕。然三嵕之神，典祀载之旧矣！里俗莫究□□，历世相传曰："善射之羿也。"上党西北有元庙，见存碑刻具载。方陶唐垂拱之世，六月六日生于三嵕山下，始七岁而勇烈出众，人咸异之。时方苦旱。十日并照，烁石流金。神十八岁乃能弯弧，射九日，□除民害。尧嘉其功，封"有穷君"。巡游大

---

① 碑刻现存高平市河西村，录文见《高平金石志》，第159页。

海，□徐灵山，时乃得圣。自后远迩畏慕，怖若雷霆，历岁千□，□烈犹存。逮五季周世宗特见褒异，显德□锡号为"帝"，此虽得之傅会，然耆旧宿语因摭以为实□。□书传考之，仲尼大圣也，乃曰："羿善射"；孟轲大贤也，乃曰："羿之教人射，必至于彀。"又"逢蒙学射于羿"，羿神之善射理亦明矣！及读书至《五子之歌》，有曰："太康尸位，以逸豫灭厥德。黎民咸贰，乃盘游无度，畋于有洛之表，十旬弗返。有穷后羿因民弗忍，距于河。"然后知神之情状。其生也，英烈勇猛，既为□□服；其没也，聪明正直，又为人所敬。百世之上、百世之下，闻其风声，莫不震惧。《记》曰：以死勤事，以劳定国，能御大灾，能捍大患，则祀之；非此族也，不在祀典。神之血食万载，岂庸外是哉？"王太旧无此□，□怀畏慕，祈祭无所。属有豪民王世昌为时纠首，特启洪誓，与众共谋，欲建庙宇，以便祭祷。众议□□。即为度地相原，卜得其吉，四视高旷，雅称神居。……①

这篇庙记为我们传递了很多信息。第一，"晋邑"为晋城县的简称，在县境数百里之内，为下层民众所祈祭的神灵，不是一两个，但其中特为民众所"畏敬"者，号称"三嵕"。"三嵕"神是晋城县境内众多神灵的一个，只不过民众对其崇拜更盛。第二，三嵕神并不是突然出现，"典祀"即"祀典"，也就是地方政府所承认的信仰。但是这个神是什么来历，"里俗"，也就是民众的传闻无法追究。只是历代都相传这个神是善于射箭的后羿。第三，上党西北有他的"元庙"，即本庙，其间现存的碑刻都清楚记载着神的来历。与人物神的发源地明争暗夺不同，② 山神的本庙争夺基本上不存在，原因就在于山的不可移动性，晋城人也不得不承认这一点。第四，卢璪叙述了当地流传的后羿的传说：在尧时，六月六日生于三嵕山下。7岁就勇烈出众。当时大旱，天上十日。直至后羿18岁时才射下九日，为民除害。因此尧嘉奖后羿的功劳，封他为"有穷君"。这里把先秦

① （金）卢璪：《三嵕庙记》，《山右石刻丛编》卷一九，《石刻史料新编》第1辑第20册，第15357页。引文"□"中文字为笔者依文意所补。
② 二仙信仰的发源地在宋金元明就经历了一个明争暗夺的过程，详见下章所述。

时期的后羿的事迹相连到一起。先秦时后羿的事迹有三：一个是尧时射日①；另一个是夏代太康失国，后羿篡位②；还有就是善射，这个和射日可以合并。后羿号"有穷"，《左传·襄公四年》孔颖达疏："羿居穷石之地，故以穷为国号，以'有'配之，犹言'有周'、'有夏'也。""有穷"是后羿部落的名号，并非是尧所封。很明显，"羿"和"后羿"应该不是一个人。因为一个在尧时，一个在夏朝第三代的太康时期。二者不在同一个时间段。但是因皆有"羿"，故而后人逐渐将二者混淆了。③看来，在卢璪所处的金代初年，或者我们可以再往前推一些，北宋时期这两件事就早已合二为一了，"羿"等于"后羿"，成了一个人。④"羿"的射日，与"后羿"的"有穷"，被卢璪巧妙地糅合在一起。对于太康失国，也只是突出了太康的无道和后羿的有德，篡位之说只字未提。第五，当地人编造了另一个值得夸耀的事情：就是五代时周世宗特见褒异，赐号为"帝"。一个地方神灵赐号为"帝"者，宋代以前仅东晋南朝的蒋子文。唐代五岳也仅仅是封王而已。⑤所以这个说法连卢璪都认为是附会，不堪一提，但不能阻挡当地民众当作事实的心理。可以推测，卢璪写碑记的时间，是后羿已经被比较成熟地附会到三峻山神之上的时期。

由上述两篇碑文可知，在宋代中后期的一百年间，三峻庙经历了由山神向后羿的转变，甚至在北宋末年也未有清晰的线索证明转变的出现。虽然金代初年卢璪的碑文描述看来是那么的自然，但我们依然能够

---

① 《淮南子》卷八《本经训》："逮至尧之时，十日并出。焦禾稼，杀草木，而民无所食。猰貐、凿齿、九婴、大风、封豨、修蛇皆为民害。尧乃使羿诛凿齿于畴华之野，杀九婴于凶水之上，缴大风于青邱之泽，上射十日，而下杀猰貐，断修蛇于洞庭，擒封豨于桑林。万民皆喜，置尧以为天子。"这是我们所熟知的后羿射十日的故事。

② 《左传》襄公四年："无终子嘉父使孟乐如晋，因魏庄子纳虎豹之皮，以请和诸戎。晋侯曰：'戎狄无亲而贪，不如伐之。'魏绛曰：'诸侯新服，陈新来和，将观于我。我德则睦，否则携贰。劳师于戎，而楚伐陈，必弗能救，是弃陈也。诸华必叛。戎，禽兽也。获戎失华，无乃不可乎？夏训有之曰："有穷后羿。"'公曰：'后羿何如？'对曰：'昔有夏之方衰也，后羿自鉏迁于穷石，因夏民以代夏政。恃其射也，不修民事，而淫于原兽，弃武罗、伯因、熊髡、尨圉，而用寒浞。……'"此即"太康失国"，后羿取而代之。

③ 参见童书业、吕思勉编著《古史辨》（第七册），上海古籍出版社1982年版，第365—372页。

④ 参见张文安《后羿神话新解》，《陕西师范大学学报》（社科版）2002年第6期。

⑤ 五岳封"帝"是宋真宗的事。《宋会要辑稿》"礼二一·岳渎诸庙"："宋真宗大中祥符元年，泰山封天齐王，加号仁圣，进封河渎为显圣灵源公。四年五月：加号东岳天齐仁圣帝，南岳司天昭圣帝，西岳金天顺圣帝，北岳安天元圣帝，中岳中天崇圣帝。"

感觉到在宋金之交，地方上的民间传说在兴起。宋金时期，三嶕庙（灵贶王庙）的传播已经是不可否认的事实。但其传播的伊始只是以山神的形象传播，直到金朝方以后羿的形象出现在世人面前。由于现存资料有限，对于传播的路径和方式无法准确了解。只能知道其大概的传播结果，那就是晋东南地区就有很多三嶕庙，我们至少可知在元朝时三嶕庙的传播范围：

> 三嶕山神庙有七。屯留县有二，一在县西北三十五里三嶕山之巅，祀尧臣后羿，以其辅佐尧致治，捍灾御患也。宋崇宁二年赐额"灵贶"，元至元十二年重修，国朝洪武间改号"三嶕山之神"，有司岁祭。其行祠有六：一在县东南二十五里李高村，元至元三十一年重修。一在洪洞县东南三十里上张里，元皇庆元年建，至正元年修。一在壶关县西北三里程村，元至大四年重建，国朝永乐八年修。一在长子县城西太平厢，元延祐三年建。[①] 一在高平县城外西厢路西，元至正二年建。一在沁水县东六十里三嶕岭，自周楚建立，国朝宣德二年修。[②]

从上述可知，三嶕神庙在元朝时，就已经传播到屯留县之外的晋南、晋东南地区，其中多数创始不详。如长子县城西太平厢的三嶕庙，延祐三年长子县达鲁花赤主持重修，并非始建，当时人就说"是县之庙，创始未详"[③]。并且传播到太行山东麓。嘉靖《磁州志》卷一《祠庙》："护国灵贶王庙 在州治南，俗又称为三宗庙，谓古帝王三宗，不知是否。"[④] 可知灵贶王信仰已经传播到磁州境内，只是"嶕"与"宗"同音，故而"三嶕庙"讹为"三宗庙"，以至于明代磁州地方士人亦不知其所以然。由于记载的缺失，三嶕庙却不仅如上述数座而已，加上前述高平河西镇与泽州

---

① 是年为达鲁花赤主持重修，非始建。见（元）王天祐《重修灵贶王庙碑》："是县之庙，创始未详。"载光绪八年《长子县志》卷七。
② （明）李侃修，胡谧纂：《山西通志》卷五《祠庙》，成化十一年（1475），中华书局1998年版，第199页。
③ （清）豫谦修，杨笃纂：《长子县志》卷七《重修灵贶王庙碑》，光绪八年（1882），国家图书馆藏。
④ 嘉靖《磁州志》卷一《祠庙》，《天一阁藏明代方志选刊续编》第3册，第821页。

之三峻庙，事实上应还有为数众多的庙宇存在。比如壶关县黄家川乡南阳护村三峻庙，据明万历二年（1574）重修碑载，金大定八年（1169）修葺。长子县常张乡大中汉村三峻庙有元代至元二十八年（1291）题记。其他还有长子县宋村乡王郭村三峻庙（金元），长治北石槽三峻庙（北宋末），长子县常张乡壁村三峻庙（金元），长子县慈林镇崇瓦张村三峻庙（金至清），长子县南漳镇酒村三峻庙（元），襄垣县侯堡镇常隆村三峻庙（元），长子县丹朱镇下霍村八里洼护国灵贶王庙（金元），长治城区邱村护国灵贶王庙（元明），长治市北石槽村三峻庙（宋金），平顺县北社乡北社村三峻庙（元至清）等。这些三峻庙地理图示如下（基于北宋末期的政区）：①

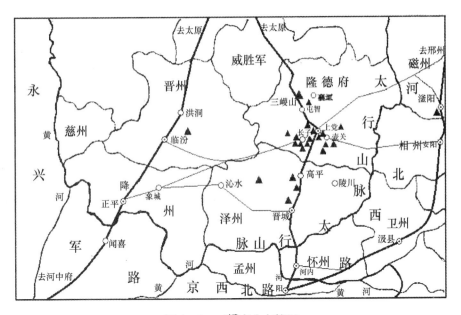

图1-1 三峻庙分布情况

由上图可以发现，三峻山神信仰是向南不断传播的，先是由临近的上

党、长子、壶关，然后继续向南传播到泽州。这主要是沿着太原东南向的交通要道来进行的，而屯留、上党、高平、晋城诸县都在这一条要道上。壶关和长子县则是上党向东、向西的交通要道上。韩森认为南宋的神灵传播都是沿着河道进行，并且她一再强调商人在信仰传播方面的作用。① 在中古时期，信息传播的主要途径就是沿着交通要道进行的，距离城市和交通要道越远的地点，所获得信息的速度就越慢。尽管三峻神信仰的传播也是沿着交通要道，但是未必和商人有过于密切的关系。另外有一个问题，三峻庙为何没有向北传播，而是只有向南为主要传播地？限于篇幅，笔者仅提出一些想法供参考。首先，三峻山北部是山区，如今由长治去往太原的列车都是在山区中蜿蜒穿行，交通极其不便，遑论一千多年前的古人。而东部是巍巍太行山脉，西边也是群山围绕，向南则是相对平缓的长治盆地，地理条件无形中也限制了三峻神向北的传播。其次，三峻山北部为威胜军和辽州，二州人口较少，在北宋太平兴国年间威胜军只有 4499 户，辽州有 7174 户，相比之下潞州有 24972 户，泽州有 23239 户。② 很明显，容易获得信众的方向是向南，而不是向北。最后，尽管威胜军只有四千多户，但是民众已经被佛教信仰所笼罩，挤压了民间神灵的信仰空间。故而在这个因素下，三峻神信仰也只有南下发展。

从地图可见，三峻神信仰在离开屯留南下过程中，长治是最早的信仰中心，由这里而东南向壶关、向西南长子，再向南就是泽州的高平和晋城。这里存在一个辐射强度问题。三峻山属于长治，所获得的传播能量是在长治范围内积累起来的。但是向外传播的过程中，会受到各种阻碍，其中和地方原有神灵争取信众是重要的一环。比如向壶关传播的距离很短，并未向太行山区继续传播，因为在那里遇到了二仙信仰，而二仙信仰在临近的泽州陵川县更为兴盛，也就致使三峻庙在陵川县看不到踪迹。在进入泽州的过程中，仅到达晋城东北，并未深入晋城西部，因为那里已经受到阳城县成汤信仰的辐射。而沁水县也只有东部紧靠高平的地区受到影响。总之，离开长治地区三峻神的辐射能量就愈加弱小，加之原有信仰的存在，很难再挤占地方上的信仰空间。

---

① ［美］韩森：《变迁之神：南宋时期的民间信仰》，包伟民译，浙江人民出版社 1998 年版，第 148 页。
② 吴松第：《中国人口史·辽宋金元时期》，复旦大学出版社 2000 年版，第 125 页。

第二章 南部太行山区祠神信仰的兴起：泽州

泽州与潞州分享了部分神灵，但泽州亦有自己独有的崇拜，择其突出者做些许分析。[1]

第一节 地方神灵

一 神农庙（炎帝祠）

神农氏与炎帝，在汉代以前的文献中是两个人。自西汉刘歆开始，逐渐将二人合二为一了，他在《世经》里说："以火承木，故为炎帝，教民耕种，故天下曰神农氏。"之后学者多采此说，比如西晋皇甫谧言之凿凿，他在《帝王世纪》里说："炎帝神农氏，姜姓也。"经过后世的演绎，基本成为现在的共识。[2] 在南北朝时就形成了几个炎帝信仰的中心，这与多处存在神农（炎帝）遗迹有关。

高平县。"羊头山下神农泉，北有谷关，即神农得嘉谷处。"[3]

随州（今湖北随州市）。"溠水北出大义山，南至厉乡西，赐水入焉。水源东出大紫山，分为二水，一水西径厉乡南，水南有重山，即烈山也。山下有一穴，父老相传，云是神农所生处也，故《礼》谓之烈山氏。水北

---

[1] 其中高平圣姑庙可参看赵世瑜《圣姑庙：金元明变迁中的"异教"命运与晋东南社会的多样性》，《清华大学学报》（哲学社会科学版）2009年第4期。本书不再赘述。

[2] 钟宗宪：《炎帝神农信仰》，学苑出版社1994年版，第32—38页。

[3] 《魏书》卷一〇六上《地形志二上》，中华书局1974年版，第2467页。

有九井，子书所谓神农既诞，九井自穿，谓斯水也。又言汲一井则水动。井今堙塞，遗迹仿佛存焉。亦云赖乡，故赖国也，有神农社。"① "隋郡北界有厉乡村，村南有重山，山下有一穴，父老相传云，神农所生。村西有两重堑，内有周围一顷二十亩地，中有九井，神农既育，九井自穿。又云，汲一井则众井水动。即以此为神农社，年常祠之。"②

长沙。炎帝"在位百二十年而崩，葬长沙"③。

陕西宝鸡。"岐水又东迳姜氏城南为姜水。按《世本》：炎帝，姜姓。《帝王世纪》曰：炎帝，神农氏，姜姓。母女登游华阳，感神而生炎帝。长于姜水，是其地也。"④

亳州。《太平御览》卷一百五十五引《帝王世纪》："神农都于陈，又营曲阜。"

以上是在南北朝时就已经形成的炎帝信仰中心，即如今我们能够看到的几个炎帝陵的来历。自然这些传说在后世愈加逼真，但距离事实可能就愈远。时至今日对于炎帝神农氏到底在哪里依然争论不休。

神农氏在国家祭祀上历来是不可或缺的，自两汉起就是重要的祭祀对象，唐、宋依然延续这一历史传统。对地方上的炎帝祠庙，宋代开始多次关注。宋真宗时大中祥符三年（1010）将河中府神农庙列入大礼致祭名单。大中祥符四年（1011）四月"令并州葺晋祠，衡州葺神农庙"⑤。又增加了衡州的神农庙。南宋绍兴十四年（1144），"衡州守臣刘清之奏：'史载炎帝陵在长沙茶陵，祖宗时给近陵七户守视，禁其樵牧，宜复建庙，给户如故事。'"⑥ 可知北宋时候曾规定长沙的炎帝陵给靠近陵墓七户守视，并且禁止附近樵采放牧，不知此规定是否大中祥符四年时制定的。不过很明显，之后的一百年内没有很好地执行。北宋政府的动作使得山西与湖南的神农庙皆得到发展。可金代规定"三年一祭，于仲春之月祭……神农于亳州"⑦。亳州为神农所都，而金代没有采取在河中府或高平县祭祀，说明

① （北魏）郦道元著，陈桥驿校释：《水经注校释》，第559页。
② 《初学记》卷七引盛弘之《荆州记》。
③ （晋）皇甫谧著，徐宗元辑：《帝王世纪辑存》，中华书局1964年版，第11页。
④ （北魏）郦道元著，陈桥驿校释：《水经注校释》，第326—327页。
⑤ （宋）李焘：《续资治通鉴长编》卷七五"大中祥符四年"，第3册，第1721页。
⑥ 《宋史》卷一〇五《礼志八》，第2558页。
⑦ 《金史》卷三五《礼志中》，第818页。

二处地位降低。与此同时在南宋境内的神农庙却得到了快速发展，这为其在元代争夺炎帝陵所提供了条件。元代统一后在此问题上没有进一步的动作。到明代，这一争夺就达到了顶点。

山西南部神农的传说由来已久，前述《魏书》提到羊头山下为神农泉得五谷之处。在高平县还出土了北齐的一块石碑，上面提到"大齐天保二年岁次……经营戎略总率徒□□□□……神农，圣灵所托，远瞩太行，旁接大□，□沁水之□……澎湃，若其山川秀丽，陵谷磐纡，穷五都之焕，炳极八表……"① 唐代时羊头山的神农传说又进了一步。"此山炎帝之所居也。昔者摄提纪岁之后，燧人化火之前，穴处巢居，茹毛饮血。爰逮炎皇御宇，道济含灵，念博杀之亏仁，嗟屠戮之残德。寻求旨味，以替膻腥，遍陟群山，备尝庶草。届斯一所，获五谷焉。记此灵奇，显其神异，石类羊首，遂立为名。于是创制耒耜，始兴稼穑；调药石之温毒，除瘵延龄；取黍稷之甘馨，充虚济众。人钦圣德，号曰神农。历代崇恩，峰亭享庙。"② 这里将神农氏（炎帝）神农尝百草、创始农业的功绩梳理得非常清楚。并且提到"峰亭享庙"，说明当地已经有了神农的祠庙。唐代高平县境内的地名也多和神农有关，新中国成立后出土了一方墓志，提到祖茔所在地为"神农乡神农里团池店南"③，可知此时当地已经开始了神农本土化的过程。神农乡的建置记载在五代（937）和北宋（1099）出土的墓志中依然存在。④

直至金代，神农庙才凸显出来。金海陵王天德四年（1149），潞州长子县增修漳源熨斗台神殿：

> 长子县西发鸠山，浊漳水所出，旧有漳源庙。政和年间，祈祷感应。州县奏闻朝廷，特赐庙额。……长子县城北熨斗台上，有神农皇帝庙。天德壬申岁，涉夏不雨。邑人众议请泉神水祷雨，遂具□社，迎接至王华国舍馆供养。华国性淳质、无机心，至夜，若梦非梦，有人告之曰："吾乃皇帝之女，欲于庙前增修行宫，奉安吾位。"明日遍

---

① 《羊头山五佛碑》，天保二年（551），《高平金石志》，第4页。
② （唐）牛元敬：《泽州高平县羊头山清化寺碑》，《高平金石志》，第6—8页。
③ 《唐故毕府君夫人赵氏墓志铭并序》，《高平金石志》，第10页。
④ 《唐故浩府君墓志铭并序》（天福二年，937），《宋故郭府君墓志铭》（元符二年，1099），《高平金石志》，第11页。

谕邑人，或信或疑。半夜，复有月光映照帷幄，以惊惧之。后有献香者，民大和会□□□降神语，明告建殿宇事。又有妇女若巫觋者，申饬□□尤切，众始知精爽不二者，神所依凭也。众推华国□□越街坊信心者，复有三十人为首领，助成缘事，各舍□财，纳瓦木，建殿三楹于熨斗台，前后地上二处俱系皇帝庙前，相距密迩。盖恩爱所聚，生不离于膝下，没而为神，晨昏之礼，便于朝事也。邑人以神之威灵，大加敬信，朝夕从事，行香火。荐奠盘馔，各随节序；禳灾祈福，各随心愿。①

神农皇帝庙在长子县城北熨斗台，天德四年夏不雨，邑人祷雨请泉水，迎接至王华国家供养。天德四年为 1149 年，距离北宋灭亡才 22 年，可知其建立时间肯定在北宋，甚至更早。这次修建缘起为炎帝之女欲在神农庙前增修行宫，从而托梦于王华国，加之巫女的煽动，就助成了这次修建活动。炎帝女儿就是前述灵湫庙的神女。邑人所为是根据炎帝与女儿"恩爱所聚，生不离于膝下，没而为神，晨昏之礼，便于朝事也"。表面上这是出于孝道的表现，当然暗地里邑人还有自己的算盘：为炎帝女儿建立行宫，就免去长途跋涉去发鸠山祈雨的麻烦了。不过因此神农庙的香火就更盛了。羊头山南为高平县，山北为长子县，从这篇碑文可知，围绕着羊头山，神农庙开始做短距离的传播。如金章宗明昌元年（1190），高平焦河村创建炎帝祠。② 元至正二十一年（1361），高平县下台村创建神农太子祠。"羊头山故有神农氏祠，环山居民岁时奉祀，有祈必应。山之南里曰下太，直乾方之爽垲，自昔乃立原庙。"里人王德诚年过五十方祈祷得二子，曾于至正十五年（1355）修缮神农祠，去世后，其妻以其曾有愿誓为神立祠，对神农祠地面加以修缮，并创修了神农太子祠。

壶关县亦有炎帝祠。至元十八年（1281）一篇碑文写道："直壶关县

① （金）张曦：《潞州长子县增修之碑》，（清）豫谦修，杨笃纂：《长子县志》卷七《金石志》，光绪八年（1882），国家图书馆藏。康熙《长子县志》卷三《官师志·庙祠》："神农庙 在城北二百步，熨斗台之上，今里人称为北高庙者是。金大德四年建。"所述明显有误。首先"大德"是元成宗年号，应为"天德"。其次，天德四年不是创建神农庙，而是创建炎帝女儿的行宫。

② （清）司百川：《重修炎帝庙》，《高平金石志》，第 52 页。

治之南二十五里所，有聚落曰沙窟，其西土山曰古圣，面炎帝之祠。"①

与成汤等帝王不同，神农祠并未得到广泛的传播，这应与围绕羊头山的传说有关，所以在宋元时期传播的地域有限，直至明、清方才在晋东南得到进一步扩展。

二 总圣仙翁庙

高平、沁水和长子三县交界处，有一山名仙翁山，古名伞盖山，山上有总圣仙翁庙。当地人附会为唐代张果老。首先我们来看张果老传说，最早记述张果老传说的是元和间成书的《大唐新语》卷十：

> 张果老先生者，隐于恒州枝条山，往来汾晋。时人传其长年秘术。耆老咸云："有儿童时见之，自言数百岁。"则天召之，佯尸于妒女庙前。后有人复于恒山中见。至开元二十三年刺史韦济以闻，诏通事舍人裴晤驰驿迎之。果对晤，气绝如死，晤焚香启请，宣天子求道之意，须臾渐苏。晤不敢逼，驰还奏之。乃令中书舍人徐峤、通事舍人卢重玄玺书迎之。果随峤至东都，于集贤院肩舆入宫，倍加礼敬。公卿皆往拜谒。或问以方外之事，皆诡对，每云："余是尧时丙子年生"，时人莫能测也。又云："尧时为侍中"。善于胎息，累日不食，时进美酒及三黄丸。寻下诏曰："恒州张果老，方外之士也。迹先高上（尚），心入窅冥，是混光尘，应召城阙。莫知甲子之数，且谓羲皇上人。问以道枢，尽会宗极。今将行朝礼，爰申宠命，可银青光禄大夫，仍赐号通玄先生"。累陈老病，请归恒州，赐绢三百匹，并扶持弟子二人，并给驿舁至恒州。弟子一人放回，一人相随入山。无何寿终，或传尸解。

《旧唐书》比《大唐新语》相比有了更多的神话材料。如云："玄宗初即位，亲访理道及神仙方药之事，及闻变幻不测而疑之。有邢和璞者，善算人而知夭寿善恶，玄宗令算果，则懵然莫知其甲子。又有师夜光者，

---

① （元）韩仲元：《重修玉皇七佛庙记》，《山右石刻丛编》卷二六，《石刻史料新编》第 1 辑第 21 册，第 15551 页。

善视鬼，玄宗召果与之密坐，令夜光视之，夜光进曰：'果今安在？'夜光对面终莫能见。玄宗谓力士曰：'吾闻饮堇汁无苦者，真奇士也'。会天寒，使以堇汁饮果，果乃引饮三卮，醺然如醉所作，顾曰：'非佳酒也。'乃寝。顷之，取镜视齿，则尽燋且黧。命左右取铁如意击齿堕，藏于带。乃怀中出神仙药，微红，缚堕齿之龈。复寐良久，齿皆出矣，灿然洁白，玄宗方信之。"又云："玄宗好神仙，而欲果尚公主，果固未知之，谓秘书少监王迥质，太常少卿萧华曰：'谚云娶妇得公主，真可畏也。'迥质与华相顾，未晓其言。即有中使至，宣曰：'玉真公主早岁好道，欲降先生。'果大笑，竟不奉诏。迥质等方悟向来之言。"①

从《旧唐书》与《大唐新语》的比较已可看出，中唐以后对张果老的神话描写日益增多，在唐末基本上就已经形成了主要情节，只是在文字铺张上下了功夫。之所以要神话张果老，恐也与其神秘的身世有关。张果老的身份更多地在向道士靠近，其中隐约能想象到道士在神话虚构中的作用。这些神话描写像滚雪球似的，越到后来就越大、越离奇。在唐代成书的《明皇杂录》《宣室志》《续神仙传》中已有完整的传说记录，全文赖《太平广记》记录。本来张果老只是一个离奇之人，在唐人笔下神化了，而这就为后人附会提供了依据。

张果老的神化是从天宝时期开始的。唐人李肇《唐国史补》卷上"张果老衣物"条："天宝末，有人于汾晋间古墓穴中，得所赐张果老敕书手诏衣服进之，乃知其异。"从文字中看，似乎张果老最后与汾晋关系密切。我们看《太平广记》卷三十《神仙三〇·张果》中完整记载张果老的地点所在：

> 张果者，隐于恒州条山，常往来汾晋间。……则天召之出山，佯死于妒女庙前。……后有人于恒州山中复见之。……开元二十三年，玄宗遣通事舍人裴晤，驰驿于恒州迎之。……其后果陈老病，乞归恒州。诏给驿送到恒州。天宝初，玄宗又遣微召。果闻之，忽卒。弟子葬之。后发棺，空棺而已。

恒州，唐代治所在真定县（今河北省正定县），管辖十县，大致为今

① 《旧唐书》卷一九一《方技传·张果》，第5106页。

石家庄地区。"条山"《元和郡县图志》《括地志》《太平寰宇记》等皆无记载。应该在今石家庄西部山西河北交界处，他佯死在妒女庙前。妒女庙就在今山西阳泉市之平定县娘子关下，紧邻河北省界。① 因此"条山"应在妒女庙附近。开元二十三年（735）唐玄宗依然派人到恒州召见他。而后又回到恒州，最后也葬在恒州。可见其与恒州关系之密切。但随着其传说的流行，各地也逐渐做了附会本地的工作。比如河北邢台有仙翁山，原名五峰山，因张果老在此修行，故改名。乾隆《邢台县志》卷十八中收录一篇《唐玄宗敕封仙人张果记》：

> 仙翁张姓果名，隐于襄阳条山，常往来邢洺间。昔人传其乘一白驴，日行千万里，修行叠之，置巾箱中，其厚如纸。乘则以水喷之，如故。初邢州西北三十里许有山，翁常游玩，见内有溜射之水出，又见有云梦山下左右居民苦水，翁一指，顾井泉益涌，一方永赖，因名井曰"指圣"。一夕曾至赵州过桥，问土人曰：桥可渡否？众人大笑曰：此桥车马犀象走如无物，奚难一驴？翁至桥，桥即动摇，再步即解散矣！至今帽迹蹄痕犹在。开元二十三年，神益显著，玄宗闻之，遣通士舍人裴晤驰驷迎之，肩舆入宫，果试仙术，殊不能穷，日加礼遇。时有道士叶法善者，亦多知之，玄宗曰：果何人也？法善对曰：混沌未分，即有果之神也。玄宗曰：果信神已。随南行，果化云而去。遂降旨封其山为仙翁山，建一观为栖霞观，立庙祭祀，至今香火不绝。又为本住持道人置焚田三顷，北至圣井，地一十五亩，井东地一十亩，打驴岭地五十亩，东南至小孤山，西南至百花山，西北至龙门峡，东北至山，四至为界附焉。道士叶法善门人李山童主其祀焉！

与唐代记载相比，这篇碑文已经经过了多处加工，并且本土化了。比如隐居的地方从恒州改为湖北襄阳，往来的区域也由山西境内的"汾晋间"变为河北南部的"邢洺间"，还增加了日后我们熟知的关于赵州桥的传说。乾隆县志编纂者将这篇碑文置于"碑记"第一篇，似乎这篇碑文作于唐

---

① 《魏书》卷一〇六上《地形志上》："乐平郡　有井陉关、苇泽关、董卓城、妒女泉及祠。"（第2513页）《旧唐书》卷八九《狄仁杰传》："并州长史李冲玄以道出妒女祠，俗云盛服过者必致风雷之灾，乃发数万人别开御道。"（第2887页）

代，很明显未加仔细考量。从碑记最后云"遂降旨封其山为仙翁山，建一观为栖霞观，立庙祭祀，至今香火不绝。又为本住持道人置焚田三顷，北至圣井，地一十五亩，井东地一十亩，打驴岭地五十亩，东南至小孤山，西南至百花山，西北至龙门峡，东北至山，四至为界附焉。道士叶法善门人李山童主其祀焉！"似乎该碑文的目的之一在于公开宣称栖霞观所属地界的作用。而栖霞观为道人主持，笔者猜测该碑文是道教在华北广泛传播之后的产物了，时间大致在金元之间当为无误，是栖霞观道士用唐玄宗所谓敕封来为自己张目的产物。

在其他地区亦有附会张果老者。前述高平、沁水、长子三县交界的伞盖山仙翁庙，就是供奉张果老。在金代李正奉撰写的碑文中，全盘抄录了唐代以降对张果老的认识。

> 仙翁姓张，讳果，自云我生陶唐氏丙子岁时人。至李唐世，资质少丽，如五六十岁人。常乘白驴，休则叠之，其厚如纸，置于巾箱；行则以水噀之，复成驴，日可行数万里。隐中条山。武后遣人召之，即死。后复见常州山中。开元二十一年，刺史韦济以闻，明皇遣舍人裴晤往召之。见晤，辄死。良久复苏，晤不敢逼。复遣徐峤赍书召至宫中。帝问神仙事，不答。累日不食。帝谓高力士曰："朕闻饮堇酒无苦者，奇士也。"时天寒，赐以堇酒，果三进。曰："非佳酒也。"乃寝。顷视，其齿焦缩。顾左右，取铁如意，遂击堕之，带中出药，传龀齿复生，灿然骈洁。帝骇神异。后还山，往来汾晋间。世传浚人立庙此山。是岁大旱，乡人持一净瓶，置于供床，以红纱覆之，□庋请水，俄顷，瓶水满溢。即持去，无不获雨。岁时香火禋莫，影响灵验，如此类甚多。漳山之景，圣地方圆，纪地名：东至圣从，南至香炉脚，西至水泉，北至天皇山。四至已理，化被鸠山，源流漳水。①

张果老传说在金代时，尚未增加赵州桥的内容，或许那是传到河北后的地方特色。而在山西境内除了伞盖山，信仰张果老的原因亦主要是祈雨。山西别处亦有张果老的遗迹。比如长治张祖村，《潞安府志·古迹》：

---

① 该金代碑文被元代重修碑文全部转抄，由此可知金代碑文之概貌。见（元）王公威《重修伞盖山总圣仙翁庙记》，《高平金石志》，第179页。

"张祖村在城西十五里，唐通元先生张果世家于此，今子孙犹盛，果隐中条山，村有栖霞观。"太原交城县亦有。明万历《太原府志·杂志》："张果老者，字园林，交城小南巷人也，世称'八洞仙'，尝骑白驴至阿苏山，以铁锥指石为穴，引驴入焉，今岩中驴尚存，祁县有果老饮驴处。"《山川志》说："大阿苏山，在交城西北一百五十里，其南数里有小阿苏山，其山石岩中有洞穴，世传张果老乘白驴至此。"

在甘肃等地也出现了张果老的信仰，但其证据为《全唐诗》所辑录之一首诗，[①] 及辑录者所附小传，以此证明两当县即为张果老之故里。很明显为近世以来的附会，附会的时间已经远远在山西、河北两地之后了。

三 浮山庙（女娲庙）

女娲是著名的远古女性始祖，其传说几乎贯穿了整个古史，老幼皆知，如今在南北都有广泛的信仰遗迹。对其传说的科学研究自从民国初年即开始。[②] 但是如同其他上古帝王祠庙的多处存在一样，女娲的遗迹在唐北宋时期已经形成规模了。

甘肃天水一带。《水经注·渭水》："瓦亭水又西南，出显亲峡，石宕水注之。水出北山，山上有女娲祠。庖西之后有帝女娲焉，与神农为三皇矣。"

济州任城县。《太平寰宇记》卷十四《河南道·济州》："任城县承匡山在县东南七十里，云女娲生处，今山下有女娲庙。""女娲陵，在县东南三十九里。"

河东赵城县。《太平寰宇记》卷四十三《河东道》赵城县"女娲墓，在赵简子城东南五里，高二丈"。

河南西华县。《太平寰宇记》卷十"县西二十里，旧传女娲之都，名

---

① （唐）张果：《题登真洞》："修成金骨炼归真，洞锁遗踪不计春。野草谩随青岭秀，闲花长对白云新。风摇翠筱敲寒玉，水激丹岩走素鳞。自是神仙多变异，肯教踪迹掩红尘。"小传曰："张果，两当人，先隐中条山，后于鸳鸯山登真洞往来，天后召之不起，明皇以礼致之，肩舆入宫，擢银青光禄大夫，赐号通玄先生，未几还山。"（《全唐诗》卷八六〇《仙·张果》，第24册，第9718页）可见清代部分学者已经不顾唐代文献记载中张果老与恒州的密切关系，将其籍贯定为两当县。

② 女娲信仰可参看杨利慧《女娲的信仰与神话》，中国社会科学出版社1997年版；《女娲溯源——女娲信仰起源地的再推测》，北京师范大学出版社1999年版。

娲城"。

河东风陵渡。"（潼）关之直北，隔河有层阜，巍然独秀，孤峙河阳，世谓之风陵。戴延之所谓风堆者也。"① 戴延之《西征记》："潼关直北隔河有层阜，苍然独秀，谓之风陵；伏羲，风姓也。"②

阌乡县（现属河南灵宝市）。《太平寰宇记》卷六《河南道六·陕州》阌乡县"女娲墓，自秦汉以来皆系祀典。唐乾元二年，虢州刺史王奇光奏所部阌乡界女娲墓于天宝末失其所在，今月一日夜，河上侧近忽闻风雷声，晓见墓踊出，上有双柳树，下有巨石，其柳各高数丈"。该地秦汉以降一直为女娲的国家祭祀之地。而且还在安史之乱时曾有过灵迹。

> 肃宗将至灵武一驿，黄昏，有妇人长大，携双鲤诧于营门曰："皇帝何在？"众谓风狂，遽白上潜视举止。妇人言已，止大树下。军人有逼视，见其臂上有鳞。俄天黑，失所在。及上即位，归京阙，虢州刺史王奇光奏女娲坟云："天宝十三载，大雨，晦冥忽沉。今月一日夜，河上有人觉风雷声，晓见其坟涌出，上生双柳树，高丈余，下有巨石。"兼画图进。上初克复，使祝史就其所祭之。至是而见，众疑向妇人其神也。③

肃宗刚至灵武，尚未称帝，因玄宗尚在位。其称帝的推手是劝进的裴冕、杜鸿渐等人。该故事所显示的灵异即是该妇人携带一双鲤鱼。唐朝皇帝姓李，而鲤鱼的"鲤"与"李"同音，因此唐玄宗时两次规定禁止采捕鲤鱼。④ 一双鲤鱼暗示了将有两个皇帝，因此该妇人问"皇帝何在？"并且在军士逼近时看到其臂上还有鳞，然后就是天黑消失。一连串的灵异事件正好发生在肃宗刚到灵武，尚未登基之时。因此有足够的理由可以设定为这是其为自己登基所造的舆论。而后恰逢虢州刺史上奏女娲坟的另一件灵

① （北魏）郦道元撰，陈桥驿校释：《水经注校释》，第59页。《太平御览》卷五六《地部二十一》："又曰函关。直北隔河有层阜，巍然独秀，孤峙河阳，世谓之风陵。戴延之所谓风堆者也。"

② （宋）王存撰，王文楚、魏嵩山点校：《元丰九域志新定九域志》卷三《河中府》，中华书局1984年版，第582页。

③ （唐）段成式：《酉阳杂俎》前集卷一《忠志》，中华书局1981年版，第4页。

④ 两次分别是开元三年（715），开元十九年（729）。见《旧唐书》卷八《玄宗上》，第175、196页。

异事件，由此将该妇人和女娲若即若离地扯上关系。但是这就决定了阌乡县在唐代国家祭祀中女娲信仰的中心地位。

但是事实上，一连串的女娲遗迹的存在，使得国家祭祀中的女娲祭祀地发生了暗地里的争夺。从北宋开始，赵城县逐渐开始抢夺阌乡县的女娲信仰中心的地位。

赵城县女娲庙的地位提升缘起于开宝六年（973）的一次修缮活动。碑文为裴丽泽奉敕撰写，为了说明问题，将主要内容摘录如下：

> 娲皇，按《帝王世纪》云：女娲氏，风姓也。当火化之初，以木德而王，象日月以明临，肇嫁娶以序人伦，分定九州，自我而始，变化万物，非圣而何？天又缺，于是炼石以补之，地有倾，于是断鳌以立之，故得天□不覆无不载，万世之下仰之如神明。嘻！得非天之精，地之英，上古之粹灵，曷能若是哉？
>
> 今我应天广运圣文神武明道至德仁孝皇帝抚天下也。功业冠乎遂古，睿圣通于神明，祥瑞荐臻响应，交感八方魑魅，指夏鼎以奸销万里，氛霾蒙尧日而冰释。甲子岁，三川未格，玄云驰如雨之师。辛未春，五岭不庭，偃草间苞茅之罪，靡逾数稔，连平两邦，括地二百州，拓土□万里，戴斗戴日之野，皆入隄封。太平大□之人，尽为臣妾，莫不蹋金门而请吏，驾铁毂以献琛，译有外夷，贡无虚日。
>
> 皇帝尚或日慎一日，虽休勿休，以为受命上玄庇民下土弗矜，雄将百姓为心无怠无荒，欲使九功惟叙。尝谓侍臣曰："朕以道莅四海，恩临万邦，非先王之德，教不敢行，先王之谟训不敢道，令风雨之咸若，而灾害之不生，感于神明，告于天地，尝展奉先之义，伸报本之诚，升中泰坛昭事上帝当百神之受职，俾无文而咸秩，因思□代帝王，尝牧黎庶居万人之上，为一代之君□，立事立功，有到于今受其赐者，岂可帝载之下，寂寥无闻，景象相传，肸蠁如在。"乃诏诸□郡县应境内有先代帝王陵寝之处，俾建祠庙，使四时祭享，庶百姓祈福焉。乃于平阳故都得女娲之原庙。遂命中使蒇涧底岩岩之石，尽出它山，上栋下宇，以如裁左礷右平而若画，一日爰葺千室，俄成长廊……既严且肃，不矜而庄，神寝载新，庙貌如故，成一时之轮奂，壮万古之威灵。……

开宝六年岁次癸酉十一月辛亥朔十六日丙寅建①

碑文作者裴丽泽官衔为"山南西道节度掌书记、将仕郎、守右补阙、上柱国、赐绯鱼袋"，书写者张仁愿为"翰林待诏、朝议大夫、太子洗马同正"。"奉敕撰"说明是接受了皇帝的命令而书写。这篇碑文的重要性不在于作者和书写者为谁，而在于这里突然提高了赵城县女娲庙的地位。

碑文首先叙述女娲的伟大。然后笔锋一转，强调宋太祖的赫赫武功。"甲子岁，三川未格，玄云驰如雨之师。"指的是 964 年灭后蜀。"辛未春，五岭不庭，偃草间苞茅之罪，靡逾数稔，连平两邦，括地二百州，拓土□万里，戴斗戴日之野，皆入隄封。"指的是 971 年灭南汉。然后皇帝认为现在功绩皆是神灵所赐，下诏令郡县有前代帝王陵寝的皆建祠庙，官员可以四时祭祀，百姓也可以祈福。"乃于平阳故都得女娲之原庙"，这句话道出了一句天机。"原庙"就是"本庙"，也就是最早出现的祠庙，这两个字就把赵城县的女娲庙凌驾于阌乡县的女娲庙之上。言外之意是赵城县的女娲庙是最早出现的，其他女娲庙都是后来才有的。但是似乎这一认识并未影响北宋朝廷对阌乡县女娲庙的传统认识。大中祥符三年（1010）宋真宗依然下诏阌乡县女娲陵为大礼致祭之处之一。② 直到元朝，女娲信仰的中心才转移到河东赵城县，至元十二年（1275）作为忽必烈承认汉文化的重要措施之一，"立后土祠于平阳之临汾，伏羲、女娲、舜、汤、河渎等庙于河中、解州、洪洞、赵城"③。此次对女娲庙进行了修缮，并且于至元十四年（1277）立重修碑，原名娲皇庙，重修后改名补天宫。④

随着赵城县女娲庙地位的提高，女娲信仰在晋东南也开始了传播的进程。今晋城市泽州县金村镇东村往东 7 里余，有山曰磨儿山，即浮山。蒙古辛丑年（1241）重修了浮山女娲庙，由当地名士李俊民撰写庙记，详述了该庙的历史。

---

① （宋）裴丽泽：《大宋新修女娲庙碑铭》，《山右石刻丛编》卷一一，《石刻史料新编》第 1 辑第 20 册，第 15170—15171 页。
② 《宋会要辑稿》礼一四。
③ 《元史》卷八《世祖纪八》，第 161 页。
④ （元）高鸣：《重修娲皇庙记》，《山右石刻丛编》卷二六，《石刻史料新编》第 1 辑第 21 册，第 15537 页。

泽之为郡，在太行之顶，其四面乱山环列，东向望之，突然而起，孤高峻绝，不与众峰相连者，曰浮山也。山之腹有岩穴，中有二像，庙而祭之，传者以为瓮婆神。居民之为嗣续计者，往往祷于是焉。按《图经》：翁婆神在郡东南二十五里浮山北坡上，宋元祐六年建。计屋八间，共二十二椽，周围七十五步。又绍圣三年丙子，李旦亦言此庙自元祐六年。及观政和二年郭宝碑已重修矣，《图经》所云"元祐六年建"亦重建也。究其底，莫知所从来。或曰女娲庙，并无所据。按《淮南子》云："女娲氏炼五色石以补苍天，断鳌足以立四极，杀黑龙以济冀州，积芦灰以止淫水，苍天补，四极正，淫水涸，冀州平。"此皆有功烈于民者也，民追而祀之其以此耶？传者通谓之浮山神。大定二十六年，郭道琪等增旧制而新之。盖五载工始毕。值贞祐甲戌兵火复毁。逮大朝庚子，本郡次官赵唐，以其男山儿幼亡，不能忘情，因谒是庙，慨然有起废之心。遂命耆老张珏辈，庀工计费，又令总领景用与提控坚许督其役。斧斤者、瓦甓者、版筑者不召而从，不鸠而集。富者输其财，贫者竭其力，不日而告成。自是公得男女三人，又从而起敬焉。辛丑岁三月十八日，会郡人而落之，索余纪其事，将刻之石。①

泽州浮山上原来只有一个瓮婆神，是一个送子之神。"居民之为嗣续计者，往往祷于是焉。"《图经》即《泽州图经》，上书翁婆神庙是北宋元祐六年（1091）所建。到了绍圣三年（1096）李旦也说该庙是元祐六年所建。政和二年（1112）郭宝碑云重修，并且认为《图经》所云"元祐六年建"亦是重建。因此李俊民被弄糊涂了，"究其底，莫知所从来"。笔者猜测"元祐六年建"为确，因地方士人采用模糊始建年代的做法来提前祠庙的修建历史，是经常使用的手段。甚至越往后的记载中，始建年代就愈加久远，这种现象在元、明、清比比皆是。有人说是女娲庙，李俊民认为"并无所据"。但通过此点，我们可以知道在金末元初的时候，女娲信仰在晋东南地区开始传播开来，并且逐渐取代原有本地神灵的进程。对于李俊民来说，虽然别人说这个翁婆神庙是女娲庙，他自己也清楚这是没什么根据的，但他还是很乐意为这种说法来张目。他引用《淮南子》的说

---

① （金）李俊民：《重修浮山女娲庙记》，《庄靖集》卷二，文渊阁《四库全书》本。

法，大胆推测这里是“民追而祀之其以此耶?”最后他也只是含糊地说这个神一般认为是“浮山神”而已。大定二十六年（1186）曾加以重修，贞祐二年（1214）复毁于战火。“大朝庚子”为蒙古太宗十二年（1240），“次官”应为“同知”，而这位“泽州同知”赵唐因幼子夭折不能忘怀，来此庙有感，命耆老兴修。完工之后又得男女三人，甚为灵验。这块碑文完整地叙述了浮山神的来历，并且动用了一个地方官作为灵验的主角。李俊民成功地在这个碑文中将翁婆神与女娲作了一个类比，为后世女娲正式取代翁婆神创造了条件。

从上述碑文可推测，晋东南地区在元代初年的时候尚未建立真正的女娲庙，依然还处于用女娲信仰取代原有神灵的过程中。时至今日，南部太行山区最大的女娲信仰地为涉县的娲皇宫。娲皇宫现有遗迹为北齐的佛教刻经，但是据此不能认定娲皇宫的始建年代为北齐。现存碑刻和文献记载中，也未能发现早于明代的记录。因此我大胆猜测，娲皇宫尽管在北齐时期就已经有刻经，但是女娲信仰的落实则是在元代之后了。

四　显圣王庙（白龙庙）

阳城县北崦山有白龙庙，后亦称显圣王庙。[①] 现存最早的碑刻是金章宗泰和二年（1202）重建碑。[②] 碑文对白龙庙的来历的交代颇有戏剧性，“泰和二祀中秋前一日，刘村信士许福仗里社苏輗以为先容，来诣昌黎先生，手执《白龙记》一通，踵门而告曰：‘福因旱，此庙请水于池，南下嵓洞边，沙砾崩塌，出断缺石碣数片，划刮洗涤开，其字漫灭，稍稍可辨。今按文记抄录来呈，恐久而湮泯，肯别为铭志乎?’”首先作者说明碑文内容的来源，是出于村民许福由庙南洞边沙砾中所发现之断缺石碣之内容抄录而来。村民恐时间久远，无法保存，故而请作者重新书写碑铭。韩士倩“应之曰：‘余有生已来，今老矣。溪山相连，往来时祀，未尝闻兹有记石耶。异哉！昔没而今出，昔幽沈而今著，谅神意欲彰前世灵应之迹，示历代封赐之号，庶天下知之，岂独称龙哉！子必欲久传，况兹神鉴

① 有关阳城县北崦山白龙庙的研究，笔者仅见杜正贞《村社传统与明清士绅：山西泽州乡土社会的制度变迁》，第36—43页。

② （金）韩士倩：《复建显圣王灵应碑》，碑刻现存阳城县北崦山白龙庙正殿前。录文参见冯俊杰编著《山西戏曲碑刻辑考》，第48—50页。

不远，焉敢拒命，顺叙本末，使后人钦其威，仰其德，严其祀。'"韩士倩表面上说尽管自己老了，却未尝听说有记石。昔日隐没而如今显露，想必神灵打算彰显前代灵应的事迹，出示历代封赐之号，令天下闻知。言外之意是下述皆为许福抄件里的内容，并非自己编造，暗地里撇清了白龙神记载的真伪与自己的关系。①

　　是龙也，薄蓬莱，羞昆仑，上星辰，下溟渤，而不即来宅是方，何者？欲行天令而福生灵也。故不海藏而山居，水物而庙食，吹嘘云雾，驰逐风雷，飞天合大人之造，霈泽逐品类之亨。变化无方，隐现不测。或示真形，或托白兔，或化素蛇，大不啻数丈寻，小不逾一尺寸。孰不闻见敬畏焉？

在作者笔下，白龙是一个不在海中而居山中之龙，"吹嘘云雾，驰逐风雷"，千变万化，或以真形示人，或变为白兔，或者是白蛇，大者数丈，小者不过一尺寸。

以上阐述有几个疑点暴露了记载的伪造。其一，碑文说白龙庙的肇始，在武则天长寿壬戌年，但是长寿年号有三年，元年（692）为壬辰年，二年为癸巳年，三年为甲午年，无在壬戌年者。其二，唐中宗即位那年，天下大旱，此时白龙再现身，因而改元神龙。中宗派遣重臣降香祷雨，封为"应圣侯"，至昭宗光化元年（898）进封"普济王"。在周世宗显德年间，于此山白崖上，屡次现身，真相变现，"云势暝合，风声怒起，暴雨倾注"。宋太宗丙子太平兴国三年（978），又现身飞腾而去，增封"显圣王"，载入祀典。太平兴国三年是戊寅年，元年方是丙子年。延保全据两处干支的错误，认为：作为"双溪遗老"的韩士倩，将如此重要的年代搞错，故其"显圣王"之说是否真实，亦将是大打折扣了。②殊不知这段封赐的叙述，韩士倩皆从许福的抄件里转述而来，他的任务是重新树立白龙碑铭，而不是去拆穿许福，因之他才不会去核实干支的正确与否。但问题是这些封赐在唐宋的传世文献中皆无记载，韩士倩本人也没有亲眼见过这块突然出现的碑铭，他说只是"得按古文，重为叙引"，按照古文重新引

---

① 杜正贞认为：许福抄录的内容究竟为何，韩士倩并没有说。
② 冯俊杰编著：《山西戏曲碑刻辑考》，第51页。杜正贞也沿用此说。

用叙述而已，因此许福的动机令人怀疑。白龙庙在金朝突然兴起，跟许福为代表的地方势力的支持有很大关系。在以"赐额"获取进入祀典的机会的时代，如何迅速崛起获得政府的承认，唯一的可能性就是伪造前代封赠，并且因无法拆穿而会被官民接受。① 只是许福等人伪造的时候忽视了干支的检核，留下了破绽。②

上述伪造其实碑文作者韩士倩本人心知肚明，因为这些封赠是没有任何文字记录的，所以他接着就为这些伪造开脱："又安知李嗣业祷于疏勒国，城壁保完；马孺子见于泽阳郊，浮屠潜隐。燕唐史明载柳文，备标神之灵迹，世人谁能毕记乎？"这里引用了两个故事。一个是唐代名将李嗣业在疏勒筑城，屡筑屡坏，因白龙见而祷告，城即完好；③ 另一个是柳宗元《谪龙说》中引用马孺子讲述的泽州郊外坠龙，暂隐佛寺之事。④ 但前者两《唐书》李嗣业传中并未记载，后者也只在柳宗元笔下出现而已。所

---

① 笔者曾关注过岭南三山国王信仰，其现存最早的文字记录是元朝刘希孟的《明贶庙记》："唐元和十四年，昌黎刺潮，淫雨害稼，祷于神而霁，爰命属官以少牢致祭。祀以文曰：淫雨既霁，蚕谷以成，织女耕男，欣欣衎衎，是神之休庇乎人也，敢不明受其赐。则大有造于民也，尚矣！宋艺祖开基，刘铱拒命，王师南讨，潮守侍监王某，诉于神天，果雷电以风，铢军大败，南海以平。逮太宗征太原，次城下见金甲神三人操戈驰马突阵，师大捷，刘继元降。凯旋之夕，复见于城上。或以潮州三山神奏，诏封明山为清化盛德报国王，巾山为助政明肃宁国王，独山为惠威宏应丰国王。赐庙额曰：'明贶'"。（顺治《潮州府志》卷一二《古今文章部》）除了元和十四年，韩愈被贬潮州属实外，其余前朝显灵及封赠亦皆是地方人士的伪造，这种"肇基于隋，显灵于唐，受封于宋"的传说不堪认真分析。与白龙庙的伪造可做一比较。三山国王信仰的研究可看陈春生《地方神明正统性的创造与认知——三山国王来历故事分析》，《潮州学国际研讨会论文集》（上），暨南大学出版社1994年版，第145—160页；《社神崇拜与社区地域关系——樟林三山国王的研究》，《中山大学史学集刊》（第二辑），广东人民出版社1993年版，第90—106页。
② 顺便说的是，元明两代人对金代碑文中的漏洞亦未能察觉，在重修碑记中全盘照抄，或许是沉浸在这些创造的内容中而不自觉。
③ （宋）张预：《十七史百将传》卷九《唐李嗣业》："进右金吾大将军，留为疏勒镇使。城一隅地，屡筑辄坏，嗣业祝之，有白龙见，因其处祠以祭，城遂不坏。汉耿恭故井久涸，祷已，泉复出。"
④ （唐）柳宗元：《谪龙说》："扶风马孺子言：年十四五时，在泽州。与群儿戏郊亭上。顷然，有奇女坠地，有光晔然，被缇裘白文之里，首步摇之冠。贵游年少骇且悦之，稍狎焉。奇女颦尔怒曰：'不可！吾固居钧天帝宫，上下星辰，呼嘘阴阳，薄蓬莱，羞昆仑，而不即者。帝以吾心侈大，怒而谪来，七日当复。今吾虽困辱尘土中，非若俪也，吾复且害若。'众惧而退。乃入居佛寺讲室焉。及期，进取杯水饮之，嘘成云气，五色翛翛也。乃取裘反之，化为白龙，徊翔登天，莫知其所终，亦怪甚矣。"《柳河东集》，上海古籍出版社1974年版，第300—301页。

以韩士倩用这两个正史没有记载的事例来说明白龙封赠没有记载的原因，有一些"此地无银三百两"的味道了。但是作为地方士大夫，面对熟悉的地方祠祀，深知没有朝廷封赠者是很难进入"祀典"的，有被打入"淫祀"的危险，因此睁只眼闭只眼也就在情理之中了。

那么，在金代时，白龙庙是什么境况呢？碑文云："逮本朝，诸县邑乡社宦僚士庶，四时修香火，洁粢盛，殽核丰，腏笾豆，静嘉相先而祭者百余村。骈肩接式，盈山遍野，绮绣交错，歌颂喧哗，蜂纷蚁乱，逾月不衰，非神起孰能兴此哉！"据韩士倩说，四时祭祀的乡村已经上百，人数众多。可见这是白龙庙信仰已经相对兴盛的状态了。

接着为了取得民众的信服，许福又说了三件祈雨灵验：

首先：明昌三年（1192）。"及明昌壬子岁，自冬经春无雨，民废稼事，前许福躬发诚恳，前诣祈水，度日清斋，三步一礼，行达庙庭，出三门，立东隅，彷徨四顾，未得求水去所。忽有大蛇丈余，堕步武间，赤目玄吻，缟色花纹，盘屈不动，就福外踝摩拭，面目似有所告。福惊惧曰：'尊神化现，如此暴怒，小民等焉敢时来？'祷请毕，引首上东庑，延及门里，下舞庭。时有数村人在庙焚香拜谢，沿水窦出。下至池南，福又曰：'此地莫是取水处？'即化灭不见。福乃就燥土礐石地，掘土宫覆之，须臾水潮，泓澄清澈，挹十一杯入瓶。即日擎担，后二日至本社应王殿上奉事。未久如风雨声，双瓶摇动，水溢流，泛盆缶，几案盈满，即时乃降足。"

其次，明昌七年（1196）。"维夏中旱，福依前祷请，又获感应。"

最后，泰和二年（1202）。"及今壬戌春夏，暵旱尤甚，豆麦秀而不实，禾黍苗而不秀。居民惶惶，咸不聊生。福乃弃生计，如前斋礼，再诣本庙祈请，至七月初五日得圣水，即时阴雨蒙蔽。翌日回路，每到顿宿径由及迎接村外，悉蒙膏润。越八日上殿甘泽告足，余村疏不沾洒。"

通过这三件祈雨灵验，作者发出了"灵乎哉"的感叹。但是在这次重修的前后，我们并未看到当地官员的身影。可以认为在此前白龙庙虽然信仰的范围已经数百村，但依然是地方小神，影响有限，尚未进入地方官员的视野。通过树立这块碑刻，白龙庙在政治上与国家产生了联系，开始摆脱地方小神的形象，向有影响的地方神灵迈进，尽管这一步迈得并不大。

元朝大德元年（1297）当地四社对白龙庙加以重修，但依然停留在地方层面，未有官员参与。所立碑刻沿袭着金朝泰和碑刻的几乎全部内容，说明在金元易代的历史进程中，民间村社依然按照自身的规律发展着。此时尽管未进入祀典，但是应该已经取得了保护伞，没有了被当作"淫祀"来打击的危险。进入明朝，白龙庙就堂而皇之地进入祀典，成为官员定期前来祭祀的祠庙。① 其信仰圈也得到了扩延。②

第二节　地域神灵

一　玉皇庙

"玉皇"，我们一般都认为是"玉皇大帝"，但并非一开始即为道教之神。对其祭祀起源于上古的天地崇祀，和古人敬天畏地的思想有密切的关系，古人认为"天"是宇宙万物的主宰，也是万物生长化育的本源，所以不可不敬天畏命，顺天行道。我们熟知的"郊祀"礼就是祭天、地，在两汉、魏晋南北朝的国家祭祀中有重要地位。③ 魏晋南北朝时期战乱频繁，由于天帝信仰和天帝传说在民间影响很大，道教就吸收这些传统的信仰与神话因子，以此来加强道教在民众中的号召力。最早将"玉皇"与"玉帝"列入道教神系的是南朝道士陶弘景。他在《真灵位业图》中按茅山宗的观点排列神仙系统，把道教的神仙分为七级，每级有一位中位之神，然后分别列左位、右位的辅佐之神。在陶弘景排的座次中，"玉皇道君"排在玉清三元宫右位第十一；"高上玉帝"排在玉清右位第十九，他

---

① （元）佚名：《重修显圣王庙记》，修建者为白龙庙四社。（明）杨继宗：《重建白龙祠记》，成化十四年（1478），作者杨继宗署官衔为"赐进士出身、嘉议大夫、浙江提刑按察使、前刑部主事"，碑文中提到阳城县地方官对白龙庙的修缮，因此我们知道明代白龙庙在当地的地位就变得非常突出了。碑文称："迨夫圣朝，历年愈久，灵异愈应，敕有司每岁四月初三日备牲醴致祭，载在祀典。"两篇碑文录文分别见冯俊杰编著《山西戏曲碑刻辑考》，第81—83、169—170页。

② 比如向南到达怀庆府河内县，白龙庙现存有一块嘉庆元年所树《怀庆府河内县每年三月二十二日老庙祈拜圣水记》碑刻，说的是河内县六村每年三月二十二赴阳城县北崦山求水之事。

③ 参见王柏中《神灵世界：秩序的构建与仪式的象征——两汉国家祭祀制度研究》，民族出版社2005年版，第89—92页。

们都是道教主神元始天尊的下属，地位不甚高。以后随着道教的发展，玉皇、玉帝名声才得以广泛流行。这位道教的天帝挟势而显达，成为民间最为熟悉的道教尊神之一，不仅出现在唐人笔记、小说中，"玉皇""玉帝"更是成为文人墨客大量咏颂的对象。①

开始将玉皇大帝正式请进官方祀典，奉上众神之主的宝座，是宋真宗。宋真宗为了掩盖"澶渊之盟"的焦虑，亲自导演"天书降"与"圣祖临"的神话，"以神道设教"将玉皇大帝提到官方祭典的地位。② 大中祥符二年（1009）四月，"诏自今公私文字中有言及玉皇者，并须平阙"③。七年（1014）正月"改奉元宫曰明道宫，奉安玉皇大帝像"④。九月，又正式封玉皇大帝圣号为"太上开天执符御历含真体道玉皇天帝"⑤。如果仅仅认为这是最高统治者的一厢情愿，而对民间影响不大，那就是低估了国家力量在地方上的投射。天禧元年（1017）"春正月辛丑朔，奉天书升太初殿，行荐献之礼，奉上册宝、衮服。又诣二圣殿奉上绛纱袍，奉币进酒。诸路分设罗天大醮。先建道场，前七日，致斋，禁屠宰、刑罚，止凶秽，坊市三日不得饮酒食肉。军校、牙将、道释、耆寿悉集寺观、军营、民舍，就门庭设香烛望拜。官吏服非齐、斩悉预，余不得惨服。诸路令转运使察之"⑥。"罗天大醮"是道教常见的醮祭中，格局、含意、祭期最大的醮典。诸路分设这个祭奠，并且先七日，禁止屠宰、刑罚，坊市不得饮酒食肉，"军校、牙将、道释、耆寿悉集寺观、军营、民舍，就门庭设香烛望拜"。这样，就用国家力量将民众强制纳入这个祭祀仪式中去。但是在地方上的影响到底有多大，是无法具体估计的。事实上，晋东南地区已经受到了影响。

皇祐五年（1053），泽州陵川县大旱，下壁村李从等"切为岁旱一时，农伤百谷，祈祷上苍，遂降甘雨。翌日霡霂，民得其苏。由是会里社之众，卜其吉地于墅北原上，埃尘四绝，特建玉皇上帝之灵□。是以祭祀弥

① 梅莉：《玉皇崇拜论》，《湖北大学学报》（哲学社会科学版）2011 年第 5 期。
② 可参看汪圣铎《宋代政教关系研究》，人民出版社 2010 年版，第 36—78 页。
③ 《续资治通鉴长编》卷七一，第 3 册，第 1604 页。
④ 《宋史》卷一○四《礼志七》，第 2538 页。
⑤ 《宋史》卷八《真宗纪》，第 157 页。到政和六年（1116），宋徽宗又封玉皇大帝尊号为"太上开天执符御历含真体道昊天玉皇上帝"，将对玉皇的崇拜与国家最高祀典昊天上帝的崇拜合为一体。自然这与晋东南地区玉皇庙的创建关系不大了。
⑥ 《续资治通鉴长编》卷八九，第 4 册，第 2036 页。

久，神之格思，为黎元请福之地也"①。可知这是因祷雨成功，而特创建玉皇行祠。在碑文作者笔下，玉皇"上抚天庭，总百神而有伦有要；下临宇宙，育口姓而无党无偏"。是天庭、宇宙的共主。碑文中出现了"将士郎、守泽州陵川县尉吕士宗""将士郎、守泽州陵川县主簿赵应昌""宣奉郎、守泽州陵川县令张曜"的名字，可见这次创修活动，得到了地方官员的支持。

熙宁九年（1076）晋城府城创建玉皇行宫，"府城社玉皇行宫者，始为岁旱，遍于群神祈祷无应。时有本社李宗、秦恕二人，即陵川之下壁请得信马，于当社祈求，克日而甘泽沾足，即时兴议，卜吉北岗秦吉秦简地内，鸠工营匠，不日而成"②。府城的玉皇行宫，是在当地民众遍祈群神无应的情况下，去陵川的下壁村请来信马当社祈求，克日降雨。可见晋城府城的玉皇庙是由陵川县传播过来者，陵川县的玉皇庙就有了本庙的色彩。

对于"玉皇"，熙宁时人是如何看待呢？碑文作者说道："天荡荡苍苍于上者，此天之形也，匪天之气也。若乃播五行干四时，雷鼓风动，雨润云蒸，群象循轨而运于上，万物不令而生乎下，岂非有主宰之权惣统乎？古者圣人以谓天神邈然而不可求，涣然而不可礼。故方涣散之时始为庙貌，将格其神，故涣之象曰：先王以享于帝立庙，及乎聚得其灵于其间，可得而礼也。至萃之时，又曰：王假有庙，故自天子至于庶人，各有祀典之制矣。""按道家之说，玉皇位在三清之上。在儒者之论，即所谓耀魄宝也。在六天之神位中而最尊者也。或者曰：天神之尊，岂庶人得祀邪？愚将应之曰：世俗可鄙者，滛邪之祀也。苟有心在乎利众，奚害其所为哉。至如春獭之鱼、秋豺之兽、豺獭之微，尚知其祭，岂人不若乎。"这两段话说明："天"之貌原本是不可求不可礼者，但是有了庙貌，则可以聚集其灵于其间，可得礼也。并且按照道家的说法：玉皇位在三清之上，是六天神位中最尊者。"三清"即玉清、上清、太清，乃道教诸天界中最高者；也是道教对元始天尊、灵宝天尊、道德天尊的合称。将玉皇放到道教诸神

① （宋）马祥：《新修玉皇行宫碑》，《山右石刻丛编》卷一三，录文见《晋城金石志》，海潮出版社1993年版，第359—360页。

② （宋）苏孝恪：《玉皇庙碑文》，碑刻存晋城府城村玉皇庙内，碑刻录文另见杜正贞《村社传统与明清士绅：山西泽州乡土社会的制度变迁》，第291—294页，惜其错讹较多，依碑刻校改。

的最高地位，显示了此时道教对民间信仰的影响。

以后金、元、明、清历代对府城村玉皇庙皆有重修，[①] 但基本上都继承了熙宁年间对玉皇的认识。在陵川县玉皇庙传播的路线中，也有高平县，金大安二年（1210）仲秋初七日，高平县城三十余里有鲁村重修了玉皇庙。该村"于前盘岗重阜绵亘，于后蓊郁古木之间，有庙岿然而峙者，昊天玉帝行宫也。地□爽垲，东据彭城之岫，西控灵山之祠。其北也温阳，望以崇崇；其南也□□，交而泛泛。于是之景，花木怡神，在岁之中烟霞满目，真神仙之窟宅，足以为乡人祈禳归依之所。庙之立也，积有岁时。耆旧相傅，盖因陵川县下壁玉皇庙前，神马屡至，嘶鸣片时，忽然不见。又缘旱暵，遍祷群神，靡获感应，唯请祈上帝，遂获甘澍，生我百穀，岁则大熟，人答神庥，遂立祠焉"[②]。此时"玉皇"已经成为"昊天玉帝"，完全成为"天"的化身。立庙时间"积有岁时"，应为宋末金初当不为错。立庙则因"陵川县下壁玉皇庙前，神马屡至，嘶鸣片时，忽然不见"。立祠庙的原因是陵川县下壁村玉皇庙前神马的神迹为人所周知，加之大旱之际群神皆不灵验，唯有上帝灵验。可知高平县的玉皇庙亦由陵川县传播过来。陵川县下壁村玉皇庙即是晋东南地区之本庙。

玉皇庙除了向晋城县和高平县传播外，还传到了壶关县。"玉皇庙在沙窟村，元初建每逢岁旱，同郡各属祷雨立应，年久庙倾。"[③] 我猜测此庙亦为陵川传播过来者。

二　关圣庙

关羽是明清时期遍布国内的信仰对象之一，迄今为止中外学者已有大量的先行研究。[④] 如朱海滨所言，这些先行研究大多把探讨范围放眼于

① （金）《重修玉帝庙记》、（元）《玉皇行宫记》、（明）《重修玉帝庙记》《玉皇庙重修记》、（清）《重修玉皇庙碑记》等，皆存晋城府城村玉皇庙，录文可参见杜正贞《村社传统与明清士绅：山西泽州乡土社会的制度变迁》，第294—311页。
② （金）韩仁煦《重修玉帝庙记》，碑刻现存高平市河西镇南庄村玉皇庙内。录文另见《三晋石刻大全·高平卷》，三晋出版社2011年版，第41页。
③ （清）茹金纂修：《壶关县志》卷三《建置志·坛庙》，道光十四年（1831），国家图书馆藏。
④ 有关关羽信仰的研究成果，可参看朱海滨《祭祀政策与民间信仰变迁——近世浙江民间信仰研究》，复旦大学出版社2008年版，第18页注释①，不再赘述。

全中国乃至全东亚地区，其论述多属泛泛之谈，他认为关羽信仰发生、普及的历史因地区差异而有所不同，不能一概而论。这是很有见地的。因此他针对关羽信仰在浙江的传播做了颇有建树的分析。但是针对关羽信仰在北方地区的传播，笔者仅见包诗卿曾对关羽信仰的传播有过阐述，[①] 但其关注的为明清，对前代的传播情况涉及甚少。

关于关羽祠庙的官方记载，见于北宋：

> 蜀汉寿亭侯祠。一在当阳县，哲宗绍圣二年五月赐额"显烈"。徽宗崇宁元年二月封忠惠公。大观二年进封武安王。一在东隅仇香寺。羽字云长，世传有此寺时即有此祠，邑民疫疠必祷，寺僧以给食。[②]

湖北当阳县的关羽庙，在唐代就得到了地方官的修缮。[③] 但是在宋朝之前却是以可怖的形象存在着。"荆州玉泉祠，天下谓四绝之境。或言此祠鬼助土木之功而成。祠曰三郎神，三郎即关三郎也。允敬者，则仿佛似睹之。缁侣居者，外户不闭，财帛纵横，莫敢盗者。厨中或先尝食者，顷刻大掌痕出其面，历旬愈明。侮慢者，则长蛇毒兽随其后。所以惧神之灵，如履冰谷。非斋戒护净，莫得居之。"[④] 这段材料典型地反映了直到唐朝荆州民间关羽形象依然阴森可畏和荆州人对关羽的敬畏。这种形象到宋代的关羽祠庙中尚未完全消失。[⑤] 有的学者认为荆州人最初对关羽的敬畏即属于所谓"祀厉"。[⑥] 关羽在大功垂成之际为吕蒙所杀，临死自然是满腔怨怒。荆州民间唯恐关羽灵魂将其愤怒发泄于人间，危害一方，遂小心供奉，不求福祥，但愿免灾避祸。但是直至北宋，方才通过赐额加封的方式将其纳入国家祀典。

有学者研究，唐代关羽之信仰虽然在地域上有逐渐扩展的趋势，但总

---

① 包诗卿：《从关羽庙宇兴修看明代关羽信仰中心的北移》，《西南大学学报》（社会科学版）2009 年第 3 期。另见氏著《明代关羽信仰及其地域分布研究》，硕士学位论文，河南大学，2005 年。
② 《宋会要辑稿》礼二〇"诸祠庙"。
③ （唐）董侹：《荆南节度使江陵尹裴公重修玉泉关庙记》，《全唐文》卷六六四。
④ （宋）范摅：《云溪友议》卷三，中华书局 1985 年版，第 15 页。
⑤ 蔡东洲、文廷海：《关羽崇拜研究》，巴蜀书社 2001 年版，第 55 页。
⑥ 赵杏根：《中国百神全书》，海南出版公司 1993 年版，第 277—278 页。

体上看是有限的。中唐以前，大致未能超出荆州特别是其属邑当阳一带；晚唐五代时期有资料表明其某些神异传说已经流传到荆土之外的其他地域，比如剑南之戎州、益州一带，然而尚未在更大的地域内获得普遍的信仰或崇奉。① 宋代开始，关羽信仰在山西境内传播开来。

元丰三年（1080），威胜军（治所在今山西长治沁县）创建了关羽庙。② 因为此次创建，山西掀开了关羽信仰传播的进程。对其创建原因，移录如下：

> 迄今江淮之间，尊其庙像，尤以为神。向也交趾入寇廉白，熙宁九年，今上矜恻下民，诏元戎举兵问罪。沁州③神虎第七军以趫健应募者，由任真而下，凡二百三十七人，隶于左第一军前锋之列。搉金伐鼓，行逾桂州，驻旌荔浦，过将军之祠。下询其始，得居民对曰：皇祐中侬贼陷邕州，祷是庙，妄求福助，掷杯不应，怒而焚之。狄丞相破智高，表乞再完。仁宗赐额以旌灵贶。众骇其异，罗拜于庭，与神约曰：一军瞻假威灵，平蛮得侬，长歌示喜，高踸太行，而北归旧里，当为将军构饰祠宇。复请木刀绘马，执为前驱，入践贼界，士气骁锐，武威震叠，蛮将闻钲鼓，望风乞降，余众弃城而遁。进军临富良江，蛮酋遣将乘蒙冲斗舰，举楫若飞，急趋争岸，迎官军陆战。江北神虎军鼓噪先登，强弩雨射，贼大奔溃，自相腾轹，斩首及溺而死者数万余人。既捷，策勋爵赏者二十六人。任真、贾信、董宁并指挥使，余以功之高下，递补有差。先是我军之行也，广源以南，地多深林，密干栉比。蛮人预伐，横绝其路。结营息众，势莫能前。夜有大风暴发，怒号之声若挝万鼙。迟明视之，卧木飞尽，九军得以并进。我军之战也，众与敌均，俄有阴兵旗帜戈甲，弥亘山野，敌人顾望，惴恐而败，精诚所召，助顺之灵，暴风夜至，阴兵昼见，神以符效，应人之祷。神虎军踊跃请行，深入万里，果立战功，归而建庙，以享

① 冻国栋：《略论唐宋间关羽信仰的初步形成及其特点——以董侹所撰〈荆南节度使江陵尹裴公重修玉泉关庙记〉为例》，《唐史论丛》（第十辑），三秦出版社2008年版，第264—268页。
② 有不少记载皆曰宋真宗大中祥符七年（1014）在关羽老家解州创建本庙。笔者疏略，未见宋真宗时有类似相关记载。
③ 雍正《山西通志》作"铜川"，则不知何解。

祀答神之休。①

该碑文透露了在北宋时，江淮之间才是关羽信仰的密集地。而威胜军关羽庙的修建，和熙宁的南征有密切关系。北宋历史上两次著名的岭南用兵，第一次是皇祐年间侬智高入侵两广，仁宗派狄青平乱，是北宋历史上在岭南边境最大的军事活动，前后持续数年之久。第二次即是熙宁用兵。碑文从熙宁年间的用兵交趾说起。熙宁七年（1074）开始，交趾频繁犯边。神宗派郭逵出征平叛。郭逵时为宣徽南院使，任命其为安南行营经略招讨使，赵卨副之，"请都延、河东旧吏士自随"。河东旧吏士就包括这些威胜军兵士。这场南征的主要战役是大战富良江。但由于主副两帅不和，"兵夫三十万人，冒暑涉瘴地，死者过半。与贼隔一水不得进，乃班师"。②"神虎第七军以趫健应募者，由任真而下，凡二百三十七人，隶于左第一军前锋之列。"说明这些山西人隶属于左第一军前锋。这些人路过桂州，到达荔浦县时，路过关羽祠。其实这些山西人对于荔浦县有羽祠庙也很好奇。询问当地人，回答是皇祐中侬智高曾祷于此庙求福，神不应答，怒烧此庙。狄青破侬智高，上表求重修，仁宗批准且赐额。但是当地人也没说何时修建，言外之意是侬智高烧庙之前就已经存在。在广西地区何时有关羽信仰，就如当地的舜庙一样，宋人自然无法得知来历。这些山西士兵得知该神如此灵异，就与之约定：如果顺利平定安全返回故里，就为其创建祠庙。自然，从碑文中我们可以看到这场战役是比较顺利的，故而会有这次重修之举。

政和七年（1117），闻喜县亦创修武安王庙。这次创修的原因是这样的：

闻喜，解之支邑也。中条稷山南北相望，土广民饶，最为繁剧。崇宁初二寇扰民，当职者深以为患，弓级董政实领诸众，仅二十余年，盗贼畏惧。挺然建议曰："我辈以擒捕为职，戮力用命，匪神佑于其间，不能屡捷，故临出入常祷于王，无不获功信乎？王之德生而

---

① （宋）李汉杰：《威胜军新建蜀荡寇将军□□□关侯庙记》，碑刻现存沁县石刻博物馆。录文见冯俊杰编著《山西戏曲碑刻辑考》，第17—19页。该碑文为车文明据碑刻所录，碑刻泐灭一些文字，据雍正《山西通志》卷二○一《艺文二十·记一》所载《汉寿侯庙记》补。
② 《宋史》卷二九○《郭逵传》，第9725页。

忠勇，其名不陨，降灵在人，应于不测，故上可以佑国家，远可以镇边境，迩可以保乡闾，昭然鉴□若在左右，何其一乡之人不能建立庙□，尊加严事，归报神德?”于是与同列□立、郭安协力营干罔有异□，遂卜县城之西，择为庙所……①

这次创建是缘于县里的“弓级”董政的建议。在崇宁初年，河陕以东社会已经不再稳定，所谓“二寇”应即指此。在宋代，“弓级”即县尉之手下，一县人数不定。县尉是经常更换的“差遣”，而“弓级”则是稳定的地方维稳势力。在动荡的局面下，董政率领手下维持社会秩序，仅二十年就得到初步安定。对他本人来说，临擒捕之前经常向关羽祷告，因此有了神的保佑，方能屡次获得成功。在这里，我们发现关羽早已作为个人信仰的一部分而存在。但从上述两个事例我们看到，关羽信仰最初存在的人群不是军队，就是县里的捕快群体，杜赞奇将关羽形容为“战神”，② 是其来有自的。

可见山西境内的关羽祠庙的出现，是伴随着关羽在军队和地方武装力量的信仰而创建的。这与当阳县是关羽致死之地有祠庙的情况大为不同。关羽形象的转换是在北宋末年直至南宋方才完成，这个话题关系到关羽信仰在南方的传播，拟另文详述。至于金元时期关羽信仰在北方的传播，金末元初的郝经曾说：“其英灵义烈遍天下，故所在庙祀。福善祸恶，神威赫然，人咸畏而敬之。而燕赵荆楚为尤笃，郡国、州县、乡邑、闾井皆有庙。”③ 虽然其说有些夸张，但可知一百多年间，北方地区的关羽信仰有大范围的传播。

元祐七年（1092），解县重修关羽庙。“侯本解人，庙于郡城之西。庙久不治，里中父老相与经营，加完新焉。时为太守张公、别乘张公，相与为雍容镇静之政，而解民熙然乐之。日有余暇，可以致力于神矣。然则神

① （宋）阮升卿：《解州闻喜县新修武安王庙记》，《山右石刻丛编》卷一七，《石刻史料新编》第 1 辑第 20 册，第 15328 页。

② ［美］杜赞奇（Prasenjit Duara）：《刻划标志：中国战神关帝的神话》，载韦思谛主编《中国大众宗教》，江苏人民出版社 2006 年版，第 93—114 页。

③ （元）郝经：《汉义勇武安王庙碑》，载《陵川集》卷三三，文渊阁《四库全书》本。

安其宅，厥有由哉。"① 解县是关羽故里，但在金元时期的关羽信仰中心的争夺中，因当阳为关羽埋葬地，河南洛阳为关羽头颅埋葬地，解县在这场争夺中并未处于优势。直至清代，用伪造关羽庙的始建年代方才解决这个问题。②

金章宗泰和七年（1204），解州重修关羽庙。"解，实公之故里，庙在郡城西，春秋祈祀，送迎奔走，四远之人，惟恐其后。本朝虑公之庙岁久将敝，特降明命而完新之。"③ 在河北保定，亦有关羽庙。蒙古海迷失后两年（1249），张柔建顺天府城（保定），改建关庙。"顺天当燕赵之冲，而府中之庙二皆库府垫偪，不称王之威灵。岁丁酉，权帅府事苑德于鸡水南湖之右创为新庙。"④ 可知此处之武安王庙来源甚早。

在山西乐平县，亦有关羽庙。"义勇武安王祠徧天下，独吾乡乐平最古且著。按《传》：王家世河东，从汉昭烈避患居涿之楼桑，栖迟日久，由楼桑抵河东，必道乐平，意当年游衍之迹，及乐平为多。虽后千载，宜未忘乐平也。故吾乐平祠灵享异，诸方民有事必祷，祷辄应。而旧庙在城南，金正大四年郡丞范君口始改筑南门内，国朝中统年间，迁邑治之北。虽每迁辄增旧制，然因旧相仍，未底崇极，且逼临市，湫隘喧嚣，非所以妥神灵惬民意也。延祐初元春，乡试，溧阳同知翟君公辅遵厥考镇抚公遗命……"⑤ 依碑文所记，山西乐平县的关羽庙在金哀宗正大四年（1227）改筑，说明其始创时间应该更靠前。作者宋超为乐平人，在碑记中充满着对故乡的自豪，并且对乐平的关羽祠大加赞扬。按《传》："王家世河东，从汉昭烈避患居涿之楼桑，栖迟日久，由楼桑抵河东，必道乐平，意当年游衍之迹，及乐平为多。虽后千载，宜未忘乐平也。"这段话着重描述乐平祭祀关羽的合理性和必要性。明显感觉到乐平人对关羽的浓厚崇拜

---

① （宋）郑咸：《解州城西门外关庙碑记》，一作《重修武安王庙记》，雍正《山西通志》卷二〇二。

② 雍正《山西通志》卷一六七《祠庙四》引《古纪》："武安王庙在州城西门外百步，南面条山，北负硝池。古纪宋大中祥符甲寅建，祭以四月八日。"《大清一统志》卷一五四《解州直隶州·祠庙》："创自陈隋，宋大中祥符时重建。"（《四部丛刊》续编本）将修庙时间又大大提前。这种时间的提前看似不可动摇，其实是清代山西对当时关羽信仰中心的明争暗夺，因此地方士人在伪造始建时间上不遗余力。

③ （金）田特秀：《重修关圣庙记》，雍正《山西通志》卷二〇二。

④ （元）郝经：《汉义勇武安王庙碑》，载《陵川集》卷三三，文渊阁《四库全书》本。

⑤ （元）宋超：《忠义武安王庙记》，雍正《山西通志》卷二〇四。

之情。

南部太行山区亦受到关羽信仰的影响。阳城县东关亦有关帝庙。元统三年（1333）重修神祠之门。碑文曰："上自国都，下逮郡县、里社，薄海内外，悉有庙貌。……公之神祠，遍满环宇，享历代无穷之祀，非幸也，宜也。圣元天历戊辰秋九月，奉旨特加显灵义勇武安英济王，天下之人愈神其神，则神之神也炽矣。食于斯庙，其来甚久。先是，大德丙午，建戟门于通衢之北。日征月迈，弗庇风雨。元统改元癸酉春二月，县尉张公虑其倾圮，捐割俸资，首图营葺。里中耆旧，义公不私，咸乐为之助。"① 在元朝后期时，关羽的祠庙就已经"遍满环宇"，此话虽略带夸张，但关羽祠庙的分布范围进一步扩大却是事实。天历元年（1328）加封为"显灵义勇武安英济王"，得到中央政府的册封，关羽的影响进一步扩大。

河南济源县元代曾重建关羽祠庙。金末元初的元好问曾说："济源关侯庙大刀，辛丑岁忽然生花十许，茎各长一指，纤细如发茎色微绿，其颠作细白花，大于黍米。"② 可知济源关羽祠庙至少在金代就已经存在。至正元年（1341）因地方官员祈雨成功而加以修缮。③

在河南汲县，亦有关羽庙。"汲县县治，即故尉司公廨，内旧有武安王祠，莫究其所始。而可见者，金泰和初，信武将军完颜师古重加修饬，昭默祷而答灵贶也。兵后废撤不存。有元中统癸亥，簿聂元擒诘强御，未即厥事，假灵于神，已而如所愿，遂即治左，复庙而貌之。癸未之水，又从而圮焉。至元丙戌，真定录判刘聚来主县簿，以游击有功，田里颇安，不敢居其能，越神明是归。遂以起废为己任，星甫周神栖像设一切修而广

① （元）卫元凯：《县尉张公重修神门记》，（清）朱樟修，田嘉谷纂：《泽州府志》卷四六《艺文志》，雍正十三年（1735），国家图书馆藏。录文另见《晋城金石志》，第446—447页。
② （元）元好问：《续夷坚志》卷一《刀生花》，中华书局1986年版，第6页。
③ （元）郭敬：《重修护国崇宁真君庙记》："爰及圣朝，□崇极褒加，大而郡邑，小而聚落，莫不祠而口之，廊貌愈□严而人愈敬畏焉。济源县城外干地曰北关，面洮□沇，形胜甲于他境，居民繁夥，庙之起建旧矣。其经始岁月无穷所考，屋老止修，□即颓弊。至正改元，春不雨，阖境鹜鹜，恐致饥馑。监县公车里于、邑长郭侯、□□左公遍祷于神祇，谒祠下。顾瞻栋宇，摧圮已甚，几毁像设，庭芜缀夷，将见亵慢，慨然欲增葺之。既事而退，翌日甘澍霈足，和气布野，遂协议割俸□后工具器用，各尽其善。"陈垣辑：《道家金石略》，文物出版社1990年版，第1205页。

之。"① 汲县的武安王祠，始建年代不详，与该地处于南北交通要地、战乱中民众迁徙频繁有关。该祠金泰和初曾重修。元朝中统四年（1263）主簿聂元"擒诘强御"，假借神力如愿，加以重修。至元二十三年（1286）主簿刘聚"游击有功"，加以重修。可知汲县关羽祠庙的重修，亦是建立在"战神"的形象基础之上的。

在怀庆府河内县（今河南孟州市），亦有关羽的祠庙。大德十年（1306）曾加以重修。"兹者河内县清期乡，有村曰南岳，其地丰衍，物产完盛。居太行之麓、沁水之阳，山明水秀，实为佳所。乃有王之行祠，其来远矣。经值壬辰之乱，民室尽为焚荡，唯此祠仅得存焉。我国朝隆兴，天下甫定，祠旁之民稍稍坋进。虽然岁时有祭奠之奉，而殿宇年深，梁栋摧圮，丹青剥落，绘塑残缺无几，见者莫不恻然于其中，而沿陋袭弊，不能复故者，殆有年矣。"② 中道里社长郭信，乃好事纯笃之人也。乃出资倡议修之。

元朝时的辽东也出现了关羽的信仰。至元三十年（1293）辽东都司的义州修建了武安王庙。"逮夫有宋盐池之变，蚩尤之害，□□能成矣。非□□王一念之精诚，彰显于幽冥而能至是耶？义州卜地于城南三里□，于毕功于丙子。始终五六十年之间（按：疑"十"为衍文），其信心者多矣。义人之者□□王也。饮食必祭。王去国数千里，而义人立庙而而（按：衍一而字）祭祀之，其未必鉴享于此也，审矣。余曰：王之神□□在也，而义人信之甚笃，敬之甚专。献香致祭，如或见之。"③ 该碑文引用一个传说，就是北宋末年的时候河东盐池减产，请来张天师做法，令关羽之神杀掉蚩尤，盐池恢复如初。很明显这是道教在南宋附会的传说，在江南地区流传很广。元朝统一南北后，也流传到了北方，尤其是那些新修关羽庙的地方。

在稍后的大德十年（1307），辽阳也出现了关羽信仰。"近代以来，祠宇遍天下。独辽阳介在东陲，未有庙祀。□□不□其忠，□□□□，有祀典者，屡委所在长吏致祭庙宇，损坏官为修理。由是，郡人为魏明之等，

① （元）王恽：《义勇武安王祠记》，载《秋涧集》卷三九，文渊阁《四库全书》本。
② （元）邢兴礼：《重修义勇武安王庙记》，（清）袁通修，方履篯、吴育纂：《河内县志》卷二一《金石志下》，道光五年（1825），国家图书馆藏。
③ （元）陈忠遂：《义勇武安王庙碑》，赵兴德等修，王鹤龄、薛俊升纂：《义县志》卷一四《艺文志中》，民国二十年（1931），国家图书馆藏。

自至元辛巳相与率财□□，□□之西郭而庙焉。经营凡五载，逮至元乙酉落成。隆以高栋，宇以四楹，御马有厩，奠享有庭。自庭徂门，以垩□既□□□□□□□香之。敬睹其基势高爽，林木环秀，千山南峙，如列剑槊。□□西杌，如控奔骑。坡陀冈皋，掩映回□。□□□□而王之□□，威□然介胄，虎贲夹卫，两陛使人怵然。如拜王于三军□幢之下。以作忠义之气，可以褫奸邪。□□□□□□（辽？）阳□（商？）旅，有求必祷，其应如响。郡民沐王之恩，嘉王之灵，欲刻琬琰以传不朽，属于为之记。"① 这个关羽祠庙笔者怀疑是山西商旅传过来的。

定襄县"自时厥后，世饗国祀，谚以为进封昭烈武安王，未详也。至于民间往往神事之。乡人银匠胡汝楫年七十有五，性好施，特输己财，立塑像于县北灵显王庙西庑之别室，以为乡民香火之地。像甚雄伟，凛然如生"②。"灵显王"即二郎神，庙在"邑北城之冲"，至正丙戌重修。③

总之，关羽的忠义尽管尽人皆知，但是落实到地方祠庙的层面则是北宋的事情了，并且在北宋末年关羽得到了加封，这是促使其信仰传播的重要推动力。南宋与金对峙，关羽信仰形成了南宋以当阳为中心，金以山西河东为中心的信仰格局，因此到元朝统一南北之时，南北各地皆已有很大范围的传播。这是考察中国古代关羽信仰的传播时需要注意的。该问题所涉及的地域远远超过了南部太行山区的范围，对其考察不是本部分能够完全解决的，但南部太行山区是关羽信仰传播中的重要一环。

三　龙堂（龙王祠）

在古人眼中，龙不是在任何地方任何时刻都存在，多出没于潭水深邃之山泽中，并且随雨水而出没，一旦离开水，则蚊蚋不能敌。④ 从先秦时期的豢龙氏开始，对龙的记载就不绝如缕。对其信仰则由来已久，汉唐时

---

① （元）叶瑞：《关王庙碑》，王晶辰主编：《辽宁碑志》，辽宁人民出版社 2002 年版，第 215—216 页。

② （元）寇喜：《新创关王庙记》，康熙《定襄县志》卷八《艺文志》，《中国方志丛书》第 413 种，第 547 页。

③ （元）李斡臣：《重修昭惠灵显王庙记》，康熙《定襄县志》卷八《艺文志》，《中国方志丛书》第 413 种，第 540 页。

④ 马小星：《龙——一种未明的动物》，华夏出版社 1994 年版。

期全国各地之以龙命名之地者多有，前述之五龙神和白龙神皆属此类。宋代有很多龙的祠庙赐额，以示对龙的尊崇。自然有关龙的祠庙甚多，南部太行山区有关龙的记载还有：

> 屯留县。"龙潭庙　在县北二里，河北之冈，宋崇宁二年赐额惠应侯。"
>
> "白龙庙　在县东北三十里常村镇，宋宣和五年赐额义济侯。"①
>
> 武乡县。"海渎焦龙神庙　有三，一在县南店子渠，一在南山庙西，内有八角池，宋大观宣和间屡封昭泽王，明洪武七年改称今号，有司岁祀。"②
>
> 淇县。"龙王庙　凡四，一在县西北二十里灵山，元至正二年建，一在县南五里断胫河北岸，一在县西北三里太和泉上，一在县西南三十里苍峪山，汲、淇轮流供祭。"③

上述赐额皆显示在北宋崇宁或宣和间，基本上符合宋徽宗时大规模赐额的事实，但除了在清代地方志中有记载之外，别处无载。只有两种可能，一种是后代伪造这些赐额，另一种可能是宋代文献失载，在赐额的名单之外尚有不被记录者。泽州之龙堂即北宋时未入赐额名单者，但其灵验却是文字凿凿。天圣九年（1031），刺史重修该龙堂。

> 高都郡西南二里有古潭，其广百尺，怪树丰草，阴森蔽之，近而可畏。按旧记，唐刺史温璠因岁旱，询于耆艾，云："此实龙泉也。"遂命开凿，致祷而雨澍。由是建祠于侧，祀典载焉。然自温而后，长人者，或尝救旱，克诚举之，靡不获应，则未暇有重迹其事者矣。今太守王公亮采三朝劼勤数纪，剧藩荐领，异状洽闻。自前年中移临是郡，属己再期，立政示民，信于茕寡；尽忠报国，鉴于神祇。今春以

---

① （清）甄尔节修，孙肯获纂：《屯留县志》卷一《建置志·群祀》，雍正八年（1730），国家图书馆藏。

② （清）高鈜修纂：《武乡县志》卷二《坛庙》，康熙三十一年（1692），国家图书馆藏。

③ （清）王谦吉修，王南国、白龙跃纂：《淇县志》卷四《祠祀志·庙祠》，顺治十七年（1660），国家图书馆藏。

仲阳用事，膏泽尚愆，轸于公怀，过彼农望，惟先洁志。乃率僚佐萃州民诣祠祈请。才应蜀郡之鼓，郁郁云兴；俄回汉里之车，霏霏雨逐。翌日诸邑牒上，称已优洽。洎暮春至于隆夏，载祷如昔，固益降神休终祛魃虐。是岁远迩旱暵，惟我辐员多稼滋茂。至诚所感，繁物惟馨，抑公之能事也。①

　　高都郡即泽州的旧称，于北魏永安（528—530）时设，治高都县（今山西晋城市东）。西南二里有古潭，广百尺，"怪树丰草，阴森蔽之，近而可畏"，在古人眼里，这种地方多有怪物存在。碑文作者云"按旧记"，则知该龙堂基本上在北宋之前就已经存在。在记载上最开始是和唐代泽州刺史温璠有关。查《唐刺史考全编》，唐宣宗大中六年（852）前后温璠在泽州刺史任上。因岁旱，温刺史询问耆老，被告知此地为"龙泉"，下令开凿，祷雨成功，于是建祠于旁，并载入祀典。可知此地原本只有流传于耆老口中的传说，并未有龙泉或龙祠，但是在刺史的介入下，不仅开凿出龙泉，还建立了祠庙，成为历任祷雨之地，并且屡试不爽。当今太守王亮采在大旱的情况下，"乃率僚佐萃州民诣祠祈请"，迅速降雨。并且从暮春到盛夏，祷雨如昔，是岁远近大旱，唯有泽州无恙。于是寓居晋城县"待阙"的夏侯观，"暇日居多，因以所目之事，纪为不朽，文且无饰，敢示于大雅君子"。

　　经历了金代的战乱后，附近另一个龙王祠在元朝得到重修，并且在元人笔下，龙的形象与功能更为具体：

　　　　龙于天地间为物最神；善变化屈伸，咫尺，巨细，亦灵怪矣哉？故世之人仍以王号畀焉。考诸传记，未闻有褒赐之典，特示尊崇之意尔。凡立庙肖像，钦行祀事，以其庇休一方，受福居多，于水旱风雷雨雹之灾，实捍蔽之。祭法曰："法施于民，则祀之；以死勤事，则祀之；以劳定国，则祀之；能御大灾，捍大患，则祀之。"矧神以王称，助造化，司风雨，奇怪不测，可无祀乎？朝为盲风，夕为剧雨，

---

① （宋）夏侯观：《泽州龙堂记》，《山右石刻丛编》卷二一，录文见《晋城金石志》，第358页。

神实司之。①

"考诸传记，未闻有褒赐之典，特示尊崇之意尔。"此话甚误，《宋会要辑稿》中所载各地龙祠、龙神之赐额比比皆是。

> 今泽州治之西南约五里许，有祠曰"龙王祠"。邦人常以风雨不时，霜雹代作，行事祠下，事讫辄应。神之有功于氓，常耿耿也。……今兹挟王爵而起，居群龙之右，惟修事益虔，故前后祀享祈应如桴鼓，影响靡不捷也宜。

在元代泽州治之西南约五里，有"龙王祠"，与前述北宋之龙泉相隔甚近，是泽州人在"风雨不时，霜雹代作"后祈祷之地，并且随祷随应，灵验非常，至正二十三年重修。

四　广禅侯庙

广禅侯是晋东南比较独特的信仰内容，民众对其诉求主要是保佑牲畜平安。该信仰被作为牛王而在明、清两代得到普遍供奉。②

现存最早的碑刻为元朝至元二十三年（1286）三月之《创修广禅侯庙记》，③现存高平市南城街道办事处龙渠村。

> 窃闻圣不可知，乃曰神之谓也。功明于后，宜奕世以祀之。夫广禅侯者，乃宋赵真宗祥符七年秋八月，驾谒亳州太清宫，至一山，名曰孤山店，其夜御驾宿于此。时，众马皆病不起。帝曰："异哉！"问土居之民，此处有何神，答曰："此山名孤山，有神曰通圣郎君。牛马之疾，祭之皆愈。"帝曰："郎君称之，乃无禄之神也。"于是，帝

---

① （元）刘贯：《龙王感应之记》，《山右石刻丛编》卷四〇，录文见《晋城金石志》，第467—468页。

② 对广禅侯与牛王关系的研究，可参看延保全《广禅侯与元代山西之牛王崇拜》，《山西师范大学学报》（社会科学版）2003年第4期。

③ 延保全认为现存最早的为壶关县之《新修广禅侯庙碑》，元统元年（1333），可能是其未见到高平此碑之故。

封为广禅侯。当下一行御马如故，其神灵有如此者。自时厥后，诸处立祠，宜尔农民，岁时常祀。今者龙曲南社杨世英等，纠率里人首倡其事，从而和之者数人，立为一社，目之曰牛王社，欲修庙貌，以极尊严，既叙伯仲之情，靡有亲疎之异。于是，众口一辞，同谋叶虑，各输已缗数千，易材鸠工。杨文秀于馆之西北隅施地基一所，初建庙三间。自至元二十三年兴修，二十三年功毕，丹青绘饰，焕然一新。惟冀神明降鉴一方无疫疠之灾，福祐潜垂六畜保兴生之庆。①

　　碑文云宋真宗于大中祥符七年 8 月去亳州。大中祥符七年为 1014 年，事实上宋真宗是于该年正月去亳州。正月壬寅日从开封出发，庚戌日次亳州，甲寅日离开亳州。因此碑文所述时间有误。宋真宗至一山名"孤山店"，住宿此地，众马皆病不起。当地人告诉宋真宗只要牛马有疾，祭祀山神"通圣郎君"即可痊愈。当下封为广禅侯，马匹立刻痊愈。"自时厥后，诸处立祠，宜尔农民，岁时常祀。""广禅侯"的记载在宋代并非在山西，而是在山东。宋真宗在封禅泰山后，封"亭山神庙为广禅侯"②。上引碑文延保全没看到，他引用了另一篇临汾魏村 1898 年重刻的元碑，该碑所述传说与上述基本一致。③他考证宋真宗到过山西，而且可能路过万荣县的孤山。碑文是将宋真宗于大中祥符元年（1008）到山东泰山封禅、四年（1011）到山西荣河县祀汾阴后土与七年（1014）到安徽亳州告庙祭祖三件事混在了一起。虽然如此，但毕竟魏村《牛王庙元时碑记》中所提到的"孤山店"与万泉之"孤山"暗合，而泰山封禅时宋真宗所封的"亭山神"，也与"亭然孤峙"之"孤山"相关联。看来，对于没有多少文化修养的乡野百姓来说，历史的真实性对他们来说并不重要，关键是借助神威，以资号召。这个解释聊备一说。但是如果我们考虑该传说的发生地是在宋真宗从开封出发去亳州的半路上，则发现在晋东南流传这个传说

①　（元）董怀英：《创修广禅侯庙记》，录文见《高平金石志》，第 178 页。
②　《宋史》卷一〇二《礼志五》，第 2486 页。
③　《牛王庙元时碑记》："临汾县西北魏村牛王庙，历数十余载，神之世谱有自来矣。宋真宗祥符七年秋八月，驾谒亳州太清宫，至一山，名孤山店。其夜，御驾宿于此，众马皆病。帝曰：异哉！问土居之民，此处有何神庙。居民答曰：孤山有神曰通圣郎君，祭之无不应也。于是帝封为广禅侯，一行御马如故，有家存焉，历代享祭。降其后，世祠而神之。"见冯俊杰编著《山西戏曲碑刻辑考》，第 145 页。

有些诡异。高平之碑文作者为"里人董怀英"，临汾之碑文作者为"锦城进士谯正"，延保全认为这是一位来自成都的进士。如果属实，则临汾当地没进士吗？为何请一位成都进士？是为另一诡异之事。不管事实为何，元朝时在高平与临汾两地流传着这一看起来不是很靠谱的传说，并且还向外地流传。在太原北部的忻州之原平市，发现了明洪武十五年（1383）广禅侯寺的石幢，也记载了广禅侯的传说，① 与前述高平、临汾流传的内容基本一致。可知广禅侯的信仰在元朝时就已经传播到了晋北。

元时至顺三年（1333），晋东南之壶关县三老乡内王村创建广禅侯庙，碑文提供了另一种说法：

> 盖闻鬼神之道，视之无形，听之无声，幽深玄远，□□窥测。然祭之尽诚，则亦有时而在，所谓有其诚则有其神焉。至若壶林之南，有聚落曰内王里，其里众老有会曰乡约。约曰："凡我同会之人，出入相友，守望相助，疾病相扶，持筹相亲，睦□□酒果佳肴为□，而以忠信孝悌为尚。"一日，众友议曰："立约虽云美矣，然所以未尽善也。何□□无神以宗之。"众曰："将安适从？"中间会长姜添曰："牛王神，往古来今我农家之当祀，虽然，当绘□以形乎？塑之以像乎？"曰："绘之以形，此一时之伟观，未若塑之以像，以遗将来，俾后辈子孙□□。"众曰："诺。"于是辄鸠工集金，选木辇石，以构大宇。……于是，仍旧作新，未期而□功告成，□墙峻宇，阶户一新，神像巍巍，诚一时□□。甫年载间，本社牛羊茁壮，皆曰甚得我广禅侯神之祐矣，岂非所谓有其诚则有其神欤！然□以缘造作若兹壮丽，虽我数人之谋为，亦赖众人之力耳。俾将来者不知创自何代，特笔数□以注之云尔。呜呼！兹宇之建，永为乡约踵蓝田之遗风，以致乡里敦睦之行，方之于不务民义，□诌黩鬼神者不同然耳。②

与前述碑文不同，该广禅侯庙的创建并不是建立在传说基础之上，而

---

① 《原平发现 600 年前石幢记载帝王封民间神祇为侯趣事》，2004 年 3 月 18 日，中新山西网，ht-tp：//www. sx. chinanews. com/2004 – 03 – 18/1/9562. html。

② （元）元惟一：《维大元国晋宁路潞州壶关县三老乡内王村新修广禅侯庙记》，《山右石刻丛编》卷三四，《石刻史料新编》第 1 辑第 21 册，第 15725—15726 页。延保全认为这是迄今为止发现的唯一一通径称广禅侯庙的碑文，误。

是内王村之乡约基础之上者。"乡约"源于北宋蓝田县吕大钧，他和兄弟在故乡首创《吕氏乡约》，提出"德业相励，过失相规，礼俗相交，患难相恤"，是中国历史上第一部成文的村规民约。[①] 但是由于其理想化，在一百年后才被朱熹发现并进行了修订和阐释，撰为《增损蓝田吕氏乡约》，使其在士大夫间得到更为广泛的传播。但其在南宋与元朝的实施情况，一直未有更多的材料来说明。除了在河南濮阳发现的《龙祠乡约》外，尚未发现元代北方乡约的更多证据。《龙祠乡约》开篇概述了至正元年（1341）修约背景及其过程，言简意赅，除"德业相劝""过失相规""礼俗相交""患难相恤"四个大的方面外，还明确提出立学校、建讲室、请儒师、建夫子庙堂、严禁赌博等多方面的内容，完善公允，成为当时人们观摩、仿效的对象。[②] 而这篇壶关县的碑文，则提供了新的线索。"其里众老有会曰乡约。约曰：'凡我同会之人，出入相友，守望相助，疾病相扶，持筹相亲，睦□□酒果佳肴为□，而以忠信孝悌为尚。'"该地之乡约与濮阳之乡约之基本精神是一致的。很明显，壶关县的乡约要比濮阳县的至少要早十年以上。濮阳乡约为围绕龙祠所制定，而壶关之乡约为乡约而创建，因"立约虽云美矣，然所以未尽善也。何□□无神以宗之"。而与民众生活最密切者为牛，"'牛王神，往古来今我农家之当祀，虽然，当绘□以形乎？塑之以像乎？'曰：'绘之以形，此一时之伟观，未若塑之以像，以遗将来，俾后辈子孙□□。'"广禅侯庙就是在这种背景下创建的。支持壶关县之广禅侯庙修建的是乡约需要祠庙作为信仰中心，而非传说的渲染。

---

① 周扬波：《宋代士绅结社研究》，中华书局 2008 年版，第 16—23 页。
② 杨富学、焦进文：《河南濮阳新发现的元末西夏遗民乡约》，《宁夏社会科学》2001 年第 5 期。

第三章 由帝王到雨神：成汤 信仰的兴起与传播

——南部太行山区祠神信仰个案研究之一

自唐宋始，一些地方（Local）神灵在兴起以后开始跨出地方的范围，向外传播成为地域（District）神灵，表现为非常明显的信仰传播现象。传播是创造、修改和转变一个共享文化的过程。德国文化人类学者格雷布纳（F. Graebner）和奥地利的施密特（W. Schmidt）为代表的传播学派，假定一些最早的文化是从原点慢慢扩散出去，跨越空间，活像涟漪似的一圈又一圈地推动一样，文化终于传播到世界各地。换句话说，这一产生最早的社会文化特质是从一起源社会散播到其他社会的，而在这样一个广大的地理区域范围内拥有相似的文化特质，这就是所谓"文化圈"。① 美国学者凯瑞（James W. Carey）由此转向传播的仪式观，把传播看作是创造（Created）、修改（Modified）和转变（Transformed）一个共享文化的过程，并且强调其典型的情形是：从人类学角度看，传播是仪式和神话，从文学批评和历史的角度看，传播是艺术和文学。② 美国人类学家威斯勒（Clark Wissler）和克罗伯（A. L. Kroeber）他们将一个文化区域的代表性特征归结为来自一个地理文化中心。认为文化特质首先产生于该地，然后向外传播。因此，通过分析文化特质由中心向边缘移动的过程，就可以复原该区域文化生成的历史。威斯勒的"年代—区域假说"（Age-and-Area Hypothe-

---

① 参见容观夐《文化传播与传播论派——文化人类学方法论研究之三》，《广西民族学院学报》（哲社版）1998 年第 4 期。

② ［美］詹姆斯·W. 凯瑞：《作为文化的传播》，华夏出版社 2005 年版，第 28 页。

sis）进一步认为：重要的文化特征有从单一文化重心扩散传播的趋势，正如石子投入池塘由中心四散而起的涟波。在某一时代，可发现文化涟波环绕他们所起源的文化中心。文化涟波离开文化中心越远，即是离开文化中心越早，因此区域周围或边缘仍然显露最早时期文化中心的特征，其连续的涟波靠近中心的，则显露其离开文化中心的特征也依次在较晚期。文化中心所展示的特征往往不能见于周围，这是因为时代迁移，中心之文化已变形之故。① 以上理论也适合关照南部太行山区的民间祠神信仰，其中以成汤、二仙、崔府君信仰为代表。以下三章即对三个信仰做细致的个案分析。

在上古帝王的信仰中，成汤的信仰是没有涉足江南者。对其信仰的出发点纯属上古帝王。但因其与祈雨有关，并且经常灵验，所以在山西、河南、河北等地构成一个大范围的信仰圈，其行祠在金元时期已经遍布三省交界地区，成为南部太行山区一个重要的地域性信仰，直至今日。②

第一节　成汤信仰中心的变化

成汤属于先代帝王，其信仰最开始起源于国家祭祀。在《礼记》中有关于先代帝王祭祀的记载，其中就有成汤。《礼记·祭法》："夫圣王之制祭祀也，法施于民则祀之，以死勤事则祀之，以劳定国则祀之，能御大菑则祀之，能捍大患则祀之。是故厉山氏之有天下也，其子曰农，能殖百谷，夏之衰也，周弃继之，故祀以为稷。共工氏之霸九州也，其子曰后土，能平九州，故祀以为社。帝喾能序星辰以着众，尧能赏均刑法以义终，舜勤众事而野死，鲧鄣鸿水而殛死，禹能修鲧之功，黄帝正名百物以明民共财，颛顼能修之，契为司徒而民成，冥勤其官而水死，汤以宽治民而除其虐，文王以文治，武王以武功去民之灾，此皆有功烈于民者也。"③

---

① 芮逸夫主编：《人类学》，台湾商务印书馆股份有限公司1971年版，第129页。
② 对晋东南成汤信仰的研究，笔者所见仅有段友文、刘彦《晋东南成汤崇拜的巫觋文化意蕴考论》，《中国文化研究》2008年秋之卷；杜正贞《村社传统与明清士绅：山西泽州乡土社会的制度变迁》，上海辞书出版社2007年版，第28—36页。但是主旨皆与笔者所注意者有异。
③ 引自孙希旦《礼记集解》卷四五《祭法第二十三》，中华书局1989年版，第1204—1205页。

但在两汉魏晋南北朝的国家祭祀实践中并没有落实。① 直至隋朝，成汤才进入国家祭祀的名录。

> 高祖既受命，遣兼太保宇文善、兼太尉李询，奉策诣同州，告皇考桓王庙，兼用女巫，同家人之礼。上皇考桓王尊号为武元皇帝，皇妣尊号为元明皇后，奉迎神主，归于京师。牺牲尚赤，祭用日出。……并以其日，使祀先代王公：帝尧于平阳，以契配；帝舜于河东，咎繇配；夏禹于安邑，伯益配；殷汤于汾阴，伊尹配；文王、武王于沣渭之郊，周公、召公配；汉高帝于长陵，萧何配。各以一太牢而无乐。配者飨于庙庭。②

从隋文帝于 581 年称帝开始，国家祭祀的名录里就有了成汤，祭祀地点在汾阴县，唐开元十年（722）改为宝鼎县，即今山西运城万荣县的荣河镇，就在汾河入黄河口的南岸。但是其祭祀地点随后发生变动。这主要与成汤葬地所在说法不一有关。对于成汤的陵墓所在，多有争论。汤崩，[集解]：《皇览》曰："汤冢在济阴亳县北东郭，去县三里。冢四方，方各十步，高七尺，上平，处平地。汉哀帝建平元年，大司空史长卿案行水灾，因行汤冢。刘向曰：'殷汤无葬处。'" ……[正义]：括地志云："薄城北郭东三里平地有汤冢。按：在蒙，即北薄也。又云洛州偃师县东六里

---

① 两汉的国家祭祀名录里没有上古帝王，更没有成汤，对尧舜等帝王的祭祀没有制度化规定。参见王柏中《神灵世界：秩序的建构与仪式的象征——两汉国家祭祀制度研究》，民族出版社 2005 年版。直至北魏，方才对上古帝王圣人的祭祀制度化。北魏孝文帝太和十六年（492）二月诏："二月丁酉，诏曰：'夫崇圣祀德，远代之通典；秩□□□，中古之近规。中古之近规。故三五至仁，唯德配享；夏殷私己，稍用其姓。且法施于民，祀有明典，立功垂惠，祭有恒式。斯乃异代同途，奕世共轨。今远遵明令，宪章旧则，比于祀令，已为决之。其孟春应祀者，顷以事殷，遂及今日。可令仍以仲月而飨祀焉。凡在祀令，其数有五。帝尧树则天之功，兴巍巍之治，可祀于平阳。虞舜播太平之风，致无为之化，可祀于广宁。夏禹御洪水之灾，建天下之利，可祀于安邑。周文公制礼作乐，垂范万叶，可祀于洛阳。其宣尼之庙，已于中省，当别敕有司。飨荐之礼，自文公已上，可令当界牧守，各随所近，摄行祀事，皆用清酌尹祭也。'"（《魏书》卷一八〇之一《礼志四之一》，第2750页）国家祭祀的改革是孝文帝汉化改革中的重要一环。（参见康乐《从西郊到南郊：国家祭典与北魏政治》，台北稻禾出版社 1995 年版，第 165—206 页）其中提到了尧、舜、禹、周公、孔子，忽略了成汤。

② 《隋书》卷七《礼仪志二》，第 136—137 页。另见《通典》卷五三《礼一三》"祀先代帝王名臣"条。

有汤冢，近桐宫，盖此是也。"① 可知在汉代，汤冢所在已不可确指。唐高宗显庆二年（657）规定："仍以仲春之月，祭唐尧于平阳，（以契配。）祭虞舜于河东，（以皋陶配。）祭夏禹于安邑，（以伯益配。）祭殷汤于偃师，（以伊尹配。）祭周文于酆，（以太公配。）祭武王于镐，（以周公、召公配。）祭汉祖于长陵。（以萧何配。）"② 成汤的祭祀地点改为偃师县，即今洛阳市东之偃师市，因为那里有很多成汤遗迹。天宝七载（748）五月十五日诏："历代帝王肇迹之处，未有祠宇者，所由郡置一庙享祭，取当时将相，德业可称者二人配享。夏王禹都安邑，（今夏县，以虞伯益，秩宗伯夷配。）殷王汤都亳，（今谷熟县，以阿衡伊尹、左相仲虺配。）周文王都酆，（今咸阳县，见有庙，以师鬻熊齐太公望祀。）周武王都镐，请入文王庙同享，（太师周公、太保召公配。）……令郡县长官，春秋二时，择日，粢盛蔬馔时果，配酒脯，洁诚致祭。"③ 谷熟县在今河南商丘市东之虞城县南部，紧邻安徽亳州市。这个诏书并不是说成汤仅在谷熟县，而是说成汤"肇迹"之地，也应该建立祠庙祭祀。亳是成汤的建都之地，故而有其祭祀。因此，在唐后期就形成了三个成汤国家祭祀的中心，汾阴、偃师和谷熟县。其中，汾阴汤庙的地位属于最高者。在唐宪宗宰相李吉甫眼中，偃师县为帝喾和汤、盘庚之都城，商代有三亳，成汤居西亳，即此；谷熟县亦殷之所都，谓之南亳；宝鼎县不是汤之都城，但却有殷汤陵，在县北四十三里。④ 而杜佑仅云山西宝鼎县有"汤庙"。⑤ 北宋初年乐史修《太平寰宇记》，偃师县"汤王庙，在县东三百四十八步。汤王陵坑，在县东北山上八里。汤王圣母庙，在县西三里"⑥。谷熟县未提任何汤的遗迹。宝鼎县"殷汤陵，在县北四十三里"⑦。乐史所载明确指出宝鼎县为汤之陵墓，偃师县只是说有汤及其母的祠庙，汤王陵坑则未必是陵墓。所以唐代会在偃师县为汤建立祠庙，应该与当地汤的遗迹有关。尽管遗迹众多，但最终宝鼎县占了上风。北宋真宗时规定：

① 《史记》卷三《殷本纪》，第98页。
② 《唐会要》卷二二《前代帝王》，中华书局1957年版，第499—500页。诏书全文《先代帝王及先圣先师议》，见《文苑英华》卷七六四，第4012页。
③ 《唐会要》卷二二《前代帝王》，第501页。
④ （唐）李吉甫：《元和郡县图志》，第132、182、328页。
⑤ 《通典》卷一七九《州郡九》"冀州河东郡"。
⑥ （宋）乐史著，王文楚等点校：《太平寰宇记》卷五《河南道五·西京三》，第83页。
⑦ （宋）乐史著，王文楚等点校：《太平寰宇记》卷四四《河东道七·蒲州》，第959页。

（天禧）三年九月四日，详定所言："河中府河中县伏羲、神农、汉文帝庙，河西县舜庙，龙门县禹庙，宝鼎县汤庙，临晋县周文王、周公庙，永乐县周武王庙，望于祀汾阴前十日，用中祠礼料致祭。……"诏可。①

北宋时重新认定成汤的本庙祭祀在宝鼎县，即现在的万荣县西南，历代不改。可知山西境内的成汤信仰属于地位较高者。而晋南与晋东南各地的成汤信仰，皆由晋南兴起。

现存最早的成汤信仰的碑刻为北宋太平兴国四年（979）山西闻喜县义阳乡重修汤王庙碑铭。该碑铭在追述一番汤王的功业，以及祷雨于桑林之社后，曰："当州顷因岁旱，是建行宫，逾八十年，□构不辍，屡以周朝世祖停废淫祠，社□□神于世扫地，兹庙也，惟赖存留。"② 从文意可以推知，该庙建于唐末乾祐年间，为汤王行宫。虽然碑铭未明言本庙在何地，闻喜县与宝鼎县为邻县，因而本庙必定在宝鼎县。可见成汤信仰在唐后期就已经开始了向外传播的过程，很快就传播到了晋东南地区，尤以阳城县为中心。

第二节　成汤信仰在泽州之传播

围绕着成汤事迹来进行本土化的关节点，就是其祷雨的"桑林"在何处。"昔者汤克夏而正天下，天大旱，五年不收。汤乃以身祷于桑林，曰：'余一人有罪，无及万夫，万夫有罪，在余一人；无以一人之不敏，使上帝鬼神伤民之命。'于是翦其发，磨其手，以身为牺牲，用祈福于上帝。民乃甚悦，雨乃大至。"③ 但"桑林"可能就只是一个桑树林，并非地名，

---

① 《宋会要辑稿》"礼一四/群祀/群祀二"条。
② （宋）张待问：《大宋国解州闻喜县义阳乡南五保重建汤王庙碑铭并序》，《山右石刻丛编》卷一一，《石刻史料新编》第 1 辑第 20 册，第 15175 页。
③ 许维遹：《吕氏春秋集释》卷九《季秋纪二·顺民篇》，中华书局 2009 年版，第 200—201 页。

而桑树在宋代以前的华北平原处处皆是，[1] 成汤祷雨的桑林在何处根本无法确指，这就为附会提供了机会。相比偃师县和宝鼎县，阳城县缺少了前述两县的诸多成汤遗迹，因此附会的方向就只能集中到"桑林"上。北宋初年的乐史曾提到阳城县之"析城山，在县西南七十五里。……山顶有汤王池，俗传汤旱祈雨于此"[2]。可知在唐末五代时，阳城县就已经成功将成汤祷雨之地附会到下辖的析城山。

北宋大观四年（1110），地方官曾来此祈雨，并留下了祈雨的记录：

> 惟大观四年岁次庚寅七月戊戌朔十一日戊申，朝奉大夫、权发遣河东路计度转运副使公事、云骑尉、赐紫金鱼袋臣王桓，谨差宣德郎、权通判泽州军州、管句学事、兼管内劝农事、借绯臣许奉世，敢昭谢于汤王：惟王不殖贷利，不迩声色，天锡勇智，克君万邦，德施三代，泽流罔极。顾瞻析城，凛然□□，四隩向往，高山仰止。方夏长养，晋疆□□，夙戒郡贰，往致忱辞。惟王千载其远，眷应如响，农田膏润，良苗加秀，年成屡丰，为国上瑞。敢修故常，祗极殊贶，不任精诚欣跃拜赐之至，谨谢。岁庚寅夏六月晋绛闵雨，运使大夫王公按部既事躬祷，又诿通判监丞为晋人有祈汤祠。于是本州雨足，翌日，平阳亦蒙大霆，越七月庚子，阖境均浃。伏惟神享克诚，感彻敏速，盖乃恺悌君子之福也。谨刻金石，用记岁月。
>
> 将仕郎、权县尉兼主簿事王道盛
> 文林郎、监酒税张权
> 儒林郎、知县事、专切管句学事□□□甲□□公事马祥[3]

在大观四年的时候，河东路转运副使为王桓，当然这时由于他的资历不

---

① 有桑树就意味着有丝织业，从《元和郡县图志》和《太平寰宇记》的相关记载可知，12 世纪以前，中国的丝织业中心在华北，而华北各地在唐代的贡品中丝绸类就占据了大部分内容。比如北宋时期的河北依然保持着全国丝织业的首位，参见邢铁《宋辽金时期的河北经济》第九章，科学出版社 2011 年版。

② （宋）乐史著，王文楚等点校：《太平寰宇记》卷四四《河东道五·泽州》，第 920 页。

③ （宋）许奉世：《析山谢雨文》，《山右石刻丛编》卷一六，《石刻史料新编》第 1 辑第 20 册，第 15313—15314 页。

够，还不能成为正式的"转运副使"，只能被称作"权发遣"①。在大观四年的夏六月时，王桓"按部"即巡视到泽州，曾亲自去祷雨，并且又委托通判等人为"晋人"祷雨，于是"本州"雨足，次日平阳亦大雨。到七月，"阖境"都普降甘雨。值得琢磨的是"晋人"之"晋"是指的什么范围呢？按照我们现在的理解，"晋"就是山西的代名词，但在该文中叙述到"晋绛闵雨"，即晋州和绛州少雨，该"晋人"即应是指晋州之人。于是"本州"即泽州雨足，次日，"平阳"即临汾亦雨足。析城山在泽州阳城县之西南，距离绛州很近，反倒离晋州有些距离。"阖境"应该指的是整个晋州，因为临汾只是晋州治所而已。所以该文所叙为河东路转运副使在巡视泽州时，恰逢晋州和绛州少雨，亲自来山上祈祷，又委托通判等地方官到汤祠为晋州祷雨。该祈求得到了满足，故而才有谢雨这件事。由此可知北宋析城山之汤祠影响不仅限于泽州本地，也辐射到了临近的晋州和绛州。最后落实这件事的是权县尉兼主簿王道盛、监酒税张权，还有知县马祥。所以这件祷雨析城山商汤庙是官员自上而下自发组织的。

析城山与汤祠，是紧密联系在一起的，不过自然是先有山神，后有汤祠。商汤为上古帝王，北宋皇帝不能给其封号，但是可以给其祠庙赐号。"析神山神祠。析神山神祠在泽州阳城县。神宗熙宁十年封诚应侯。"熙宁十年为1077年，该年首先给山神加了封号。而在政和六年（1116）的时候，析城山神的封爵则从诚应侯升为嘉润公，庙额为广渊。② 这时析城山神正式被国家承认，而被承认的核心理由，即祈雨功能。

析城山成汤庙在宋金以来命运多舛。"宣和七年重修庙记云：本路漕司给系省钱，命官增饰庙像，及广其庭坛，高其垣墉，列东西二庑，斋

---

① 戴扬本可能未看到此条材料，在所作《北宋转运使年表》"河东路"大观四年没有王桓。详见氏著《北宋转运使考述》，上海古籍出版社2007年版，第271页。

② （宋）《敕赐嘉润公记》，《山右石刻丛编》卷一七，《石刻史料新编》第1辑第20册，第15325页，录文为差，缺字甚多。所幸北宋政和六年（1116）赐成汤庙"广渊之庙"为额及晋封析城山神位嘉润公之敕封碑，今存析城山成汤庙正殿西端内壁上。"政和六年四月一日，敕中书省尚书省，三月二十九日奉圣旨：析城山商汤庙，可特赐'广渊之庙'为额；析城山山神诚应侯，可特封嘉润公。奉敕：'泽州阳城县析城山神诚应侯：朕天覆万物，忧乐与共，一刑有失，退而自咎。惟春闵雨，穑事是惧，夙兴夜寐，疢然于怀，历走群祀，靡神不举。言念析山，汤尝有祷，斋戒发使，矢于尔神，雨随水至，幽畅滂浃，一洗汗渗，岁用无忧。夫爵以报劳，不以人神为间也，进封尔公，俾民贻事。可特封嘉润公。'奉敕如右，牒到奉行。前批已降，敕下广渊庙。四月三日卯时，礼部施行。"牒文录文可参见冯俊杰《山西神庙剧场考》，中华书局2006年版，第56—57页。据拓片校对。

厨、厩库、客次靡不毕备。华榱彩桷，上下相焕，以称前代帝王之居，而致崇报之意。以其余材完嘉润公祠，合二庙凡二百有余楹。大金革命（1127），庙止存九间，共六十椽，大庙壬寅（1182）春因野火所延，存者亦废。"① 从这段叙述可见，阳城山之成汤庙在宣和七年曾经重修，所需经费为河东路转运使司拨付"系省钱"，即动用了国家预算内转运司预算经费，② 共重修了成汤庙和嘉润公祠，两座庙加起来二百余间，规模不可谓不大。"大金革命"即金灭北宋之 1127 年，在兵火之余，庙只存九间，共六十椽。其中成汤庙在壬寅年，即 1182 年春，野火将剩下的也焚烧一光。1182 年之后，长时间内没有重修的记载留下，直到至元戊寅（1278）方才有记载再次出现祈雨活动。"自初夏至徂暑，愆亢为灾，晋□尤甚。谷价□涌，民不聊生。所在吏民□□□□□□□□□□□□三日丙申，是夕雨作，戊戌方霁。优渥之惠，不啻千里。非惟苗之枯槁者得遂其生，其种之□□□□□□□□□□□□□□□时予承乏晋宁掾，闻吾阳城簿周君文举躬诣析城山成汤庙，恳心祈请，获此休应。"③ 所述说者是阳城县发生旱灾后，主簿周文举去析城山成汤庙祈雨的记录。说明在 1182 年后，成汤庙又被重新建立起来。

一　在阳城县之传播

由于析城山在阳城县西南七十里山区之中，距离县城较远，交通不便，为了祭祀便利，"故民效于县治东西社祀焉"，④ 民众在阳城县城也建立了成汤庙的行祠。前述析城山成汤庙在金灭北宋时被严重破坏，大庙在 1182 年时也被野火焚毁。祭祀无所，"民间往往即行宫而祭之"。这就为成汤行宫的广泛建立创造了条件。阳城县"行宫在郭内，东西街北，右去城门五十余步，左距县衙一里强。至大金壬午，历一百二十八

---

① （元）李俊民：《阳城县重修圣王庙记》，载《庄靖集》卷八，文渊阁《四库全书》本。

② 杨倩描：《从"系省钱物"的演变看宋代国家正常预算的基本模式》，《河北学刊》1988 年第 4 期。

③ （元）卫元善：《汤庙祷雨感应之碑》，《山右石刻丛编》卷三五，录文见《晋城金石志》，第 454—455 页。

④ （元）宋翼：《阳城县新修成汤东自记》，《山右石刻丛编》卷三三，《石刻史料新编》第 1 辑第 21 册。唯《丛编》以此碑在析城山成汤庙，误。

年而毁。邑人王元、武全、王升、张义、王通、王汉等，虽在扰攘之际，相与鸠工复起正殿三间。元帅延陵珍补盖西庑。岁有水旱疾疫，祷无不应"①。大金壬午年是金宣宗正光元年（1222），倒推128年是1095年，宋哲宗绍圣二年，可知阳城县县城内之成汤行宫创建于北宋末年。在正光元年（1222）秋七月，"上党公完颜开复泽州"，②说明泽州这里进行过比较激烈的蒙古军与金军的拉锯战，阳城县城内的成汤行宫在此年毁于战火中。在壬寅年，即蒙古乃马真后元年（1242）加以重修。该庙是成汤西庙。

西庙在元世祖时，因主簿之祈雨而为立碑以颂。"我之西社，庙貌独严，夭昏札瘥之疫此焉而祷，雪霜水旱之变于是乎禁，禳病则勿，祈谷则年登，民恃以无惧焉。至元十四年，龙集戊寅，自春徂秋，恒旸不雨，二麦已枯，首种不入，舆情惶惶，计无所出。本邑主簿周君卧衙舍间，欹枕默念曰：'时将秋矣，亢至极矣，不雨踰旬，遂为饥岁。狱讼繁兴，盗贼滋炽，黎民流徙，国赋不供，粢盛不洁而明禋废阙，虽欲与监县令安居暇食优游于一堂之上，可得耶？且仗义宜先，当仁不让。'于七月二日扶杖而起，沐浴更衣，从以邑吏卫元善，潜宿本社汤庙，即夕，元云蔽空，和气旁洽。次日，鸡未及唱，露首徒行，晚达善利，召集黄冠伙众就彼汤祠宣祝致告，夜末及分，甘雨大作。诘旦稍晴，公不避泥潦，冒雾露，陟巉岩，敬谒神池，请求圣水，拜方及八，降已十分。戴瓶比还，阖境沾足……介其本县医官徐珍、社长张国瑞、侯珉征缪文以记其实，冀传永久，而劝将来，辞不获，略采民谣以为颂。"③周主簿为周克明，至元间以侍仪吏为阳城主簿。④其祈雨先"潜宿本社汤庙"，次日凌晨徒行一日至析城山。

下面看成汤东庙的情况。

兵余，正殿仅存。岁月滋久，弗除风雨，庭宇湫隘，且近阛阓，

---

① （元）李俊民：《阳城县重修圣王庙记》，载《庄靖集》卷八，文渊阁《四库全书》本。
② 《金史》卷一六《宣宗纪下》，第362页。
③ （元）王演：《阳城县右厢成汤庙祷雨灵应颂》，（清）杨善庆修，田懋纂：《阳城县志》卷一二《艺文》，乾隆二十年（1755），国家图书馆藏。
④ （清）赖昌期修，谭澐、卢廷菜纂：《阳城县志》卷七《职官·传》，同治十三年（1874），国家图书馆藏。

曷称王居？至元之廿有二年，赠中奉大夫、广东道宣慰使、都元帅、高平郡公、邠州知州郑甫，故金紫光禄大夫、平章政事、潞国忠肃公之介弟也，偕耆儒王郁等二十有四人经营。进士赵庭式及刘淳等□捐庙后隙地，而高平公之子中奉大夫、广西两江道宣慰使、都元帅昂宵洎郁之子长曰日来、次宣抚幕官汝楫，继志述事，介义戮力铲秽，夷高堙堑。恢闳栋宇，阶室之广，三倍厥初，以至元二十五年十月望日落成。至元贞之元年，高平公复捐俸金，鸠工召役，建戟门三间。中奉军时长万夫，镇武昌，大德甲辰二月，自鄂以楮币五百缗，俾里人张全、成秀、元良、张通等建析城山神、高禖祠于翼室。①

成汤东庙所建时间很早，如果说和西庙几乎同时当亦不误。"兵余"应指金末元初的战争，阳城县城内之东西二庙皆受到严重损坏。在至元二十二年（1285）"赠中奉大夫、广东道宣慰使、都元帅、高平郡公、邠州知州郑甫"，偕耆儒王郁等二十有四人发起重修。郑甫是"故金紫光禄大夫、平章政事、潞国忠肃公之介弟"，"潞国忠肃公"即郑鼎，"读书知大义，有勇善略，善骑射。弱冠领泽、潞、辽、沁兵马，为千夫长"。世祖时为"平阳总管"，至元末为湖北宣抚使。卒赠中书右丞、谥忠毅，后追封平章政事、潞国公、改谥忠肃。② 郑氏是金代后期以来阳城之大族，起家者即为郑鼎之父郑皋。金朝末年"丧乱，率义旅镇遏，无敢范境者。上党公张开知其才，擢为兵马提控"。"元初命为本军节度使。时当大乱之后，民多逃匿流亡。皋以恩信招抚安集之，安堵如故。"③ 故而可知在金末元初时，郑氏已在阳城树立了绝对的威信。元初实行世侯制，④ 此时泽州世侯为段氏，郑氏在此体制下也维持着对阳城的影响。在元朝灭南宋过程中及以后，郑氏长期在南方任职。如郑甫之子中奉大夫、广西两江道宣慰使、都元帅郑昂宵，即是，卒于湖广参政。在郑甫和王郁等人去世以后，下一代

---

① （元）宋翼：《阳城县新修成汤东庙记》，（清）朱樟修，田嘉谷纂：《泽州府志》卷四五《艺文志·文》，雍正十三年（1735）。

② 《元史》卷一五四《郑鼎传》，（清）项龙章修，田六善纂：《阳城县志》卷六《人物志·宦业》，康熙二十六年（1687），国家图书馆藏。

③ （清）赖昌期修，谭瀛、卢廷棻纂：《阳城县志》卷一〇《人物上·宦业》，同治十三年（1874）。

④ 瞿大风：《金元之际山西的汉人世侯》，《蒙古学信息》1999年第2期。也可参看符海潮《元代汉人世侯群体研究》，河北大学出版社2007年版。

继续维修此庙。郑昂霄和王郁之子长曰日来、次宣抚幕官汝楫"继志述事"。但可知这是阳城郑氏为首、士人为成员的一次主动修缮活动，并且在郑甫和王郁之后两代间持续着。在元贞元年（1295），郑甫"复捐俸金，鸠工召役，建戟门三间"，其子郑昂霄"时长万夫，镇武昌"，在大德甲辰，也就是大德八年（1304）二月，"自鄂以楮币五百缗，俾里人张全、成秀、元良、张通等建析城山神、高禖祠于翼室"。虽然郑氏任职外地，但一直对家乡之祠庙修缮尽心尽力。此成汤庙在元朝数次修缮后，有了一定规模。

在阳城县城东南岳庄，亦有汤庙。延祐四年（1317）加以重修。碑文云：

> 濩泽即古舜泽，析城者，禹甸之名山也。泽人不祀舜、禹而祀汤者，盖以汤尝有祷，从古立庙其巅，神池亦在其傍，每代崇奉，极尽尊严，民岁请水以祷旱者不胜数计。析城踞本邑之西南，巍峨磅礴，周数百里。近邑之南，岳庄之北，有岗隆然崛起，俯瞰城郭，襟带山河，极为清旷爽垲之地，原其所自，亦析城之余支远脉，伏面复见也，汤之行宫在焉。水旱疾疫，祷获休应，虽无铭志可考，实未甚远。徐迹廉级，壮若帝居，惟正殿戟门"嘉润公祠"岿然独存，亦各上漏旁穿，弗障风雨，居民拱视而莫能支。①

该碑文交代了泽州不祭祀舜和禹的原因，在于汤曾析城山祷雨，山巅又祠庙，神池亦在庙旁，每年来请水祷旱者不计其数。岳庄在阳城县城东南不足2公里处，有成汤行宫。在延祐四年（1317）春，达鲁花赤古燕木八剌沙公、县尹铜台韩公廷杰仲英、主簿天党王公琮德明、典史覃怀贾公楚彦元卿，"同寅协恭，宰制斯邑，事神恤民，爱敬兼尽，凡奠谒必躬焉。一日，县尹韩公与同僚集里中父老曰：'成汤，古圣帝也，神食此土旧矣，庙就倾摧。安可坐视？欲与诸君完葺之，何如？众咸喜曰：'能若此，宿愿遂也。'于是，鸠工萃材，不日万计。富不称匮，贫不惮劳，居无几何，而漏者塞，穿者墁，土木丹艧之工，焕然一新矣。以其余赀修治嘉润公之

---

① （元）王演：《重修成汤庙记》，（清）赖昌期修，谭澐、卢廷菜纂：《阳城县志》卷一四《艺文》，同治十三年（1874）。卷七《职官·表》将贾楚彦系为县尉，据碑文可知应为典史。

祠，岳庄社人承命而乐以就其役，人皆义之而响应焉。"县尹韩廷杰为"铜台"人，即是铜雀台，代指临漳县；主簿王琼为"天党"即上党人，典史贾楚彦为"覃怀"即河内人，皆为南部太行山区周围。有趣的是，达鲁花赤、县尹、主簿、典史不去城内之东西二成汤庙，却来城外之汤庙，尤其是成汤东庙在至元后期刚刚以郑氏为首修缮过。碑文未交代原因，我们却可以做大胆猜想，必定是与郑氏在当地的影响有关。虽然郑氏任职外地，但是任职官品却远远凌驾于阳平县的地方官，尤其是郑鼎生前任湖北宣抚使，死后追封平章政事、潞国公，郑昂宵官至湖广行省参知政事。成汤东庙的修缮表达了任职外地的阳城人对家乡事务的关注和影响，而这恰恰是阳城官员未必想见到者。成汤东庙就成为一种影响存在的象征，阳城官员为了躲避这种象征的"威胁"，就选择了到县城东南很近的岳庄成汤庙来祭祀。由县尹出面发起修缮成汤庙，是地方政权存在的一种象征，在这里维护了地方政府的权威。具体实施者为"岳庄社人"，这是地方信仰组织存在的证明。

二　在晋城县之传播

随着商汤信仰逐步在析城山站稳脚跟，晋东南其他地域的商汤信仰也相应地形成规模。在北宋时，泽州晋城县大阳镇（今泽州县大阳镇）即有地方士人围绕着商汤庙开展活动。宣和元年（1119），刘泳即对大阳镇之成汤庙进行了维修。

> 大阳成汤殿宇，自乾德五年我祖刘公之所建也，寥寥数百载，风雨浸坏，神罔攸宁。泳等念神仪之无依，恤祀事之靡严，遂命工匠，重加修崇。傛功鸠材，鼎新缔构，易月告成。栾栌耸势，参差排日月之光；薨桷凌虚，炳焕夺云霞之丽。于是神赫威灵，变化龙形以示人，人心严肃，祀事弥勤，既殚基构之制，当尽扬功之美。恐岁月遄迈，罔记其由，因以刻石，昭示无穷。时宣和元年岁次己亥九月十一日。彭城刘泳记。①

---

① （宋）刘泳：《重修汤王殿宇记》，《山右石刻丛编》卷一七，《石刻史料新编》第1辑第20册，第15334页。

乾德五年，为宋太祖 967 年，该年晋城县大阳镇创建了成汤庙，到宣和元年，也不过才一百多年，刘泳却称"寥寥数百载"，可能指的是该成汤庙的存在时间已经很久了。并且他还点名此庙是其祖刘公所建，背后则是宣告刘氏对该庙的贡献。所修建的理由是"神仪之无依，恤祀事之靡严"，可知在宣和元年时，该庙已经破败，连祭祀都已经走过场了。维修后，"人心严肃，祀事弥勤"。重修的倡议者是"维那宋渊、霍立、闫立、元安、孙福、刘泳、刘宇、韩□、韩开"，这些人的身份多数都无法得知，但刘泳的身份却可以知道。在重修完工时，有一颗灵芝生于梁间，成为当地人的祥瑞，于是作诗刻碑，以纪"盛事"。

> 成汤殿宇因重建功毕，忽尔灵芝生于梁间，□□并秀，一叶特出，雪莹冰静，形清骨爽，乃希世之上瑞也。议者以谓营葺之初，众材鸠集，惟阙栋梁，□人宋渊慨然施舍，大惬众心，有感斯应特显，虔诚是致嘉瑞，奇异应诚而生，泳获睹休祥□而□成四韵以纪一时之盛事耳。宣和二年岁次庚子九月十一日彭城刘泳序。①

该碑文结尾注明"进士刘升书　进士刘泳立石"，这就点明了刘泳的身份，即"进士"，是以科举为目标的读书人，并且通过州级以上选拔者，这部分人亦通称"乡贡进士"，是乡间读书人地位较高者。② 这两次立碑之事，纯属民众自发行为，并无官员的参与。可以推测此成汤庙在当地地位较低，尽管有地方士人的积极参与，并不能改变在地方官员眼中的信仰格局。这是由信仰神灵的灵验程度所决定的。因为在晋城的信仰体系中，最主要的神灵是玉皇、二仙等神祇，在祈雨的大背景下，成汤则属于较为次要者。但是并非玉皇、二仙等神祇每求皆灵，故而成汤庙在其夹缝中亦能生存下来。

晋城县境内，成汤庙的信仰中心出现了转移。在晋城北亦有析城山，上面亦有成汤庙，似乎是把阳城县之析城山搬过来了。在至正二十一年

---

① （宋）刘泳：《大阳成汤殿内芝草序并诗》，《山右石刻丛编》卷一八，《石刻史料新编》第 1 辑第 20 册，第 15339 页。

② 参见龚延明《中国古代职官科举研究》，中华书局 2006 年版，第 381—391 页。

（1361），监州上任伊始，则遇大旱，"州治□北游山渐城，山之□汤庙□□公□日□吉免冠，徒步稽颡恳祷。获惠□液护持以归，□奠于五龙之祠。未□祠而云兴，至则而雨霆。越宿，祭告复还本宫"①。作为蒙古族的忽都帖木儿到任，顺应汉族地区民众的祈雨风俗，"谋请同列曰：'自春徂夏，亢阳极备，百谷未播，民将畴依？矧兹兵兴日□□□□亿繁夥，加以岁频于歉，民多阻饥，若乃坐视狼狈，无术拯援，不职之愆，其焉可道？□□□州治东北，有山渐城，山之幽邃，汤宫在焉。且者旱虐请水，每祷辄应。公等以戎事□□□□，宜恪慎乃职，吾独躬请焉！'乃免冠徒跣，自输香楮，从皂隶一二，敬谒宇下，精意恳切，□□□动厥神"②。可知蒙古族在进入元朝后，汉化程度已经很深，并且蒙古族亦有祈祷之事，在这一点上是相通的。向泽州儒学正高昌桂童求碑文者，是司马山云真观住持□□□，而立石者就是道士焦德福、王德□，徒张思恭。司马山即小析城山，而碑文由道士所立，可知云真观与成汤庙关系不一般。

云真观又称云贞观，在至正二十四年（1364）得到重修，写碑文颂扬监州的焦允中又为云贞观写了《重修成汤庙云贞观记》，强调了成汤庙与云贞观的密切关系。碑文云："至正癸卯，本院尊宿、前泽州道门提点孟道伸，年逾耄耋，劳神焦思，相度前殿圣像，两庑诸神，彩绘堙没，丹青剥落。……遂率门孙庞思顺、卫思忠、速思焕、赵思实、曾孙王敬福，命工兴修经营。越岁，俾前宫后阙焕然一新。则析峰掩映，烟霞出没，气象万千，诚一州之壮观，皆道伸等胼胝之力也。况值兵戈扰攘，转烦历剧，能了此段大缘事，亦绸人中罕见之矣！"③ 至正癸卯年为1363年，次年完工。此次维修为本院尊宿、前泽州道门提点孟道伸发起，率门孙庞思顺、卫思忠、速思焕、赵思实、曾孙王敬福实施维修。但是有意思的是，前述向高昌桂童求取碑文，及立石的道士名字，在随后的云贞观的重修活动中不见踪迹。两次活动只相差一年多，原来的道士哪儿去了呢？我有个大胆的猜测，是前泽州道门提点孟道伸排挤了原来的道士的势力，而用门孙和曾孙的势力加以取代，这才有成汤庙和云贞观的重修。但是其中似乎可以

① （元）高昌桂童：《监州忽都帖木儿祷雨获应记》，《晋城金石志》，第466页。
② （元）白惟中：《监州忽都帖木儿祷雨获应记》，国家图书馆藏拓本，录文可参见《晋城金石志》，第467页。
③ （元）焦允中：《重修成汤庙云贞观记》，《山右石刻丛编》卷四〇，《石刻史料新编》第1辑第21册，第15867页。

发现云贞观的道士控制了成汤庙。道士对民间祠庙的渗透，自从金代就已经开始了，在元朝达到一个较大范围的普及。

三　在陵川县之传播

成汤在晋东南传播，必然要挤压其他神灵的信仰空间。所以从阳城向东看，离阳城越远的地区，成汤信仰的强度越低。尽管都属于泽州，但成汤信仰在陵川县的传播并不顺利，除了距离上的因素，这与陵川县的信仰空间主要被崔府君、二仙等地域神祇所瓜分有关。但是我们在宋代的碑刻中，依然能够看到成汤信仰在这里的顽强存在。

> 泽之陵川之东十里，北山之上，有汤之庙。邑人享祀，继于今日。遍询耆耋，索其刻石，□□立之岁月之始。天圣间，重修其殿。景祐中，增修廊庑及五道殿。其山之高，四顾豁然，宜为庙之所立，年祀寝远，庙貌萧寂。时因祀享，彷徨不忍去。今有里人太原郡王承进等，率令其属，聚缗召工，继而复新，始于元丰癸亥，终于甲子。献殿已备，塑绘已周，请执中为记，义不能辞。乃书其成功之日，及告其作庙之意。夫神依人存，人赖其福。至诚感神，无为烦恳。祈报钦慎，以闻来者。时元丰九年七月戊戌朔二十二日戊午。①

这篇碑文明确告诉我们，陵川的商汤庙在宋仁宗天圣（1023—1032）时就已经加以重修，尽管碑刻中关系到始建时间的文字磨灭，但完全可以想象唐后期这个成汤祠庙就已经存在了，并且在当地民众的生活中有重要地位。在元丰年间，这里已经是"年祀寝远，庙貌萧寂。时因祀享，彷徨不忍去"，这是一次以"里人"，即当地居民王承进为主的修建活动，官员也并未参与。有意思的是，碑文作者还有意无意提到王承进为"太原郡"，似乎这个王承进并非当地土著。立碑时间是元丰九年，此时王安石变化正在如火如荼地进行，但在陵川这个偏远的山村里，却进行着一场维护本地

---

① （宋）赵执中：《重修汤王庙记》，（清）程德炯纂修：《陵川县志》卷二五《艺文一》，乾隆四十四年（1779），国家图书馆藏。该碑刻为金朝大定五年（1165）本庄税户申大重立。

成汤信仰的重建活动。该祠庙的信仰范围应该限制在本地狭小的范围。赵执中所作之碑文在金代大定五年重新竖立起来，竖立者是本庄的税户申大重，“税户”是金代缴纳赋税的本地民户，作为身份称呼的例子则很少见。因此也可以说明该成汤庙的信仰范围经历了一百多年，依然限制在本地，或者说是“社庙”也并不为过。

四　在沁水县之传播

沁水县在阳城县北紧邻，应该说是成汤信仰最容易被影响到的地域，但是事实上，这里的信仰空间已经被白龙庙所占据，成汤信仰这里的传播紧靠单打独斗是行不通的，故而民众是将虞舜和成汤一起祭祀，由此在沁水县方能立足。至治二年（1322）沁水县土沃居民创建虞舜和成汤的行宫。

> 今沁水县据鹿台之阳，濩泽之右，泽州之属县，为古之偏邑。去县之西南四十里许，有墅曰土沃，墅之东有山曰析城，西曰历山。丘峦突起，空翠蔚蓝，左右象设，极为形胜。宛若龙蟠虎踞之状。其枝峰蔓壑，映带连接，形势岗脊，彼此相距。绝顶之上，有虞舜、成汤二圣帝故行宫在焉。俯瞰平野，四望豁达，实幽邃之福地也。大朝庚戌年，春旱太甚，其土沃居民刘源、徐玉，相率邻近堡社耆老人等，同心露恳，景慕二圣帝祷雨救旱之德，乃以香币粢盛瓶器，敬诣祠下拜请圣水，果获满涌，甘霖沾足，遂使岁之凶歉，忽变为丰穰。此非能捍大灾、能御大患者乎？由是自中统二年辛酉，其刘源、徐玉偕格碑李贞、羊茹、安德、刘聚，台亭程贵，宿场杨寿，大兴王德等，咸舍己财，鸠工募役，因就墅东古迹，护国显应王之遗址，创构虞舜、成汤二帝之行宫。其正殿三楹，设二帝之圣位，东西二室，左为护国显应王之祠，右为义勇武安王之庙。廊庑厨库，布置严整，兼标拨赡庙地土，岁时致祭，香火不缺。每遇岁旱，祷则应之，是以怀神之德，食息不忘焉。至大德六年甲寅，复有本村徐思、刘清等，继乃先之功，修建舞庭一座，累年以年，不时施工。金碧杂焕，檐甍甍飞，轮焕一新。使乡人望之，耸然知敬，无不交口称赞，中心悦服，盖有

不期然而然者矣。①

依碑文，可知此成汤庙在沁水县西南四十里，有一地名土沃，东有山曰析城山，西曰历山，恰好契合了虞舜"躬耕于历山"，以及成汤祷雨桑林在析城山的附会。故而在山顶有虞舜和成汤的行宫。在蒙古庚戌年（1250）海迷失后三年，因大旱，土沃居民刘源、徐玉，相率邻近堡社耆老人等，"同心露恳，景慕二圣帝祷雨救旱之德，乃以香币粢盛瓶器，敬诣祠下拜请圣水，果获满涌，甘霖沾足"，这是晋东南民众析城山成汤庙求取圣水的习俗，历经明清，不绝如缕。中统二年（1261）的时候，"刘源、徐玉偕格碑李贞、羊茹、安德、刘聚，台亭程贵，宿场杨寿，大兴王德等"，在土沃东部之护国显应王（崔府君）之遗迹，创建虞舜、成汤之行宫。主神为虞舜和成汤，东西陪祭者为崔府君和义勇武安王（关羽）。可见虞舜和成汤"联手"占据了原来崔府君的位置，成功成为土沃为中心的地方性信仰。其中刘源、徐玉为土沃人，李贞、羊茹、安德、刘聚为格碑人，程贵为台亭人，杨寿为宿场人，王德为大兴人。土沃村现在是土沃乡政府驻地，格碑村现在分上格碑村和下格碑村，下格碑村属土沃乡，台亭村亦属土沃乡。大兴和宿场村现无。查光绪《沁水县志》卷三《村镇》中沁水城南：宿常村（即元代的宿场村），离城三十里；大兴村，离城四十五里。大概亦属土沃乡下属村落。我们可以理解为虞舜、成汤二帝庙，属于五个村落共有的信仰场所，自然土沃和格碑两村在该庙中有较多的发言权。

第三节　成汤信仰在潞州之传播

康熙《长子县志》云："商烈祖庙　在县东南六里上坊村，未详创于何时，考续修残碑：初因岁旱，邑人以王桑林之祷为民请命乃设为位，而祷于王，随大雨，人感之，立庙上坊村，制极雄丽。元至正间重修。"② 商

---

① （元）綝励：《圣王行宫之碑》，冯俊杰编著：《山西戏曲碑刻辑考》，第110页。
② （清）徐飏廷修，徐介纂：《长子县志》卷三《官师志·庙祠》，康熙四十四年（1705），国家图书馆藏。

烈祖，即成汤。在康熙时人看来，长子县上坊村的成汤庙的创始时间已经不可知。与康熙版的疏略不同，光绪《长子县志》收录了一篇金海陵王天德三年（1151）上坊村之成汤庙重修碑记，告诉了我们在 12 世纪时晋东南的成汤信仰的基本面貌。

碑文首先对成汤的来龙去脉进行了梳理，并且对成汤最后的葬地亦有自己的看法。"成汤居亳，以七十里而兴，始征诸侯。夏桀为虐，遂伐桀，乃践天子位。汤为天子十三年，年百岁而崩。谥法曰：'除虐去残曰汤'，今俗称呼汤为圣王，而不从其谥。汤冢在济阴亳县，冢四方，方落十步，高七尺，上平。汉哀帝建平元年，遣使按行水灾，因行汤冢，则冢固知所在矣。刘向曰：'殷汤无葬处'，岂非羽化而仙去，则所葬者其衣冠欤？载籍不明，后世莫知其详焉。巫觋云：'汤寿九十七。皇后姓莘氏，古世相传。'"① 成汤居住地在亳，并以七十里的范围而兴起。为天子十七年，年百岁。汤的冢墓在济阴亳县，这是在公开和河东之宝鼎县唱反调，并且引汉哀帝建平元年（前4），曾遣使按行水灾到过汤冢作为证明。但是又引用刘向所云"'殷汤无葬处'，岂非羽化而仙去，则所葬者其衣冠欤？"也就是说亳县之成汤墓可能只是衣冠冢而已，以此来为自己辩解，因为下面的主题就是析城山的成汤庙，作者不能先把自己否定了。作者还引巫觋等神职人员的说法，成汤寿命九十七，皇后莘氏。而事实上，成汤之妻为有莘氏。碑文随后对析城山的成汤遗迹做了描述：

> 析城山汤之遗迹，庙貌见存，有圣像及皇后、太子凡三位。太子即大丁也，未立而卒。《禹贡》析城，城隅四门，取像得名。中有墰泊，号"汤王圣水池"，后有皇后太子池。泽潞间凡遇旱暵，遍走群望。若不获应，必躬造析城，挈瓶请水，信心虔祷，始得美雨。其或愿心供养，必立祠宇，由是圣王庙在在处处有之。

碑文告诉我们，在金代前期，析城山之成汤庙，除了成汤外，还有皇后和太子。太子就是大丁，即司马迁所云之太丁。从中可知，泽州和潞州遇到旱情，则四处求雨，假若不灵验，则必定亲自到析城山，"挈瓶请水，信

---

① （元）张曦：《潞州长子县重修圣王庙记》，（清）豫谦修，杨笃纂：《长子县志》卷七《金石志》，光绪八年（1882）。该部分引文皆出此。碑现存长子县西上坊村成汤庙前。

心虔祷"，然后才能得"美雨"。如果遇到诚心供养，则建立行宫，因此成汤庙"在在处处"皆有。可知在金代前期，请水祈雨的祭祀习俗已经存在，并且成汤庙的传播已经有了很大的规模。习俗的产生和传承不是短期内可以完成的，我们完全可以相信，这种传播在北宋就已经产生了。在碑文作者看来，析城山成汤庙是泽潞二州面临旱灾时最后的救命稻草。

> 潞州长子县上坊村，旧有圣王庙，局促狭隘。岁时祈祷，乡人以为不称事神之意。皇统元年七月十九日，因致祷，好事者同发誓愿，鸠工度材，用宏兹贲。……东西廊屋相对，各十九间。庭中建献殿五间，高广深邃，足以容乐舞之众。……落成于天德三年十月晦日，塑像绘塑，罔不周备；祭祀祈赛，殆无虚日。神降巫觋，指期获应，以是人益敬信。且天灾流行，国家代有。水饥火旱，五行之常数。时雨稍愆，必请庙致告。是以俗传圣王能救旱、降雨。其所注意，异于他神。外县殊境，若远若近，皆归赖于神。其请信马者，鼓乐迎接，香火表诚。苟或微戾，心生疑惑，立见显异，以惊惧之。由是回心革虑，不敢怠慢。

潞州长子县上坊村，原来亦有成汤庙，天德三年（1151）距离北宋灭亡仅仅24年，这个成汤庙的创建时间肯定是在之前的北宋，或者更早。该庙局促狭隘，可见当地的社会财富并未流向成汤庙。"岁时祈祷"，说明该成汤庙并非仅仅是社庙，而是当地祭祀的中心。因此在皇统元年（1141）祭祀之际，"好事者"通力合作，加以扩建，形成规模。前后进行了十年方才完成。"祭祀祈赛，殆无虚日"，并且巫觋通过降神，灵验非常，"人益敬信"，可见巫觋在成汤信仰的本地化上具有相当重要的地位。这是看待民间信仰时不可忽视的。因俗传成汤能救旱、降雨，所以对其关注更多。只要雨水稍迟，民众必定到庙致告，甚至外县也来此祈求。

> 上坊村地势爽垲，距县城六里，后倚青龙岗，前临浊漳水，庙基隆起，真吉壤也。余见官观寺院以及神庙，峻宇雕墙，世人莫不崇奉。若奉道者求登真之果，奉佛者求来生之果，事神者求见在之福。若夫事神王神，急则投告，速于求效。虹霓镇空，旱魃为虐，苗将稿矣，草木焦然。耆老咨嗟，轸菜色之怀忧；壮夫逃遁，知力穑之无

功。虹霓是望，一溉何施？于斯时也，念神力之可依，信甘泽之必致，祝史陈信于前，酒骍奠设而跪，仰观扶寸之云。曾不崇朝，而雨沛澍滂沱，苗稼复苏，转祸为福，变忧为乐。岂不荷神之恩德，灼有明效欤？然则修庙之功，其利不赀矣。

在作者张曦看来，奉道者求成仙，奉佛者求来生，事神者求当下之福，所求各不相同。只有事神者有事则求，求则见效快。而在大旱面前，只有求神才能缓解旱情。正因如此，修庙的功效是无法用金钱来衡量的。

该碑文作者为张曦，行历不详，仅知其署为"紫云居士"。他曾为长子县增修漳源熨斗台神殿写过碑文。朝中大夫、河中府推官、骑都尉、太原县开国男、食邑三百户、赐紫金鱼袋王良翰书，漳源进士王翰篆。王良翰为天眷二年（1139）进士，沁水人，安、寿二州同知。① 王良翰无论从籍贯还是任职地，皆与长子县无瓜葛，不知为何请其书写碑文。可能他的书法比较好，因为下述陵川二仙庙之金代碑文亦为其所书。碑文最后列地方官员名单：武德将军、行长子县尉、骁骑尉张轸，昭信校尉、飞骑尉、行潞州长子县主簿卢马佐、广威将军、行潞州长子县令、上骑都尉、彭城县开国子、食邑五百户刘顺忠。武德将军为正六品下，昭信校尉为正七品下，广威将军为正五品上，皆为武散官。② 长子县之三位主要官员皆为武散官加勋官，"行"即代理，在正隆二年时，长子县之县令、主簿、县尉皆为武散官所代理。可知该地军职多兼任地方行政官。长子县所在潞州是军事要地，唐宋以降长期驻扎重兵。在海陵王天德二年（1150）"置统军司于山西、河南、陕西三路，以元帅府都监、监军为使，分统天下之兵"③。三位武散官则应分属于统军司，碑文作于大金正隆二年（1157），此时山西驻扎之部队尚多。

碑文列出了具体的重修者：上坊村维那李刚、李镇、陈仲，两水村维那和实、郭良，大李村维那王方、杜宝、张宝、徐周、徐海、张千，桃汤维那李祥瑞。庙子李元、妻胡氏，阴阳人霍宗。其中每村的维修出资额度已然不可知，但隐约能感觉到大李村的人数是最多的，上坊村三人加上庙

① （清）爱新觉罗·石麟纂：《山西通志》卷六五《科目》，雍正十二年（1734），文渊阁《四库全书》本。
② 参见王曾瑜《金朝军制》，河北大学出版社1996年版，第126—127页。
③ 《金史》卷四四《兵志》，第1003页。

子、妻胡氏，以及阴阳人霍宗，也有六人。在该庙的维修中所起到的作用最大。上坊村，如今分为西上坊村和东上坊村，成汤庙在西上坊村。两水村和大李村如故，唯有桃汤变成了陶唐村。西上坊村与大李村相接，与两水村隔漳河相望，唯有陶唐村距离较远，有6公里之遥。可以说在金代这座成汤庙的祭祀圈主要是西上坊村、大李村、两水村，以及陶唐村，范围较小，说明影响也不大，尽管找来了从代理知县到代理县尉来充门面。但起码看起来这几个村子就有了日后结社的可能性。

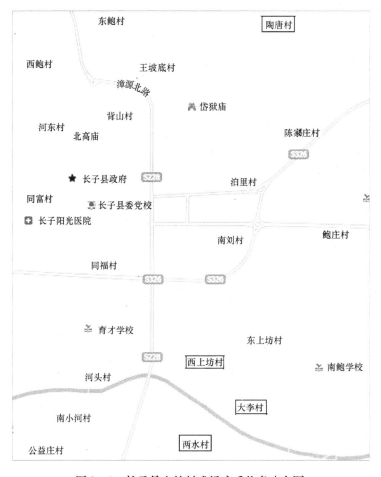

图3-1　长子县上坊村成汤庙重修者分布图

第四节　成汤信仰在怀州之传播

　　成汤信仰在怀州出现时间并不晚于北宋，因为在北宋前期就已经出现了成汤庙。庆历六年（1046）时，怀州武德县清期乡创修汤帝庙。"大宋怀州武德县清期乡张武村朱德诚自许愿心，创修圣王殿三间，四下杪并门窗、地面、基堦、转座，于庆历六年岁次甲戌二月壬子朔二十七日戊寅立木，于二十九日庚辰上梁了毕记。维那朱德诚。□□周显施瓦钱二贯，郭纪施瓦钱二贯，张士元施角石一个，宋□施东山瓦作，张顺施火珠□都料，路政、麻晏，魏氏弟子施盖一□。庙子马昇田，宋明书并刊字。"① 唐武德三年（620），改安昌县为武德县（今河南温县武德镇），宋熙宁六年（1073），废武德县入河内县（今沁阳市）。今天张武村依然存在，地处河南省焦作市博爱县金城乡，位于温县、武陟、博爱三县交界处。这是一次村内的自发创修庙宇的活动，发起者为朱德诚，还有周显、郭纪、张士元、张顺等人亦多少施物以助创修。不管怎么看，该汤庙的信仰范围仅仅局限在村内。四十年后，该庙的影响就已经超越了一个村的范围。元祐二年（1087）时，"大宋怀州河内县清期乡张武村，自许愿心创修圣王主廊三件，四□椽两埽头于元祐二年月日了毕记。维沁杨村王真、王锡、王钦、王太共施余木一根，南张如村王元施柱一条，西张如村张施余木一根，张武村段信施柱一条，耿村庄柴用和施柱一条，施汝桄一条，金城村张　施沓木肆个"。② 可知除了张武村外，还有沁杨村，如今称沁阳村，南张如村和西张如村皆未改变，以上四村皆在沁河北岸，金城村略远，在张武村北部 6 公里左右，耿村庄现已扩大为北耿村和南耿村，在张武村东部 6 公里左右。可见该汤庙的影响范围逐渐扩大，在北宋末期成为以张武村为主，其余各村共享的大庙。

① （宋）《汤帝庙修殿记》，（清）袁通修，方履籛纂：《河内县志》卷二〇《金石志上》，道光五年（1825），国家图书馆藏。
② （宋）《宋修汤帝庙廊房记》，（清）袁通修，方履籛纂：《河内县志》卷二〇《金石志上》。

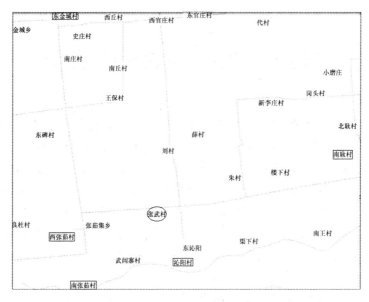

图3-2　北宋怀州河内县张武村成汤庙创修者分布图

　　但是两百年后，张武村的成汤庙作为大庙的地位就发生了变化，即沁阳村的成汤庙取代了张武村的位置。至元十七年（1280），沁阳村的成汤庙重修，碑文云："覃怀属邑曰河内、曰武陟，郡之东西长亭有栅曰沁阳，有祠曰成汤，居民仰赖，时请福以禳灾，岁年祷雨，赐甘澍以苗甦。肇基绵邈，日倾月圮，古殿隳残，像设无光，殊云壮丽之观，遂失圣容之典。宣差二哥杨聚、靳德等率众议曰：'可久贤人之德，可大贤人之业。'众口同盟。兴修庙貌，绘饰仪容，严崇冠带，圣殿巍峨，金碧丹青，周布文彩，革故鼎新，一载功毕。"① 碑文中所云之"沁阳"，即如今的沁阳村，可知北宋的"沁杨"在元代已经变为"沁阳"，意思即为沁水之阳。这次重修是二位宣差倡议的，"宣差"是什么角色呢？金哀宗正大四年（1227）四月，陈规上书："'河北濒河州县，率距一舍为一寨，籍居民为兵。数寨置总领官一人，并以宣差从宜为名。其人大抵皆闲官，义军之长、偏裨之属尤多无赖辈，征逐宴饮取给于下，日以为常。及敌至则伏匿不出，敌去骚扰如初。此辈小人假以重柄，朝廷号令威权无乃太轻乎。臣

---

① （元）张道远：《重修成汤庙记》，（清）袁通修，方履籛纂：《河内县志》卷二一《金石志下》，道光五年（1825）。

谓宜皆罢之，第委宣抚司从宜措画足矣。'制可。"① 可见"宣差"是金代后期黄河以北濒临黄河州县所设置的军事防卫组织头领。从《金史》的记载看金哀宗已经取消了。但从碑文可知，在元世祖时，怀州似乎还存在"宣差"。碑阴记载了这次重修的捐款名单：

　　河内县　沁阳村都维那首　钞贰拾肆贯文
　　宣差大哥　杨题　孙德　□福　李义　张定　靳德　杨聚
　　副维那首沁阳村众人等钞壹拾贯文
　　南张茹村内众人等钞贰拾贯文
　　北张茹村众人等钞贰拾贰贯文
　　张武村众人等钞贰拾贯文
　　武陟县副维那首
　　西曲村杨聚等钞壹拾伍贯文
　　助缘于后
　　留村　薛村　南里村　保村　朱村　东曲村　北王村　娄下村
中曲村

很明显，这是以河内县沁阳村的宣差大哥们为首，其他各村为辅的一次重修活动。沁阳村居主要地位，而张武村反而成为副维那的身份了。这次重修，将该成汤庙的信仰范围大大扩延，不再局限在三个村之内了。其中北张茹村在今天就消失了。而西曲村、东曲村和中曲村就合并成了曲村。② 最远的留村离沁阳村有 14 公里，曲村距离沁阳村有 9 公里，其余诸村皆在 5 公里之内。可以想见其信仰辐射范围。沁阳村的成汤庙取代了张武村的成汤庙的位置，成为地方性的大庙，两百年间发生了什么变化，尽管缺少资料，但其中的缘由耐人寻味。笔者窃以为是和沁阳村驻有"宣差"有关。该村处于沁阳县和武陟县交界处，属于国家政权力量较为薄弱者，因此地方上的国家代表就变成了这些"宣差"。③ 这些"大哥"的存在，就成为沁阳村成汤庙借以自重的资源，而重修大庙就可以将这种地位确定下来。

---

① 《金史》卷一〇九《陈规传》，第 2403 页。
② 查道光《武陟县志》卷八《疆域志》，永一里所属村庄中只有"曲村"，说明西曲、东曲和中曲三村合并成了曲村。
③ 国家在基层地方总有代言人，这些人是国家力量在基层的投射。

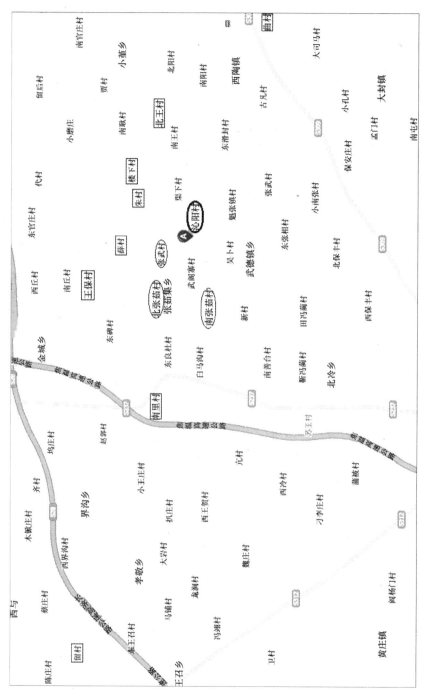

图3-3 元代怀州河内县沁阳村成汤庙重修者分布图

作为上古帝王，成汤与其他帝王一样，遗迹不止一处。前述成汤信仰中心的变化，列举了诸多地点，皆为国家所承认者。在怀州依然还有成汤遗迹，为文献所未记载者。清代方志云：修武县，"殷商冢在县东二里，连衾百亩"。武陟县，"商成汤陵在县东三十五里千秋乡商村"①。尽管文献记载较晚，但商村之成汤庙却由来已久，在北宋时就已经存在了。绍圣四年（1097）曾对大殿加以重修。

> 有覃怀郡沁阳之东鄙，据大河有陵，陵上起于严□祠，甚旧矣，故号曰商王神也。其王之始也，封宋之盛美，遂致隆平。故上则应于天心，下则应于民望，至于昆虫草木，无不被泽。其陵之左有疃，名曰南陵。陵之右有疃，名曰商村。东有孟津之口，名曰宋家渡，西北连沁阳之地，号曰万岁乡。故知王者之迹，因以名之。其神之福也，应□于民心，四时序，五谷丰，风雨节，寒暑时。②

可知该商汤陵在沁阳县之东境，靠近黄河，其左有疃〔tuǎn〕，也就是村庄，名南陵，其右为商村，东为宋家渡，西北连接武陟县的万岁乡与沁阳县接壤。让当地人念念不忘的是发生在庆历八年（1048）的水患。当时"黄、沁大溢，洪波倒岸，摧至陵下，居民忧被怀山之虞，负□□腹之苦，四方□□□□期来集，躬伸虔恳，祷于神者。闻见危岸之际，流火交光，灼然拒敌，其水立□□止复故"。黄河水患是北宋一朝主要的水利问题，位于黄河下游北岸的怀州和卫州皆属危害严重者。③ 在庆历八年黄河、沁河大水时，民众到成汤庙祈祷，有灵应出现，转危为安。这件事成为当地民众记忆最深刻者。因为"自庆历逮今，凡五十余岁，篷笏弗绝，内外安息，远者近者莫不赖焉"。地方的安定，全赖对成汤庙的

---

① （清）唐侍陞、杜琮修，洪亮吉纂：《新修怀庆府志》卷之四《舆地》，乾隆五十四年（1789），国家图书馆藏。编者在武陟县之"商成汤陵"条下有小注："按汤陵在山西蒲州荥河县北四十里，载在国朝祀典。《皇览》云：汤冢在济阴，今亳州是也。《括地志》云：薄城北郭东三里有汤冢，今河南府偃师县。又载汤陵武陟县又有之，未知何据。姑存以俟考。"编者已经注意到了成汤遗迹的多处存在。查《括地志辑校》（中华书局1980年版）武陟县下无此句，可能是失收此条。另，在上述三处之外，山东曹县亦有成汤陵。

② （宋）□友：《重建商王庙大殿之记》，国图藏拓片各地一〇六三。

③ 宋代黄河水患的研究，可参见郭志安《北宋黄河中下游治理若干问题研究》，博士论文，河北大学，2007年。

祭祀。

绍圣四年（1097），居人都维那主王昱、王思等率领众人重修了成汤庙。由捐款名单看，为主者"怀州武陟县万岁乡拓王管拓王村都维那主王昱男王舟、王全、王谨、王顺、王庆"，"南陵村副维那王立男、王思、王密、孙王朋"为副。施舍的具体内容已经不可知，从名单看，在都维那和副维那之后列有69名施主名单，应该属于拓王村与南陵村者，另外还有大宁镇施主8人。拓王村和大宁镇具体地点已经不可知。但依然可以认定此成汤庙与前述张武村成汤庙一样，影响有限，仅仅局限在三四个村的范围之内。另外，此处可知北宋实行之"管"的地方行政区划制度，在怀州曾实行过，但是"乡"之建置，似乎也存在。

在怀州其他地方，也陆续创修了成汤庙，创修原因依然是基于成汤庙克旱灾的认识。河内县北部许良巷村即是，金初天会四年（1126）创修成汤庙。"河内之北有村名曰许良巷，地尽膏腴，人类富庶。筑居于水竹之间，远眺遥岑，增明滴翠，真胜游之所也。"[1] 该庙的创建工作始于北宋末年的宣和七年，税户张卿作"维那头"出面组织在许良巷村创修，意外的是庙基刚修好，金灭北宋的战役就开始了。"天会四年十一月十二日，金军围攻怀州，二十四日城破"，在之后"蝗蟥□生，盗贼蜂起，老幼荡析，率皆惊窜，田野之□，尽成荆棘"。天灾人祸皆起，人口剧减。因此在天会七年，许良巷、上省庄、狄家林、齐家庄、西吴村五村合并为一寨，以上省庄贾进□为提控，然后将该庙剩余部分完成。很明显，在金军进军中原时，曾出现过大范围人口减少的情况，地方村落曾发生合并管理的现象。

时隔一百五十多年，该庙在至元二十二年（1285）再次得到重修。

河内行山之阳，丹水之左，有里曰许良。旧有成汤庙，里人社长扈德，每朔望率里中耆老焚香于祠下。拜毕，举酒而祝曰："成汤之德，民固无能名焉。然观此屋不修且坏，每来瞻仰，恶得无情哉。"众欣然应曰："诺。"于是谨发诚心，愿为纠首，栋楹之挠折者易之，瓦砖之剥缺者补之，奂然一新，以快瞻仰。自至元十九年起工，是岁

---

① （金）王定国：《南怀州河内县北村创修汤王庙记》，（清）袁通修，方履籛纂：《河内县志》卷二一《金石志下》，道光五年（1825）。

秋季厥功告成。其扈老人者，勤俭于家，廉耻于乡。虽于古之贤者不敢有望，其与世俗贪婪卑污沉湎冒色者，亦有异焉。老人有子曰亨，孙曰谨常，皆与斯事。①

据碑文，许良巷村已经改名为许良村。发起重修庙宇者为"里人社长扈德"，可知该地有"社"的民间组织的存在。先秦以降，"社"祭祀社神即土地神，春祈秋报是民间长期的历史传统。在唐代以降，逐渐由具体的神灵取代了社神的位置，民众在这些神灵的祠庙继续举行春祈秋报的祭祀仪式。而宋金时期，"社"逐渐在民间取得更为重要的地位，在民众的日常生活中的作用愈加明显。不再仅仅局限在祭祀组织的内容上，而在救济互助等诸多方面发挥着作用，弥补了国家在地方管理上的不足。在元代，则"社"在基层社会中的作用更为明显。②

捐款人中有一些人物的身份值得关注。"本店前司竹监提举王良辅、副使贾继谊、税使监办张澍、税使司大使刘居义、副使刘映"，在怀州有"司竹监提举"，说明此地竹林众多，是北方主要的竹材生产地。从"竹林七贤"隐居山阳，时隔一千多年后的元朝，该地的生态环境基本上变化不大。

该地还有众多的"碾玉匠"，"张钦、张琼、张安、张恩、李成、吕祺、郭准、樊真、赵德、冯德、李德、司用、杨宽、李德、胡元、李宝、韩顺、王聚、马全、刘全、周元、关先生、马全、齐义、杨彦、陈德、师庆、常进、高天佑、张彦、赵德、张瑞、申宁"，共计33名。在河内县有众多的"碾玉匠"，确实比较独特，我们不能据此说明该地产玉，而可以说他们是元代专门的"匠户"，③ 这些以碾玉为生计的工匠被集中在河内县，他们在当地的信仰活动中也多有参与。

成汤庙里有些什么塑像和建筑呢？捐款名单也透露出来。"塑圣帝张瑞，塑太子韩元，塑圣后李二，塑妃后常成，塑力士余荣，□盆贺福，塑土地巩聚，塑速报司李琼，塑子孙司元立、元真，塑神子四尊李从、

---

① （元）郝允中：《重修成汤庙记》，（清）袁通修，方履籛纂：《河内县志》卷二一《金石志下》，道光五年（1825）。
② 杨讷：《元代农村社制研究》，《历史研究》1965年第4期。
③ "匠户"的研究可看高树林《元朝匠户户计研究》，《河北学刊》1993年第5期；高荣盛：《元代匠户散论》，《南京大学学报》（哲学·人文·社会科学版）1997年第1期。

吴情、董成、巩聚，塑宫监张山，修三门赵彦，修行廊李从，修土地庙任，修路台人李成、李宽、郭钦，创取妃后水常成。"塑像计有：圣帝即成汤、太子、圣后、妃后、力士、土地、速报司、子孙司、神子四尊、宫监。建筑计有：三门、行廊、土地庙、路台、取妃后水。可见成汤庙的功能也从单纯的祈雨增加了很多其他的功能，比如子孙司的祈子。

该成汤庙是由五个村社所集中完成，除了许良村社外，计有："李童东村社长王瑞、社长刘福、社长黄用、李董中、村社长赵珥、社长齐荣祖、李荣、齐保和，陈范东北村社长管、社长郭从、杨立、唐德、常燮，狄家林社长刘恩、赵成，上省庄社长张仁、莱恩、张全、田德成。"五个村为许良村、李童东村、陈范东北村、狄家林、上省庄。与金初之五个村"许良巷、上省庄、狄家林、齐家庄、西吴村"相比，少了齐家庄和西吴村，换成了李童东村和陈范东北村。

在河内东马聚村，元代泰定四年（1327）也曾重修成汤庙。"河内万安南乡东马聚，祠庙在焉。岁久倾□，邑人朱铎惧弗克称，不丐于众，不咨于人，悉捐己货，撤旧而为新，增置东西序像设，尊严陛级（泐）祈禳祷禬诣焉。或曰：祀典有恒，领在宗伯，何预于我？是大不然，盖礼缘人情，典祀秩祭亦为民（泐）德累功至诚不息，享有天禄，故生则尊荣，没则血食。其利泽之被于民者深，是以愈久而不忘（泐）崇德报功，惩恶劝善之义，然则通于民俗者，岂为过哉！（下略）"① 立碑石者为"朱铎同妻郝氏、高氏、长男朱希颜、次男希古、孙男毅"。可见这是一次纯粹由村里个体家庭力量来进行的重修活动，因此我们可说该庙为村庙，信仰范围也局限在一村之内。

元世祖至元十七年（1280），阳城县析城山成汤庙竖立《汤帝行宫碑记》，开列了到此祈雨的山西河南两省 22 个县 89 道汤王行宫，列表见表 3–1：

---

① （元）秦克敬：《元重修汤帝庙残碑》，（清）袁通修，方履籛纂：《河内县志》卷二一《金石志下》，道光五年（1825）。

表 3 - 1　　　　　　《汤帝行宫碑记》所列行宫所在地一览①

路	州	县	分布	数量
太原路		太谷县	东方村	1
		祈县②	圣王泊下村、团白村镇	2
		平尧县③	朱坑村	1
		文水县	李端□镇、□盘	2
平阳路	泽州	州城	城右厢、左厢、南关	3
		阳城县	南右里、东社、西社、南五社、白涧固隆、下交村、石臼冶坊、泽州府底、□捕栅村等、李安众等、四侯村众社等、洮壁管等	11
		晋城县④	马村管周村镇、大阳东社、大阳西社、李村、巴公镇	5
		沁水县	县城、土屋村等、端氏坊郭、贾封村	4
		高平县	农桂坊、南关里、城山村	3
	潞州	垣曲县	墱板村、□□镇	2
		翼城县	楼回、吴棣村、中卫村、上卫村、南张村、北张村	6
	绛州	文喜县⑤	郝庄	1
	沁州	武乡县	□□南门□岳西、五州庆	2
	河中府	渔乡县⑥	故市镇	1

————————

① 碑刻现存析城山成汤庙。所列路、州名字较为混乱，兹用元初行政区划列表。
② 即祁县。
③ 即平遥县。
④ 即今泽州县。
⑤ 即闻喜县。
⑥ 即今永济市虞乡镇。

续表

路	州	县	分布	数量
怀庆路			城市东、北门里、水北关、水南关、南关、东关	6
		武陟县	宋郭镇	1
		河内县	清平村、东郑村、□乡镇、北杨宫、梨川、西□镇、高村□、五王村、万善镇等、长清宫、许良店、清花镇、吴家庄、红桥镇、□阳店、武德镇、尚乡镇、王河村、南水运、马村	20
		修武县	西关、城内村、□河阳、谷逻店	3
	孟州	温县	南门里社、南□社、招贤村、白沟□	4
		济源县	□北（阙）、西南大社、南□村、画村	4
河南府路		巩县	石桥店、洪水镇、□田村	4
		偃师县		1

从碑刻所列表格数据，很容易发现河内县和阳城县是成汤庙较为集中之地，并且是以阳城县为中心向四周递减，呈南北狭长地带传播。为何河内县也会比较多？因为析城山紧邻晋豫边界，与济源县接壤。济源县有济渎庙可以发挥祈雨功能，因此在祈雨方面没有空白可以填充，故济源县尽管与阳城县析城山紧邻，但成汤庙在济源县的数量却十分有限。河内县在济源县东邻，与济源县的地理环境类似，北靠南部太行山区，处于太行山区的南部缓坡地带。北高南低，地势由西北向东南倾斜。这里降水集中在6月、7月、8月三个月，往往造成洪涝灾害，而冬春少雨雪，常常出现干旱。① 因此河内县对成汤庙的祭祀，是基于祈雨功能上，就不难理解了。这块碑所列成汤行宫并不是全貌。比如泽州县河底村北宋就已有成汤庙，也承认自己是下庙，析城山成汤庙是本庙："汤王本庙在阳城西淅城山也，本□所立者，□王之下庙焉。"② 这个成汤庙经历金元明清一直存在，但并未出现在析城山的行宫名单中。③

---

① 河南省沁阳市地方史志编纂委员会编：《沁阳市志》，第60—64页。

② （宋）李彦林：《泽州晋城县建兴乡七掾管重修汤王庙记》，碑刻现存泽州县大东沟镇河底村成汤庙门口东墙中。

③ 笔者在每次田野调查中，都能发现未被著录的成汤碑刻，因此应该还有为数众多的成汤庙未被注意。

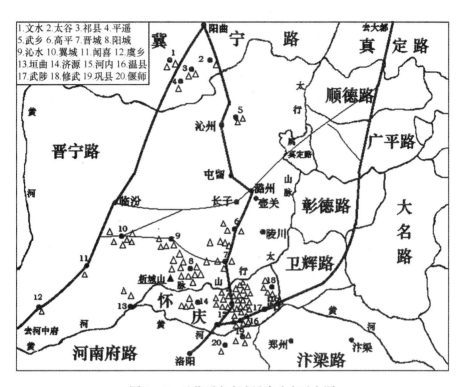

图 3 - 4　元代晋东南成汤庙分布示意图

小　结

作为上古帝王，成汤的遗迹尽管有多处，但其信仰以晋东南为最密集，这与阳城县析城山成功附会成汤"桑林祷雨"密切相关。成汤"翦其发，磿其手，以身为牺牲，用祈福于上帝"。这种"以身为牺牲"的做法，反映出成汤在巫觋政治下具有"国王兼祭司"的双重角色。[1] 在"天人合一"观念影响下，干旱是官员施政不良所致。两汉以降，这种祈雨的职能归属于基层政权，因此官员祈雨就成为相对重要的职能之一，甚至在两汉

---

[1]　段友文、刘彦：《晋东南成汤崇拜的巫觋文化意蕴考论》，《中国文化研究》2008 年秋之卷。

出现了官员"自焚"以塞责的极端情况。① 民众对成汤的祭祀，除了对成汤"桑林祷雨"仰慕之外，也有暗示地方官员祷雨的意味。

成汤庙在南部太行山区的传播，大致在北宋时期就已有一定规模，比如晋南的闻喜、晋东南的晋城、陵川、长子，南麓的怀州河内、武陟、武德等县，在太行山东麓的涉县，笔者也发现了北宋时创建的成汤庙，这自然与涉县在北宋时属潞州管辖有关。由此我们大致可以看到成汤信仰传播的路线。但由于文献材料的缺失，我们只能看到结果，无法还原传播的过程了。

---

① 府县官员祈雨，最叹为观止者是"自焚"。试举两例：A. "临武张熹，字季智，为平舆令。时天大旱，熹躬祷雩，未获嘉应，乃积柴自焚，主簿侯崇、小吏张化从熹焚焉，火既燎，天灵感应，即澍雨。"（郦道元著，陈桥驿校释：《水经注校释》卷二一《汝水》，第381页）B. "谅辅字汉儒，广汉新都人也。仕郡为五官掾。时夏大旱，太守自出祈祷山川，连日而无所降。辅乃自暴庭中，慷慨咒曰：'辅为股肱，不能进谏纳忠，荐贤退恶，和调阴阳，承顺天意，至令天地否隔，万物焦枯，百姓喁喁，无所诉告，咎尽在辅。今郡太守改服责己，为民祈福，精诚恳到，未有感彻。辅今敢自祈请，若至日中不雨，乞以身塞无状。'于是积薪柴聚荻茅以自环，搆火其旁，将自焚焉。未及日中时，而天云晦合，须臾澍雨，一郡沾润，世以此称其志诚。"（《后汉书》卷八一《独行列传·谅辅》，中华书局1965年版，第2694页）所不同者，前者张熹自焚死后下雨，后者尚未自焚即已下雨。

第四章 由仙女到孝女：二仙信仰的兴起与传播

——南部太行山区祠神信仰个案研究之二

自唐代起，晋东南民间信仰多有兴起，并且在宋、金、元有比较明显的传播，奠定了明、清两代基本的信仰格局。其中二仙就是比较重要的信仰之一。该信仰产生于潞州壶关县，然后向临近的陵川、高平、晋城等县传播，并且在元代的时候传播到太行山南麓的怀州和卫州、东麓的邢州，成为南部太行山区比较显著的地域神灵。近几年二仙信仰逐渐受到学术界的重视，[①] 但由于研究领域和研究材料的局限，皆未对其兴起的状况做详细的分析，故略述于后。

第一节 唐末：壶关县二仙的灵迹

有关二仙最早的记载出现在唐末昭宗乾宁元年（894），此时唐政权已

---

① 张薇薇：《晋东南地区二仙文化的历史渊源及庙宇分布》，《文物世界》2008 年第 3 期；段建宏：《民间信仰与地域社会：对晋东南二仙故事的解读》，《前沿》2008 年第 11 期；罗丹妮：《唐宋以来高平寺庙系统与村社组织之变迁——以二仙信仰为例》，《历史人类学学刊》第八卷第一期，2010 年 4 月；李留文：《豫西北与晋东南二仙信仰比较研究——兼论区域文化之间的互动》，《世界宗教研究》2010 年第 5 期；易素梅：《道教与民间宗教的角力与融合：宋元时期晋东南地区二仙信仰之研究》，《学术研究》2011 年第 7 期等。学位论文有王锦萍《虚实之间：11—13 世纪晋南地区的水信仰与地方社会》，硕士学位论文，北京大学，2004 年；易素梅（Sumei Yi），*The Making of Female Deities in North China*，Ph. D.，University of Washington，2009.

经岌岌可危。这一年二仙显灵，要求将其父母迁葬。事情经过见《大唐广平郡乐公之二女灵圣通仙合葬先代父母有五瑞记》，该碑长期没有人注意，除了清代末年的《山右石刻丛编》有收录外，宋、元、明历代金石著作皆无著录。① 笔者所见，仅有罗丹妮与易素梅曾注意此碑。该碑记对认识唐代壶关县的二仙信仰具有重要意义，故移录如下：

> 师巫□秦通□□灵，在樱桃郊东地王家地内，其灵一也。又三月七日，村人等再将酒脯香火于所通去处乞灵验，尝有旋风引此□□□，其灵二也。取石之日，于古任村西山，便见此石下有白蛇，其灵三也。又载石之日，有仙鹿二□于车前过，其灵四也。又卜地之日，闻空中悲声，其灵五也。
>
> 夫闻通天者，日月星辰而着象；观地者，山川海岳以成形。然则四时生焉，百物兴□，□□愚彼，虚历春秋，凡痛潜过岁月，椎论感应，几种澄祥，神祇昭彰，未有不尊。乐女二神之圣德者，实不知□□，□□不委，化现何时，古墟任村，园□□废，踪留洞口，庙立兹川，坠落金钗，犹呈绣履，求恩者宷寮皆至，乞福者俊豪咸臻，岁俭求之即丰，时旱求之即雨。名传九府，声播三京，致谢而有似云屯，列笾豆而如同雾集。昨者春祈之际，巫女通言□父母魂灵，苦要重葬，虽□□语，意甚□疑，既显明师，请□灵验，当行应瑞，异种祯祥，敢不虔诚，修营葬礼，棺椁备制，碑□□立，仪注皆成，奔驰道路，地名山号，已有前衔，选择明堂永记。乐翁讳山宝，母杨氏。起立之松柏，其景也。生蛇屈曲，凤翼回翔，前□□□，后似群羊，一低一昂，状如走虎，具标仙景，史籍常存，缘有六雄，壶关上望，地连三□，灵药、紫团，寺额雄山，仍通麦积，静林、□□，上党荒城，茔接秦开，川呈赤壤。是日也，感得祥云五色，慧日重轮，莺啼谷响，猿叫山昏，灵禽异兽，悲号惨闻。助葬者，□□五县，赠财者，千村万村。英旄秀士，文武官勋，排比威仪，花队辇举，斗帐罗衣，绣衣烟霄，逸路车马，骈填莫□，□数若乃，考寻奥义，不委何

---

① 碑文见清末胡聘之编《山右石刻丛编》卷九，《石刻史料新编》第 1 辑第 20 册，第 15129—15130 页。清人所编《全唐文》，以及今人吴钢主编《全唐文补遗》、陈尚君辑校《全唐文补编》亦失收。碑文的解读曾得到赵世瑜教授的提示，谨致谢忱。

代而兴，史籍无虞，未审何君而灭，既道名讳姓氏，咸衣为像，祥瑞频生，皆从指引□□古人之语，万户钦尊。二女化身之时，寻至罗神之曲，红裙绣履，便是本身。凡圣难明，几经视现，违之者，灾祸交至，□之者，恩福俱兴，迁葬先□，以酬兹愿。村人刘刚、王美，合邑长幼等，村南二里地亦有凭众立封疆一亩二分。属以摄提格之岁，六合之年，天地同降，阴阳并运，累代深远，今始显扬，万人归心，敢不从政，农夫罢业，织妇停梭，云馔千般，各施献礼。经过王仙芝异乱，尚君长聚兵；柴存起在江西，黄巢集于淮北。国章否泰，天下荒残，离落东西，分张南北。此地缘仙官隐迹，神女呈威，虽度危亡，不至伤戮。今以妖□已息，百郡咸宁，韩魏停征，燕赵罢战，尚恐贤良未辨，难保岁寒，海变桑田，改移山岳。粤以乾宁元年甲寅之岁，为余之月，节候朱明，甲午良辰，□生二叶，瑳磨宝器，着思成文，琢石镌题，将为永记。其词曰：

　　猗欤圣女，感德称仙，或游十地，或归九天，创置松柏，广集群贤，故立碑记，徒标岁年。

　　感应诗五十六字（略）

　　乡贡进士张瑜撰

　　都虞侯同十将冯□书①

首先，我们来看二仙的来历形象。碑文称"大唐广平郡乐公"，"郡"一级地方政区在隋唐时有过几次反复。先是隋文帝废郡，改南北朝以来的州郡县三级为州县二级制；隋炀帝改州为郡，成郡县二级制；唐高祖起兵，又改郡为州，恢复州县二级制。唐玄宗天宝元年（742）又改州为郡，乾元元年（758）再次改郡为州，自此作为一级地方政区名称，"郡"就永远退出了历史舞台。洺州"隋武安郡。武德元年，改为洺州，领永年、洺水、平恩、清漳四县。……天宝元年，改为广平郡。乾元元年，复为洺州"②。如果"广平郡"是乐公当时的政区名称，则我们猜测乐公是742—

---

① □中文字为笔者依文意所加。文末"同十将"原录文作"司十将"，依唐末藩镇军将散职径改。

② 《旧唐书》卷三九《地理志二》，中华书局1975年版，第1497—1498页。

758 年间由洺州穿过太行山到潞州壶关县的。因为安史之乱在天宝十五年
（755）爆发，乐公完全有可能是为了躲避战乱西上。还有一种可能，
"郡"虽然不再用作政区正式名称，但是在非正式场合，作为俗称还是会
代称州名。这在唐末墓志志文中经常可以见到。所以此处"广平郡"也有
可能是代称"洺州"而已。不管猜测是否准确，乐公是唐代人，"讳山宝，
母杨氏"，由南部太行山东麓的洺州迁徙到潞州壶关县，其余事迹一概不
知。其二女在唐末还未被称为"二仙"，仅仅是乐女二神而已。在作者张
瑜看来，"乐女二神之圣德者，实不知□□，□□不委，化现何时"，二位
女神何时成仙，实在无法准确说出时间。"古墟任村，园□□废"，仅知道
在一个比较有年头的任村，乐氏的宅园都已经荒废，"踪留洞口，庙立兹
川"，二女显灵在紫团山洞口。庙在河边，此河就是今壶关县树掌镇神郊
村外的神郊河。[①] "求恩者寀寀皆至，乞福者俊豪咸臻，岁俭求之即丰，时
旱求之即雨。"来求恩祈福者有官员也有俊豪，而且其神力与农业生产有
密切关系。"名传九府，声播三京"，"九府"泛指国库，此处应代指长
安，"三京"当为西京京兆府、东京河南府、北京太原府，言其名声广传。
"致谢而有似云屯，列笾豆而如同雾集"，言其祭祀还愿者众多。张瑜的时
代，乐氏二女的香火似乎已经很兴旺了。

其次，此次迁葬活动的动机是什么？推动者是哪类人呢？迁葬的事情
发生在"昨者春祈之际"，媒介是"巫女通言□父母魂灵，苦要重葬"。
"春祈"是北方春秋二社中的春社。在唐代乡村社会民众那里，社日是重
大的乡间节日。[②] 祭社稷与歌舞宴饮仍是社日节的两大标志性习俗。"社为
九土之尊，稷乃五谷之长，春祈秋报，祀典是尊。"[③] 在此种观念之下，祭
社稷一直是唐朝政府主张并鼓励乡村民众去实践的行为。但民间祭社绝不
局限于官方规定的仪式，届时各地总会举行规模不同的迎神赛社活动。王
维的《凉州郊外游望》对此有所描写："野老才三户，边村少四邻。婆娑
依里社，箫鼓赛田神。洒酒浇刍狗，焚香拜木人。女巫纷屡舞，罗袜自生
尘。"可见凉州虽然地处偏远，人烟稀少，赛神活动仍然热闹。至于"刍

---

① 神郊村原本为跨河南北之村，如今已经分为南北二村，称为神南村、神北村。河水如今仅为
　小溪，但河床依然有二十余米宽，可想见曾经水盛之势。
② 宁可：《述"社邑"》，《北京师范学院学报》（社会科学版）1985 年第 1 期。
③ （唐）李隆基：《饬敬祀社稷诏》，转引自王钦若《册府元龟》，中华书局 1960 年版，第 361—
　362 页。

狗""木人""女巫"等字样的出现，就更确定无疑地显示了乡村社会的
祭社活动已大大突破官方的制度规定。① 可见民间社日中巫女不仅仅是配
角，在通神方面就是主要角色。② 在社日这天，人们借着娱神的机会，击
鼓喧闹，纵酒高歌。鼓与酒成为社日公共娱乐的两大要素。华北地区亦是
如此。③ 巫女选择春社这一天，主要原因就在于这一天人群聚集，通神的
影响会更大。很明显，迁葬的目的不仅仅是为了迁葬，而是想把二仙的影
响做大。哪些人在负责操作呢？"村人刘刚、王美，合邑长幼等，村南二
里地亦有凭众立封疆一亩二分。""邑"应为"社邑"，即是民众祭祀组
织，可见这是一个村内的小规模主导的迁葬活动。因此我们可以说"祭祀
圈"仅仅限在该村内，更像一座社庙。"助葬者，□□五县，赠财者，千
村万村。"而其"信仰圈"却远远超越一个县的范围了，是五县之内。④
从地理范围上讲，"五县"似应为壶关、陵川、上党（今长治县）、长子、
高平。"千村万村"明显为夸张之语。"英旄秀士，文武官勋"，似乎有官
员的身影在里面。但是碑文由"乡贡进士"张瑜撰写，"乡贡进士"并非
是官员，只是参加科举考试过程中通过州级选拔者，距离进士还有一段距
离。唐代进士录取率极低，因此绝大多数"乡贡进士"只好沉浮于基层社
会，以"乡贡进士"作为头衔来使用。⑤ "都虞候同十将"是武将职位，
"都虞候"是唐后期藩镇将领的亲信武官，唐末逐渐变成武将的阶官。
"十将"是军队低级指挥员，位置在军头下，将虞候上。"同十将"则为

---

① 张勃：《春秋二社：唐代乡村社会的盛大节日——兼论社日与唐代私社的发展》，《华中师范大
　学学报》（人文社会科学版）2011 年第 5 期。
② 巫的社会角色可参看林富士《汉代的巫者》，第 49—85 页。汉代以后巫的角色虽然逐渐降低，
　但是时至今日依然在民众生活中有重要影响。
③ 《北史》卷三三《李孝伯传附李士谦传》："李氏宗党豪盛，每春秋二社，必高会极宴，无不
　沈醉喧乱。"（中华书局 1974 年版，第 1233 页）《隋书》卷七七《隐逸传·李士谦》同。李
　士谦为赵郡李氏，北朝时其宗族聚居地在今河北中南部。
④ "祭祀圈"是一种地方性的民间宗教组织，居民因居住关系有义务参与地方性的共同祭祀，其
　祭祀对涵盖天地神鬼等多种神灵，但有一个主要神；祭祀圈有一定的范围，依其范围大小，
　有部落性、村落性、超村落性与全镇性等不同层次，它与汉人的村庄组织与村庄联盟有密
　不可分的关系。"信仰圈"是以某一神明或（和）其分身之信仰为中心。其信徒所形成的志愿性
　宗教组织，信徒的分布有一定的范围，通常必须超越地方社区的范围，才有信仰圈可言。参
　见林美容《妈祖信仰与汉人社会》，黑龙江人民出版社 2003 年版，第 3—13 页。
⑤ 吴宗国：《唐代科举制度研究》，辽宁大学出版社 1992 年版。［日］爱宕元：《唐代の乡贡进
　士と乡贡明经—「唐代后半期における社会变质の一考察」补遗一》，《东方学报》第 45
　册，1973 年。

散将，不统兵马，已名誉化或阶官化了。① 与普通碑记皆有地方长官如县令、主簿或者县尉出面不同，此次出面的只是武将。我们猜测，或许此时壶关县由于军队驻扎，实行军政合一，根本就没有县令那套行政班子的存在，否则这次看起来貌似规模挺大的迁葬活动，怎么能少得了他们呢？或者也可以认为，二仙的地位实在是低微，根本不值得县令等出面。最后是在巫女、村人、基层武将三种角色的合力下，完成了此次迁葬活动。作为管理庙宇者，巫女通过扩大二仙的影响，自然可以获得更多的信众，村人也可以从庙宇的香火中获得利益。那武将获得了什么呢？如果说这次迁葬活动使得当地民众获得了心理上的安慰，从而使当地得到了稳定，也不失为一种理由。

　　这次迁葬的时间是唐末乾宁元年（894），此时唐朝已经经历了黄巢起义等重大历史事件，政权岌岌可危。碑文也反映了这一个历史时间点。"经过王仙芝异乱，尚君长聚兵；柴存起在江西，黄巢集于淮北。国章否泰，天下荒残，离落东西，分张南北。此地缘仙官隐迹，神女呈威，虽度危亡，不至伤戮。"王仙芝活动时间在874—879年，所活动的范围大致在黄河与长江之间，最北到达中牟（今河南鹤壁西）。虽然没有越过太行山，但可想而知，对太行山北路的泽州、潞州必定产生很大震动。尚君长也在河南地区聚集，和王仙芝互为声援。柴存为黄巢部将，史书未言其在江西，只云其先跟随王仙芝起兵，而后跟随黄巢，② 或许其籍贯江西，也未可知。在"国章否泰，天下荒残，离落东西，分张南北"的情况下，这里却因为有"仙官隐迹，神女呈威，虽度危亡，不至伤戮"，也就是说这次迁葬活动，其实也是在这个酬神的背景下展开的。撰碑人张瑜在力图将此时乐氏二女在地方化身显灵的事迹，纳入刚刚平息了战乱，顺利度

---

① 张国刚：《唐代藩镇研究》（增订版），中国人民大学出版社2010年版，第98页。此点承冯金忠博士提示，谨致谢忱。本书初稿完成于2012年6月，该部分曾发表于《社会科学战线》2014年第11期，后为人大复印资料《魏晋南北朝隋唐史》2015年第2期全文转载。发表时依《山右石刻丛编》录文作"司十将"，后来感到清人可能不懂唐后期军将官衔，应为"同十将"。

② 《新唐书》卷二二五下《逆臣传下·黄巢》："仙芝妄号大将军，檄诸道……其票帅尚君长、柴存、毕师铎、曹师雄、柳彦璋、刘汉宏、李重霸等十余辈，所在肆掠。"（第6451页）《资治通鉴》卷二五四《唐纪七十》"广明元年"条十一月"黄巢前锋将柴存入长安，金吾大将军张直方帅文武数十人迎巢于霸上"。可知其后来归附黄巢。

过危亡的王朝叙事背景之下，突出地方神明与王朝"正统性"之间的契合。①

虽然碑文所示貌似二仙在唐末已经有一定的传播范围，但在事实上，由迁葬的积极参与者主要是任村村民可知，二仙仅仅是村里春祈秋报的社庙而已，所覆盖的人群地域有限。这在唐代山西其他地域的信仰中也可见到。②

第二节　后周：陵川县对二仙来历的演绎

五代后周显德三年（956）陵川县龙川、普安、鸡鸣等三乡共同为二仙树碑。该事记载在《大周潞州大都督府泽州陵川县龙川普安鸡鸣等三乡共造二圣神碑并序》中，原碑已失，拓片保存在国家图书馆。有意思的是，在为拓片定时的过程中，由于工作人员失误，将时间定为北周，故而该拓片长期未被研究唐宋以降的学者注意。③ 前述唐末碑刻并未提到"二仙"之名，只是说"乐氏二女"，而后周碑刻则云"二圣"。此碑则为现存最早直接描述二仙之碑刻，对认识二仙有重要价值。

> 乐氏二圣，玉皇孕质，帝释呈姿，生自梵阁天中，长于率□国内。朝游西土，为王母讲论□虚，著履东州；共五岳□谈荣辱。举足而龙天八部，引雨昭□动念（下泐）云兴电起桂霓裳□之眼，灿烂霞舒，戴芙蓉百宝之符，祥光赫奕，是日权离紫府，暂□□吕表，乃岁之呈祥，赴千年之应瑞无限，庆云俱集，异草齐芳，多□喜气来臻灵花遍出，垂荫德声，□唐祚□王道□起尧风高□。安和并重，

---

① 罗丹妮：《唐宋以来高平地区寺庙系统与村社组织之变迁》，《历史人类学学刊》第 8 卷第 1 期，第 114 页。
② 如平定州的妒女祠即是如此。
③ 易素梅因为没有见到这张拓片及开宝碑，将大中祥符五年（1012）张仪凤撰《再修壶关县二圣本庙记》认为是"所见最早的将二仙刻画为道教神仙的史料"。见氏著《道教与民间宗教的角力与融合：宋元时期晋东南地区二仙信仰之研究》，《学术研究》2011 年第 7 期。

新于舜日，圣贤□治，降阴骘以相扶，隐俗凡间，托化高都之地，寄图浮十载，以太上之□年，显圣留踪，得道升于上。当是时，彩云降下，白日升宵，无□元之驾龙车而捧拥。麻姑婺女随幡旆而迎空，洛浦仙娥从幡花而云外；前双凤舞振玉铎而和鸣，后对鸾歌□釜钟□响。灵迹因而不泯，宛似平生；灵踪自此而存，俨然常在。□□仙洞，真似昔日，桃源涧下，澄泉不□。武陵□畔，千年桂树，万岁贞松，异兽灵禽，时来时往，自后名传，远近凑之。帝□□□图形，施雨露而遍沾法界。刹那变于祸福，□□化作吉凶，□村民首颡神仙之德。

　　玉皇是道教最高神祇，唐五代时期已经逐渐人格化。"帝释"即"帝释天"（梵文 Sakra-devanam-Indra），原本是佛教的护法神，但佛教传入中国后，民间常将帝释天和道教玉皇同等看待。"梵阁"即寺院的楼阁。这里交代了二仙是与玉皇和帝释天同等地位者，并且与西王母和五岳关系密切，可视为神女之流。那乐氏二女，是神女还是仙女呢？"隐俗凡间，托化高都之地，寄图浮十载，以太上之□年，显圣留踪，得道升于上。""高都"，窃以为可能是地名。"高都县"秦始皇二十六年（前221）置，属上党郡。十六国北魏先后为西燕建兴郡、北魏高都郡、建兴郡郡治，后仍为高都郡郡治，同时为建州治所。北周宣政二年（579），撤建州并高都郡县，即今天泽州县高都镇。"寄图浮十载"，"图浮"即为"浮图"，指其暂住在寺院十年。而后"显圣"，白日飞升。"麻姑""仙娥"等皆为神仙者流，以此来表现二仙的神仙身份。但是由二仙暂住在浮图十载隐约能够感觉到北朝以来山西佛教势力的强大，[①] 不仅五台山，晋东南也是如此。比如在陵川县的青莲寺发现有北齐时期的题记，唐代泽、潞二州的高僧之墓碑也现存不少。尤其是相邻的林州和武安也多有高僧墓志及寺院建立的碑刻存世，民众的造像题记也比较常见。[②] 南部太行山区俨然是被佛教所笼罩的区域，民众的信仰空间被佛教所占据，因此民间信仰表现出比较低落的状态，在文献记载上也没有什么痕迹。而二仙就是在这样的背景下产

---

① 参见严耕望《魏晋南北朝佛教地理稿》，上海古籍出版社 2007 年版，第 246—258 页。唐长孺《北朝的弥勒信仰及其衰落》，《魏晋南北朝史论拾遗》，中华书局 1983 年版，第 196—207 页。
② 参见李映辉《唐代佛教地理研究》，湖南大学出版社 2004 年版，第 85—123 页。

生出来，这是汉魏六朝以降民众对神仙崇敬心理之表现。[1] 乐氏二女成仙后，因何而立庙？碑文亦做了交代。

> 爰有彭城患士，沂州本贯，骤入高都，虽不务□□□□舜（？）阳，而久亏甘雨，于当春尽□首众立□，□牛□□于阴阳石□，有违于天道，至得千家失业，万户愁生，逐弃父母，残害（下泐）仙□□雨下，□□□□酢魂识如痴，托景缘生，许愿立碑。于本宅遂化牌于□□□化于城隍召名，选择良林，喻为山而初兴一篑。三乡道首靳审等心怀岳渎，量此江□□志并于□敬明神而意同金。

“彭城”一般认为是徐州的代称，沂州，治所在今临沂市。“患”为祸患、祸害之意，“患士”则指带来祸害之人。该人来自彭城，籍贯在沂州，下面虽然有阙文，但依然可以看出文意是说：有一个从东部沿海地区过来的人，骤然闯入高都，致使当地“久亏甘雨”，然后“千家失业，万户愁生”，社会动荡不安，二仙显灵雨下，使危机解除。而后降神，民众“许愿立碑”，可见巫在其中依然扮演着重要角色。碑文作者将此次立碑也放在“国家”背景下：

> □□寅岁，长平陷虏，积尸遍地，□山不异，牧野交□□□□而血流潭□，生擒十万，活捉五千，□气飞而□宿，混沌□声轨而山崩地裂□今鬼哭□酸，当县□□烽烟，户人略无惊恐，□得安□，乐业苏舒，全赖于□二圣慈凤夜□□一心虔祷，幸遇我皇其道□衣而□，方帝叶中兴，悬德音而来朝，万国西戎招权六部，南蛮降服七州，陛下亲统全师，人马踊而冲山倒海，兆庶咸歌于七圣，八方赞咏于女皇。野老（下泐）王□□政□□□物骈阗，喜逢君圣臣明，启愿而报于□□眷德，壬寅等□修新庙，严装粉壁，雕□后殿……
>
> 丙辰之岁，显德三年，无射□□下□摽备□休，愿上安宗社，长乐□系金枝，下保乾黎，□人兴□永固，明代永清于八□，狼烟恒静于三边。

---

① 参见拙作《试论汉魏六朝民众建立祠庙的心理动机》，《社会科学战线》2011 年第 3 期。

"□寅岁"为显德元年（954）甲寅年，"长平陷虏，积尸遍地"云云则指该年一月周世宗即位之后，二月北汉南侵之事。该年初"北汉主闻太祖晏驾，甚喜，谋大举入寇，遣使请兵于契丹。二月，契丹遣其武定节度使、政事令杨衮将万余骑如晋阳。北汉主自将兵三万，以义成节度使白从晖为行军都部署，武宁节度使张元徽为前锋都指挥使，与契丹自团柏南趣潞州"。周世宗亲征赴泽州，"北汉主以中军陈于巴公原"，与周军大战而败，"追至高平，僵尸满山谷，委弃御物及辎重、器械、杂畜不可胜纪"①。高平之战后周军队给北汉军以大挫，碑文云"生擒十万，活捉五千"即指此事。陵川县虽然为高平县之东邻，但高平县为泽州通往潞州之必经之路，陵川县则属于交通相对不便之地，受此次高平之战的波及较小。因此碑文说"当县□□烽烟，户人略无惊恐，□得安□，乐业苏舒"，即指此。此次没有波及陵川，应该是纯属巧合，但是民众却归功于二仙，"全赖于□二圣慈夙夜□□一心虔祷"。此外，民众也不忘对皇帝加以感恩。碑文之后说"因依建造灵宫，后乃有求皆应"，二仙在五代后期时，就已经成为陵川县三乡民众祈福的神灵了。

第三节　北宋：壶关对二仙的阐释及本庙的赐额与获封

一　北宋初年：壶关本庙对二仙的阐释

在如今壶关县树掌镇神南村二仙庙门前，竖立着一块北宋开宝八年（975）重修二仙庙的碑铭。② 该碑铭在古今任何金石著录里都遍寻不到踪迹，亦是一块被人遗忘的碑铭。该碑铭距离上述陵川县所竖碑铭仅20余年。该碑铭不再称二仙为"乐氏二女"，亦称"二圣"。《重建二圣碑铭》开头说：

---

① 《资治通鉴》卷二九一《后周纪二》"太祖显德元年"条，第9501—9502页。
② 据村民告知，该碑是从真泽宫搬过来的，但什么时间搬过来就不知道了。

盖夫道者，微如圆通（下缺）自然之子，虚无之孙，本非有名，强而立字，一气之祖，二仪之宗。至体则无像无名，妙用则有声有色。祖之（下缺）不内不外，不□不留，兴于空洞之前，起于幽原之始，胞胎元气，混合精神，陶冶两仪，刻珊万象，从无入（下缺）挺埴，古今虽□来以□□直□首而曷计，龙汉之后，赤明代成，混沌凿而太素根，清浊□而（下缺）五村更用，四亭相□，金与木而不刑，水与火而无害，三清在上，四梵居中，三十二以□安，八十一而傍制。

碑文一开始就说什么是"道"。"自然之子"是从《道德经》第二十五章："人法地，地法天，天法道，道法自然"一句引申而来。道家用"虚无"以指"道"的本体。《庄子·刻意》："夫恬惔寂寞，虚无无为，此天地之平而道德之质也。"谓道体虚无，故能包容万物；性合于道，故有而若无，实而若虚。"一气之祖，二仪之宗"指"道"为"气""二仪"所宗，类似的表述在崇奉玉皇等道教神祇的北宋真宗时亦可见。① 如在对圣祖母的册文中可见："天禧元年岁次丁巳三月庚子朔六日乙巳，嗣皇帝臣德昌再拜稽首，上言曰：'恭以大道无形，为一气之祖；至神毓粹，居二仪之先……'"② 该段从解释什么是"道"出发加以阐述。跟唐末以来道教的传播有一定关系。"龙汉""赤明"皆为元始天尊年号，"三清"为道教玉清元始天尊、上清灵宝天尊、太清道德天尊，"四梵"则佛教语，谓色界四禅诸天之王。这里是从道教与佛教两方面来阐述二仙。至于二仙是什么形象，碑文云：

　　额圆骨偃，发玄齿清，头生五气之光，手握十螺之润，兹盖宿命，（上缺）以莫纪，圣迹难穷，山腹之玉洞犹开，树岐之金刀尚在。麻姑作伴，玉女为邻，共鼓云钩之琴，仍歌凝魂之曲，周游（上缺）

---

① "圣祖降临"是在大中祥符五年十月，所谓"圣祖"就是道教尊神"九天司命天尊"，因为宋真宗做梦降临内廷，传玉皇之命，真宗下诏定赵氏圣祖名讳为"玄朗"，上圣祖尊号曰"圣祖上灵高道九天司命保生天尊上帝"，圣母之号曰"元天大圣后"。这样，赵宋统治者通过降神闹剧，终于为自己牵强附会地制造了一位道教祖宗——"圣祖赵玄朗"。参看汪圣铎《宋代政教关系研究》，人民出版社2010年版，第36—78页；松本浩一：《宋代の道教と民间信仰》，汲古书院2006年版，第274—275页。

② （宋）李攸：《宋朝事实》卷七《道释》，文渊阁《四库全书》本。

献宝冠霞帔，丹锦朱液，龙章虎符，以蓁蓁鸾引凤随而赫赫，前后麾节左右旗幡，乘云车而拜（上缺）日月幽替，乾坤□行，不测之功共布，无□之德居斯乐土，匪羡郑渠，人无灼烂之危，物有祺祥之庆。时或稍旱，不至郁烦，香才□□道（下缺）远近轰阗，不惟庇于一同，抑亦廕于数郡。

"额圆骨偃，发玄齿清，头生五气之光，手握十螺之润"这是对二仙形象的描述，其实并不具体，因为凡是仙人基本上皆为如此形象。"麻姑作伴，玉女为邻"，所云依然是表明其仙人的身份，似乎二仙信仰已经扩散到周围数郡了。总的来看，在北宋初年的时候，壶关县所表述的二仙依然是来历不明的仙人。

在宋真宗大中祥符五年（1012），壶关县再次重修二仙庙，此时依然称为"二圣"。重修事迹见张仪凤撰《再修壶关县二圣本庙记》：[1]

> 详夫舜妃洒泪，竹痕得自于湘川；齐女遗踪，蝉蜕颇闻于海岱。弄杼遇乘槎之客，浣纱□避难之流。秦楼忽化于飞烟，水府遽成于乌鸟。少姨、启母，灵祠胪蟺于嵩峰；毛女、麻姑，往事昭彰于太华。其有不刊祀典，大洽民心，神鬼难明，阴阳争奥，垂名千载，何代无人！况案据之有凭，见形声之可验者，即二圣之神欤。

"舜妃洒泪"借用的是湘妃典故，"齐女"即是黑蝉（知了）的代称，原本指齐国的王后。[2] "弄杼"即指织女。[3] "浣纱"则指为保护伍子胥跳江

---

① （宋）张仪凤：《再修壶关县二圣本庙记》，冯俊才编著：《山西戏曲碑刻辑考》卷一，第1—3页。碑刻现存壶关县神北村真泽宫，依碑刻对录文做了校勘。

② （晋）崔豹：《古今注》卷下《问答释义第八》："牛亨问曰：'蝉名齐女者何？'答曰：'齐王后忿而死，尸变为蝉，登庭树嘒唳而鸣。王悔恨。故世名蝉曰'齐女'也。'"（文渊阁《四库全书》本）因该传说发生在齐国，故碑文云"蝉蜕颇闻于海岱"。

③ （晋）张华：《博物志》卷一〇《杂说下》："旧说云天河与海通。近世有人居海滨者，年年八月有浮槎，去来不失期。人有奇志，立飞阁于槎上，多赍粮，乘槎而去十余日，中犹观星月日辰，自后芒芒忽忽亦不觉昼夜。去十余日，奄至一处，有城郭状，屋舍甚严。遥望宫中多织妇，见一丈夫牵牛渚次，饮之。牵牛人乃惊问曰：'何由至此？'此人具说来意，并问此是何处。答曰：'君还至蜀郡访严君平则知之。'竟不上岸，因还如期。后至蜀问君平，曰：'某年月日，有客星犯牵牛宿。'计年月，正是此人到天河时也。"（文渊阁《四库全书》本）

自杀的浣纱女。① "秦楼" 代指秦穆公的女儿弄玉之事。少姨②、启母，在少室山皆有庙宇。毛女相传为秦始皇时人，入山成仙。③ 麻姑则为众人皆知的女仙。张仪凤用了这些女仙来阐述二仙的神仙身份。

> 斯神者，本兹地乐氏之二女也。因同采药于深山，得共游于洞府，金丹玉液，服时而渐觉身轻；绛节蜕旌，行处而方知□□。或啸俦命侣，或驾欻乘飚。丁令威千载归来，人物非是而城郭是；王子乔双凫暂去，桑田变而陵谷迁。依人而无党无偏，飧□而为云为雨。名姓虽标于仙籍，林泉犹恋于丘园。既托梦于至人，亦假言于巫者。金声玉振，非不见以不闻；精气游魂，但惟恍而惟惚。邑人乃感兹灵应，创彼严祠。祫祀蒸尝，谅无远者近者，牺牲粢□，何妨以炮以燔。……祈若□□，应如响答。属以炎凉代序，宁观俎豆之容；霜露沾衣，非复弦歌之地。丹青岁古，风雨年侵。栋宇方颓，尚荐芬芳之味；鼓钟斯设，空多洿溇之音。何否极以泰来，忽鼎新而革故。

与壶关县前述碑文相比，这块碑文中的二仙成仙的原因是 "采药于深山"，得游于洞府，服用金丹玉液而 "渐觉身轻"。这种成仙方式是六朝隋唐世人对服食成仙之向往，以此永绝人世生老病死之困挫的想象建构。这正是民众追求而无能到达之处，也正因如此，才有仙乡幻想永不破灭。④ 故而这种成仙方式在宋代以前的笔记小说如《太平广记》中可以经常见到。"丁令威" 是东汉辽东人，王子乔是东汉叶县县令，皆为仙人。"名姓虽标于仙籍，林泉犹恋于丘园"，言二仙虽然成仙，但却对家园恋恋不舍。"既托梦于至人，亦假言于巫者"，"至人" 在这里应指本地有名望的人，可见二仙作为神灵得到崇拜，离不开 "托梦" 与假借 "巫" 的途径。"邑

---

① 《太平御览》卷四四〇《人事部八十一·贞女中》引《吴越春秋》。
② （唐）杨炯：《少室山少姨庙碑铭并序》："谨按少姨庙者，则《汉书·地理志》：'嵩高少室之庙也。其神为妇人像者，则古老相传，云启母涂山之妹也。'"《杨炯集》卷五，中华书局1980年版，第65页。
③ 《太平广记》卷五九《女仙四·毛女》："毛女，字玉姜，在华阴山中。山客猎师，世世见之。形体生毛，自言秦始皇宫人也。秦亡，流亡入山，道士教食松叶，遂不饥寒，身轻如此。至西汉时，已百七十余年矣。"
④ 王孝廉：《试论中国仙乡传说的一些问题》，收入氏著《神话与小说》，台北时报文化出版企业有限公司1986年版，第58—90页。

人乃感兹灵应，创彼严祠。"因此考究立祠崇拜的模式，大抵先有灵异事件，被人感知以后，建祠，然后形成崇拜信仰。

> 矧以前知府太傅忠贞许国，神武济时，实王者之腹心，乃邦家之柱石。约民礼，御众以宽，行贤太守之清风，绾上将军之重柄，伟哉□美□以得双全者也。复有知府、四方馆使、恩州刺史、知潞州军州事、提举泽潞晋绛慈隰威胜军等七州军事，兼提举巡检□□□□劝农使杨怀忠，展□宰君，栖鸾侍御，知三年字民有术，闻二圣应变无方，各减俸钱，共为葳事。神道设教，其在兹□。

"知府、四方馆使、恩州刺史、知潞州军州事、提举泽潞晋绛慈隰威胜军等七州军事，兼提举巡检□□□□劝农使杨怀忠"，非常巧合的是，他的墓志铭最近在河南巩县被发现。① 与墓志铭相对照，"知潞州军州事、提举泽潞晋绛慈隰威胜军等七州军事，兼提举巡检□□□□劝农使"皆未出现，其担任四方馆使在大中祥符四年（1011），恩州刺史则在更前。咸平三年（1000）杨怀忠参加平叛王均兵变之事，初授银青光禄大夫、检校右散骑常侍、兼御史大夫、上骑都尉、充供备库副使。"供备库副使"为从七品的阶官，故志云杨怀忠"意似不足，因诉上言"，复授崇仪使、检校右散骑常侍、使持节、恩州诸军事、行恩州刺史、兼御史大夫。刺史就是从五品的阶官了。② 但墓志铭未云其担任"知潞州军州事"。上述李崇矩和杨怀忠二人"闻二圣应变无方，各减俸钱，共为葳事"，作为地方长官，他们用自己的一部分俸禄来作为二圣庙的资金。

与开宝重修二仙庙相比，大中祥符的重修则是河东路地方各级长官的一次集体行动。我们不列官、职，只列差遣，计有知军州兼管内劝农事、提举泽潞晋绛慈隰威胜军等七州军驻泊兵马公事杜□□，通判军州事兼管内劝农事王车，节度□□□□金□，转运副使、□西路招置营田劝农使黄

---

① 墓志铭录文见王连龙《新见北宋〈杨怀忠墓志〉考》，《史学集刊》2010 年第 6 期。

② 王连龙认为"供备库副使，为诸司副使阶之一，秩从七品，其余所赐均属勋官及文武散官，并无实际权力。""所谓'使持节恩州诸军事'，即指恩州节度使而言。宋沿唐制，在政和二年（1112）前，凡除节度使必冠此衔。节度使，秩正三品，北宋哲宗前不轻易除授，怀忠获此重职，可谓'以旌实功'。"似误。其实杨怀忠前后皆无具体差遣，只是后者提高了阶官品级而已。

昭益，提点河东路刑狱公事、□□观察推官张□□，节度推官高□□，起复转运使兼东路□置营田劝农使陈若拙，提点河东路刑狱公事□□，驻泊兵马都监、提举泽潞等七州军事□□□□东□□□□□兼巡检（下阙）。可见，潞州知州、通判，河东路的转运副使、提点刑狱推官、转运使、提点刑狱等都列出了自己的名字。加上县令篆额，主簿书写。所重视程度自上而下，已经远远超乎我们的想象。转运使与提点刑狱治所都远在太原，与潞州距离遥远，山路行走相当不便。那么河东路为何对远在潞州的二仙庙兴趣如此之大？

　　该碑文首列一位官员的职衔"推忠保节同德翊戴功臣、武胜军节度、邓州管内观察处置三使、特进、太傅、使持节、邓州诸军事、行邓州刺史、兼御史大夫□□、濮阳郡开国公、食邑六千九百户、食实封四千一百户、知潞州军州、兼管内劝农使、驸马都尉（阙文）"，[①] 担任"武胜军节度使"并且"知潞州"者宋真宗时只有一位。笔者认为此人即为吴元扆[yǐ]，虽然史书只言其"武胜军节度使"，但事实上"武胜军节度、邓州管内观察处置三使、使持节、邓州诸军事、行邓州刺史"是连在一起同时授予，[②] 而且他曾被授予"检校太傅"。北宋景德四年（1007）二月，"武胜节度使、驸马都尉吴元扆自陈愿出领征镇，上曰：'元扆继守藩郡，御众抚俗，颇著声绩，今已分并、代禁军屯泽、潞，可因以任之。'乃诏元扆知潞州。初，并、代、泽、潞分辖禁军，后并于太原。上以地广兵众，苟失机会，或致生事，又简士阅马，禀命尤远。故析泽、潞、晋、绛、慈、隰、威胜七州军戎籍，不复隶并、代，委元扆专总焉"[③]。吴元扆为宋太宗蔡国公主驸马，他被派遣知潞州，即碑刻中所云"前知府太傅"。当时的背景是，河东境内的禁军驻并州和代州，但因为河东地广兵众，万一生事，则无法及时平定。于是将泽、潞、晋、绛、慈、隰、威胜军七州军的军队都由知潞州吴元扆掌管。由此在河东路境内，潞州成为一个新的军事中心。但是吴元扆在大中祥符二年（1009）已经改知徐州，潞州为何在

---

① 冯俊杰先生的录文没有断句，把"特进"误识为"特选"，框内文字为笔者据北宋官制所加。

② 北宋时"武胜军节度使"因联授邓州刺史，亦被称为"邓州节度使"。如邵伯温《邵氏闻见录》卷六："伯温崇宁中居洛，因过仁王僧舍，得叶子册故书一编，有赵普中书令雍熙三年为邓州节度使日，谏太宗皇帝伐燕疏与劄子各一道。"赵普之劄子开首即"武胜军节度使臣赵普"云云。（中华书局1983年版，第48页）

③ （宋）李焘：《续资治通鉴长编》卷六五"景德四年四月丁丑条"，第1452页。

三年后依然使用他的头衔？笔者猜测主要有下面两个原因：一是其为宋太宗驸马，皇亲国戚的地位是罕有其匹的；二是吴元扆善于治民，口碑不错，宋真宗的众多妹婿中最喜欢他，潞州民众对其亦有好感。潞州二仙庙正是用了他的名衔作为资源来使用，以此吸引了河东路的大小地方官员。这次重修，壮大了二仙庙的影响，为其在宋徽宗时赐额进入祀典做好了舆论的准备。

二 北宋末年：壶关县二仙本庙赐额与封号之获得

经过唐末以降壶关县二仙信仰影响的不断积累，北宋末年终于被赐额，成功进入国家正式祀典。"二女仙祠。壶关县紫团山乐氏二女仙祠，徽宗崇宁四年八月赐额'真泽'。政和元年三月，封为冲惠、冲淑真人。"[1] 说明二仙庙进入国家祀典有两个步骤，第一步是赐额，第二步是封赠二仙。为神灵赐予封号，是从南朝开始的活动，但仅有蒋子文和项羽之神得到这种优待。[2] 地方祠祀在唐代出现了分层，[3] 对国家祭祀色彩较浓者，王朝陆续进行了封赐庙额及爵号。宋朝继承并发展了唐朝的做法，形成一整套庙额、爵号加封的制度。[4] 对二仙的赐额与请封也体现出了制度化的设计。

在今壶关县真泽宫里保存有完整的《尚书省牒隆德府壶关县真泽庙碑》，该碑详细说明了赐额与赐封号的时间和基本过程。崇宁四年（1105）八月十二日：

---

① 《宋会要辑稿》礼二○"诸祠庙"。

② 官方对蒋子文的认可与册封大致过程为：三国吴时立庙，封中都侯。晋奉以相国之号。南朝宋，位至相国、大都督、中外诸军事，加殊礼，钟山王。南朝齐，号为"灵帝"，此时对于蒋子文的册封，已经达到最高的级别。参见林富士《中国六朝时期的蒋子文信仰》，收入傅飞岚（Franciscus Verellen）、林富士编：《遗迹崇拜与圣者崇拜》，台北允晨出版有限公司 2000 年版，第 163—204 页。项羽于陈朝封为帝。"陈武帝永定二年，至遣中书舍人韦鼎册之为帝。"参见［日］宫川尚志《六朝宗教史》第七章《項羽神の研究》，弘文堂，1948 年。

③ 雷闻：《郊庙之外：隋唐国家祭祀与宗教》，第 221—226 页。

④ ［日］須江隆：《唐宋期におけるの廟額・封號の下賜について》，中國社會文化學會：《中國——社會と文化》1994 年第 9 輯。［日］松本浩一：《宋代の賜額・賜號について——主として〈宋會要輯要〉みえる史料から》，載野口鉄郎編《中國史における中央政治と地方社會》，日本文部省1986 年編印。［美］韩森（Valerie Hansen）：《变迁之神——南宋时期的民间信仰》，包伟民译，浙江人民出版社 1999 年版，第 76—82 页。

礼部状：承都省付下河东路转运司奏：隆德府壶关县乐氏二仙庙祈求感应，乞特赐封，加敕额号。寻下太常寺勘会，今据本寺状，捡准令节文诸神祠应旌封者先赐额，合取自朝廷指挥，牒奉敕宜赐真泽庙为额，牒至准敕故牒。

中大夫守右丞邓　押

太中大夫守左丞何　押

司空左仆射　押①

隆德府即潞州，潞州于宋徽宗崇宁三年（1104）升为府，说明其地位已经大为提高。从此牒文可知该事由隆德府出面上奏河东路转运司。河东路转运司呈至"都省"，即"尚书都省"，也就是尚书省总部机构，② 再转送礼部。礼部将奏折转发太常寺"勘会"，然后太常寺再给礼部呈文。在经过查找"令"后，太常寺云："诸神祠应旌封者先赐额"，即神祠申请封号者，必须先赐额。于是建议赐额"真泽庙"。《山右石刻丛编》编者考证此时牒文画押者"守右丞邓者邓洵武，守左丞何者何执中，司空左仆射者蔡京也"。说明最后牒文为尚书都省收到礼部呈文后，以尚书省名义发下。

时至数年后的政和元年（1111）时，方才赐封号于二仙，壶关县令李元儒记录下了这一完整过程。③ 起因是大观三年（1109）时发生旱灾，祷雨二仙成功。"岁在己丑秋七月，祷旱于真泽之祠，至诚感通，其应如响。"故"退述二女慕仙之意，请于府丐奏仙号，以旌嘉应"。这件事情是由知县出面来上奏于"府"，即隆德府，然后"府以事上于漕台，漕台核实，俾具灵迹，乃询邑民，得先后祷感应之状，复于漕台旋蒙保奏，如县所请。既达宸听，即赐俞旨，太常定议，禁掖命词。越政和辛卯夏四月丙辰，敕封二女真人之号，长曰冲惠，次曰冲淑"。隆德府将二仙事迹呈送"漕台"，即河东转运司，转运司"核实"，核实的途径是"询邑民，得先

---

① 《真泽庙牒》，《山右石刻丛编》卷一七，《石刻史料新编》第 1 辑第 20 册，第 15318 页。

② "尚书都省"为尚书省之别称，但严格意义上讲，"尚书都省"仅指尚书省总部机构，不包括六部。见龚延明《宋代官制辞典》，中华书局 1997 年版，第 177 页。

③ （宋）李元儒：《乐氏二真人封号记》，（清）茹金修，申瑶纂：《壶关县志》卷九《艺文志上·文类》，道光十四年（1834）。下述赐额、请封之事皆引自本书，不再一一出注。该碑文解读曾得到赵世瑜教授的指点，谨致谢忱。

后祷感应之状"，就是转运司派人到壶关县询问本地居民，得知灵验属实。于是转运司继续上奏。奏折此次没有到礼部，而是"达宸听"，送达宋徽宗手中。"即赐俞旨，太常定议，禁掖命词。"皇帝下谕旨，太常寺定议，然后起草诏敕。敕文如下：

> 敕：隆德府真泽庙乐氏女得道者以善贷为心，体仁者以博施为德，既阴功之昭著，宜显号之褒崇，惟神虚缘保真，名摽乎仙籍，爱民利物，泽被于一方，人用安宁，岁无水旱，特颁涣渥，锡以徽□。式彰茂烈之崇，俯慰黎元之望，尚祈福荫，永胙此邦。可特封冲惠真人、冲淑真人。奉敕如右，符到奉行。

这是一个完整的北方民间祠庙申请赐额和请封的过程。有学者曾对南宋祠庙的申请赐额过程加以分析，[①] 但是对于北宋时期北方祠庙的赐额过程却无只言片语。二仙庙申请赐额的文书路线可以用图示表示：

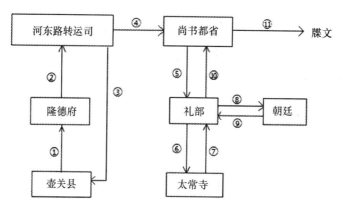

图4-1　二仙庙申请赐额文书路线示意图

在申请赐额之后，方能申请封号。时隔四年，因祷雨获应，由知县启动了请封的程序：壶关县→隆德府→河东路转运司→尚书都省→宋徽宗→太常寺→起草诏敕。请封程序相对较为简单，没有申请赐额时文书流转得那样烦琐。

---

① ［日］须江隆：《从祠庙记录看"地域观"》，载平田茂树、远藤隆俊、冈元司编《宋代社会的空间与交流》，河南大学出版社2008年版，第355—357页。

但是作为外来的县令，李元儒在这件请封之事上还是有一些保留的，似乎并非十分热心。他说："县令之任最为近民，职在承宣，孰敢不祗若天子之休命。"他认为县令的职位最贴近民众，职责在"承宣"，即承奉宣扬。"孰敢不祗若天子之休命"语出《尚书·说命上第十二》："畴敢不祗若王之休命"，意思为谁敢不敬顺天子美善的命令。言外之意也就说自己是知县，是不得不这样做。"谨按二真人本乐氏子，《图经》所载，丰碑所书，第云微子之后，皆略而不详。屡加博询，莫究其始。比于祠之东南幽谷间曰樱桃掌，得真人父母之墓。其碣乃乾宁甲寅所作。是时真人之亲丧久矣，真人降神于巫，命改此兆符验之应，其事有五。虽纪父母讳氏而不及其他，至于真人仙去之由亦莫得闻。"在李元儒看来，本地文献如《图经》和碑刻都没有说清楚二仙的来历，只好"屡加博询"，却未能找到。他所见到最早的二仙的记载，亦为唐末《五瑞记》，而其中也未记载二仙仙去之由。自然他无法见到后周陵川县之二仙碑记。尽管李元儒无法得知二仙来历，亦未能妨碍二仙顺利得到赐额和封号的脚步。这是自唐末以降两百多年内地方民众积累起来的二仙信仰影响的必然结果。

二仙在北宋末年壶关县的形象依然还是仙女，这从其封赠可知。有学者先入为主认为封乐氏二女为"冲惠真人、冲淑真人"，说明道教对二仙已经有了影响，甚至认为北宋初年将二仙塑造为仙女是迎合宋真宗的个人喜好，[①] 似乎此时"真人"就一定是与道教有关。事实上二仙被塑造为仙女在五代时期就已经完成，与宋真宗没有瓜葛。上述封赠也只不过是北宋徽宗时按照神宗时制定的封赠政策实施而已。元丰六年（1083）闰六月："太常寺言：'博士王古乞自今诸神祠加封，无爵号者赐庙额，已赐庙额者加封爵，初封侯，再封公，次封王，生有爵位者从其本。妇人之神封夫人，再封妃。其封号者，初二字，再加四字。如此，则锡命驭神，恩礼有序。凡古所言皆当，欲更增神仙封号，初真人，次真君。'并从之。"[②] 很明显，博士王古所申请的政策是与神的来历有区别的封赠。如果是人死后成神，"妇人之神封夫人，再封妃"，我们所熟知的天后妈祖，就是走这条封赠之路。妈祖"本莆田林氏女"，1123 年先赐庙

---

① 易素梅：《道教与民间宗教的角力与融合：宋元时期晋东南地区二仙信仰之研究》，《学术研究》2011 年第 7 期。很明显，这是由于易博士未能发现后周显德（956）与北宋初年开宝（975）两块碑刻，才会直接用真宗大中祥符（1012）时的碑刻作证据。

② （宋）李焘：《续资治通鉴长编》卷三三六"神宗元丰六年闰六月尽其月"，第 8100 页。

额"顺济"，南宋1156年封灵惠夫人，1192年封灵惠妃，1198年加助顺。[1] 而二仙本质上虽与妈祖如出一辙，但是由于长期传说将其塑造为仙女，则走另外一条路，就是神仙封号，"初真人，次真君"。这时道教势力对晋东南的影响还很小，尤其是尚未看到道士活动的身影。而壶关县到元至元七年（1270）依然坚持二仙是仙女的形象，[2] 这时与临近的陵川县就大相径庭了，因为该地的二仙形象在金代已经发生了巨大的变化。

第四节　北宋后期：二仙信仰在晋城县之表现

晋城县（今泽州县）东北与陵川县接壤，二仙的信仰范围逐渐从陵川扩展到晋城县境内，这是与二仙在北宋初期影响扩大的结果。大观元年（1107）晋城县招贤管创建二仙庙，荀显忠作记。该碑刻现存泽州县金村镇小南村二仙庙内。但吊诡的是，该碑文收录在乾隆《凤台县志》里，除了作者和时间一致外，文字却大不相同。[3] 因关系到二仙传说在传播过程

---

[1]　王曾瑜：《宋代妈祖起源考》，《中国社会经济史研究》2011年第4期。

[2]　（元）宋渤：《重修真泽庙记》，冯俊杰编著：《山西戏曲碑刻辑考》，中华书局2002年版，第69页。

[3]　（宋）荀显忠：《鼎建二仙庙记》："神仙渺冥之说，远在青霄之外，不可以形求也，以形求者，则自后代之设像始也。世传二仙唐时陵川乐氏二女，母始娠，感神光而生，继母吕遇之酷，冬月单衣见胫，责采茹。号于野，泣血渍土，产苦苗，赤叶斑如，持以奉母，虐愈甚，移家壶关紫团山，使拾麦田遗穗，无所得，呼天以诉，黄龙忽从空下，御之以升，代有灵迹。国朝崇宁壬午，王师讨西夏，乏饷，二女显化饭军，赐号冲惠、冲淑真人，敕有司所在立庙，岁时奉祀。泽地与陵川错壤，父老咸欲以时盼飨，因其地僻路歧，瞻礼无由，公议建立行祠。与招贤馆众谋金同，卜地于馆之头村西北高冈左侧。四远眺望，东有女娲圣窟，西有垂棘玉洞，南为凤凰山惠远公掷笔之台，北有龙门峡魏孝文帝□□□地，山环水绕，允为此方胜境。遂选匠庇材。雷动云集，经之营之，不日而成巨观。复绘壁以彩，绣像为金，宝珞庄严，入庙者凛然生敬。嗣是隆其禋祀，用以仰借灵庥，俾雨旸时若，年岁丰登，罔有疫灾。《礼》曰：'有功德于民则祀之。'此仙之功德。上既有以济夫国，下复有以庇于民也。余窃谓仙以人为凭依，人倚仙为福佑，所贵顺时报享，不疏不数，则与礼有合矣。庙成之日，众以记见委，辞不获已，自愧琐才，聊叙其仙之本，时大观丁亥也。"〔（清）林荔修，姚学甲纂：《凤台县志》卷一三，乾隆四十九年（1784），国家图书馆藏〕笔者认为这篇碑文为托名伪作，将原文改写。理由主要是赐封号是在政和元年（1111），有牒文为证。在大观元年（1107）时，不可能提前知道四年后的情况。但是为何清人会改写？这还需要再做思考。

中是否发生变异，故据碑刻录文如下：

> 凡仙隐乎心处而青霄之外，睹之不可见，其形求而遇之者自非乎□以二仙凤为圣女，累代灵焉。世传陵邑人也，族闻乐氏，然于书传无□，得闻父老之语而垂名不朽，而后乃脱尘双化于上党郡之东南壶关县之境内。自古迄今，有庙传圣侧，洞府依然，手迹尚存，有灵及物，四方之民，时思盼飨。以其地遥，钦奉无由，于是管内着德、编民之硕，悉发诚恳，度地于招贤管头村，于西北高岗，左侧之间，其山耸勇盘岠而五气皆聚，东临□丹一注，无穷次□者女娲圣洞，西望高都之郡约二十五里，至郭北望龙门古境，谷响潺潺而不绝，南望青莲之狭石至远公掷笔峰台，西望雄杰此方，可以所建也。乃择匠材植，云集斧斤，奔木雷动，经之营之，不日而成，殿宇峥嵘壮丽，命其名手塑像彩绘而未称其情。有都维那田京等发官舆百众曰：其□仙殊灵，其像可以施金乎？百众曰：善哉！皆所愿也。乃率众坚缕金而成，妙矣。举皆一新，诣灵山而礼请其仙来斯庙，乙远迩士民各有所仰，咸赖其祐，遂使岁成丰穰，仓箱盈溢一富于比屋之家，举无冻馁之患。《传》：有功于民则祀之，此仙之功，有济于世，岂曰小补哉。则仙所依者人也，而人之所获佑者，仙也，噫！所贵顺时而报飨之礼无怠于民哉。是乃邑众见讬，难以辞，自愧琐才。
>
> 大观元年丁亥岁九月甲申朔十五日戊戌记[①]

与陵川县的二仙传说有些不同，在二仙"乐氏"之外，晋城县增加了"世传陵邑人也"的认识。可知二仙传说的内容发生了变异，强化了陵川与二仙的关系。"双化于上党郡之东南壶关县之境内"，依然确定二仙的成仙之地在壶关县。"以其地遥，钦奉无由"，由于交通不便，以都维那田宗等为首，"度地于招贤管头村"，创建了二仙庙。"东临□丹一注"所指为东临丹水，"女娲圣洞"指东南浮山之女娲遗迹，"西望高都之郡约二十五里"，指其距离泽州州城有二十五里，"至郭北望龙门古境"指其北部丹水之龙门，"南望青莲之狭石至远公掷笔峰台"，指其东南的青莲寺。又"诣灵山而礼请其仙来斯庙"，"灵山"不知何指，笔者猜测可能是指二仙信仰

---

① （宋）苟显忠：《二仙庙记》，碑刻现存泽州县金村镇小南村二仙庙正殿东廊。

产生地壶关县紫团山。

不过有些诡异的是，在政和七年（1117）招贤管又新修了二仙庙。"庙自绍圣四年五月内下手，至政和七年秋方始工毕"，绍圣四年为1097年，历时二十年方才完成。碑文《新修二仙庙记》由霍秀西社卫尚撰，霍秀村现存，如今为金村镇下属行政村，在二仙庙西，靠近晋城市区。碑文称："恭念我二仙之初，夙为圣女，起自任村，生隐寒门，族称乐氏，虽□得之传闻，实有传于上古。□化于上党之东南，留迹于壶关之境内，秦城北寨，至今而存，洞府依然，手迹尚在，每遇岁之□阳，乡民之祈祷求之有验，雨不失期。"① 可见其对二仙的认知还停留在"圣女"，居住于任村，这一点和唐末碑刻的表述是一致的。并且成仙于上党壶关县，由此可知其信仰是直接来源于壶关县，晋城县的信仰首先是从祷雨开始的。

> 于是管内五社纠及四邻，乃卜地修建，运石兴工，材植云集，斧斤雷动，经之营之，不日而成。殿阶三尺，效尧庭之遗基；台甃九层，同楚宫之玉砌，命其名工，修饰神像，粉绘若秋月疑光，丹藻如朝霞散。彩布其上下，内外一新，又率众坚诚亲诣灵祠礼请其神来居是庙，三奠献酌礼之，珎九醞助，苹藻之馔，永伸诚恳，仰潜化威，如出乎其神不惟当管，被泽于庇庥于远方之民，亦同加福祐，神之于人，岂曰小补之哉。今有五社管人竭力共同修完已讫，堡子头北弦田宗地内，施地一所，充为庙基，挟屋行廊，门楼五道，周以垣墙，栽以松柏，其地离枕龙门之神，震倚翁婆，光临梁府，四面八方，景相不可遍举，见者拭目欣然，过者回首仰顾，岂不伟欤？

这是一次比较普通的民间修庙活动，没有任何官方色彩。所需言者为"又率众坚诚亲诣灵祠礼请其神来居是庙"，"灵祠"笔者猜测即指真泽宫，因为崇宁四年（1105）已经为壶关县二仙庙赐额"真泽"，政和元年（1111）赐封号，影响所及应该包括晋城县。此次修建亦为招贤管西五社。

---

① （宋）卫尚：《新修二仙庙记》，碑刻现存泽州县金村镇小南村二仙庙正殿西廊。

首先我们来看招贤管。"管"是北宋初期所实行的地方行政区划。① 学者皆认为宋朝于太祖开宝七年（974）对乡村区划做了改革。理由是《两朝国史志》记载，"开宝七年，废乡分为管，置户长主纳赋，着长主盗贼词讼"②。乡村区划中出现了"管"这一新名称。梁建国认为"废乡令"仅在部分地区真正得以推行，在更广大的地区仍维持着"乡—里"区划模式。经过考察，他发现安阳地区有"管"的设置。其实华北地区如晋东南和豫西北，亦有"管"的大量存在。不仅北宋有，而且沿用到了元代，这从碑刻中皆可看到。"招贤管"就是存在于泽州晋城县境内东部的一个"管"。该管名称最早出现在记载中是在熙宁年间。在晋城市区东南20公里的泽州县十城岭山腰，系一天然的石灰岩山洞，因山洞洞顶形似莲花而得名。该洞内存北宋石窟造像遗迹。洞北入口处，横卧一残断碑，碑首线刻1佛2天王，碑名为《泽州晋城县招贤管修佛堂记》，落款为"北宋神宗熙宁元年（1068）"③。"管"的称呼一直到元代还维持不变。乾隆《凤台县志》录有元至大三年（1310）《乌政管神庙记》，并加按语："邑分四管，领各乡村。"可知晋城县（即清代凤台县，今天泽州县）有四管。该县志记载汤王庙："城外数十处，其最著名者城东十五里乌政馆，有元刘德盛至大年间碑，城东南三十里招贤馆，城东北七里崇素馆，城西半里许圣王馆，别有白洋泉馆，不在四馆之数。"可知晋城县境内汤王庙有数十处，其中最著名的有几个，其中有一个处招贤馆境内。该"馆"应为"管"之讹误。杜正贞认为前述清朝人编造的苟显忠《鼎建二仙庙记》中所云"招贤馆"即"招贤管"的神庙，并认为在宋代是以二仙为主，到清代就变成以成汤为主神了。"管"与"馆"可以通用。④ 明显这是被清代人伪造的碑文所欺骗，因为用"馆"来代替"管"者，只有清代人，而并不是任何时候"管"和"馆"可以通用的。招贤管的神庙不一，因此二仙

① 对"管"进行研究的，笔者所见有中村治兵卫《宋代の地方区划——管》，载《史渊》第89辑，1962年12月；杨廷炎《北宋的乡村制度》，载《宋史论文集》罗庆球老师荣休纪念专辑，香港中国史研究会1994年版，第97—112页；郑世刚《宋代的乡和管》，《中日宋史研讨会中方论文选编》，河北大学出版社1991年版，第246—259页；梁建国《北宋前期的乡村区划》，《史学集刊》2006年第5期，另见氏著《宋代乡村区划研究》，硕士学位论文，河南大学，2004年，第9—13页；杜正贞《村社传统与明清士绅》，第53—54页。

② 《宋会要辑稿》职官四八之二五。

③ 冯建锋的博客 http://fengjianfeng.blshe.com/post/8630/478521。

④ 杜正贞：《村社传统与明清士绅》，第54页。

庙与成汤庙也没有替代关系。招贤管就是位于晋城县东部三十里左右的一个"管"。由于每个"管"辖有很多村，故而在祭祀组织"社"的数目上，每个"管"也不是一个。

大观元年（1107）的二仙庙创建人员分布：

招贤管西五社纠金□箔　都维那田宗等母亲李氏　副维那杜琮立
招贤社维那　王准　董顺
东村社维那　冯皋
北村社维那　赵明
南下社维那　苏清妻朱氏苏绍宗
　　　　　　苏文进妻王氏苟思　三新妇田氏　施金人刘氏
崔家社维那　崔恕　杨兴　和政　崔御　崔庆
柳泉社　维那陈元进　霍秀村粧鋈缕金匠人卫弼　镌碑人李进①

这次创建是招贤管西五社为主，可见还存在东部诸社。那么西五社是哪五社呢？笔者猜应该是前面五社，即招贤社、东村社、北村社、南下社、崔家社。柳泉社不在五社之内，因为在政和七年的时候就不再参与了。

招贤管西五社　都维那施地人田宗　男安正　招贤社副维那杜棕立
管老人郭衍甘　苏闰　赵节　苏□　王准　崔嵩　王准仙　苟恩杜俊　杜一　纠司张起
招贤社老人　王庆　韩敬　童口
招贤西社老人　张庆　王德　李志
北村社老人　杜恩　杜善　杜福
南下社老人　牛进　口明
崔家社老人　和仲　和闰　和存②

与大观元年参与的社名相比政和七年时东村社不再参与，招贤社也一分为

① （宋）苟显忠：《二仙庙记》碑阴。
② （宋）卫尚：《新修二仙庙记》碑阴。

二。"西五社"变成招贤社、招贤西社、北村社、南下社和崔家社。而且"五社"有"都维那"，这本是佛教寺院的职位，在北魏成为僧官称呼，是最高的佛教统领昭玄大统之下的副职。而后民间造像记中借用称呼参与出资或管理造像的人。① 这个称呼在宋金华北碑刻中屡屡出现，说明当地佛教影响深远。柳田节子先生曾考察了宋代基层社会的"父老"，但她并未提及"老人"是一种什么样的设计。② 据中岛乐章先生研究，"老人"为宋、元民间自发称呼，为"社"这一民间组织之有声望首领，直至明代初年方才成为制度。③ 洪武间"里设老人，选年高为众所服者导民善，平乡里争讼"④。由碑刻可知，北宋后期，在晋东南的民间村社里，就有了"老人"的存在。可以说民间制度的规定设计，都是将民间已经存在很久的惯例上升为法令而已。

以后村落名称有一部分更迭，西五社中"社"的名称也有所更换，但是"五"社共享小南村二仙庙的格局却保留下来。

第五节 金代：二仙传说在陵川县的巨大变异

关于二仙的来历及行事，前述壶关县迁葬二仙父母之碑文，除了声明二仙为仙人外，还声称其为广平郡乐氏，将二仙的籍贯指向了太行山东麓，并且指明二仙父母的墓地是在壶关县之任村。而时隔六十年后陵川县为二仙立碑，则丝毫未提及壶关县，也未提及广平郡。只说二仙为暂居在

---

① 谢重光、白文固：《中国僧官制度史》，青海人民出版社1990年版，第55—57页。

② ［日］柳田节子：《宋代的父老——关于宋代专制权力对农民的支配》，载《漆侠先生纪念文集》，河北大学出版社2002年版。

③ ［日］中岛乐章：《明代乡村纠纷与秩序》，江苏人民出版社2010年版，第51—55页。

④ 《明史》卷七七《食货志一·户口》，中华书局1974年版，第1878页。明代何时始设老人一职，史无确记。《明太祖实录》洪武二十一年八月条记其事："初令天下郡县选民间年高有德者，里置一人，谓之耆宿，俾质正里中是非，岁久更代。"这里有"里置一人""俾质正里中是非"等语，可知其制颁之于洪武十四年元月实行里甲制之后。随着这一诏令的颁布，各地即设耆宿，来管理里中事务。关于其职务名称，似乎明政府没有明文规定。在明代官修的《明实录》《明会典》以及各地纂修的府、州、县志里，有称作老人、里老的，也有称作耆民、耆宿、吏老人的。"老人"是一般称呼。参看王兴亚《明代实施老人制度的利与弊》，《郑州大学学报》（哲学社会科学版）1993年第2期。

高都县寺院十年，而后显圣白日飞升之仙人。从唐末到宋徽宗时，壶关县一直坚持二仙为仙女的认知。而陵川县则在宋代稍微加以改造，提出了二仙采药的说法。至少在金代之前的壶关、陵川、晋城三地，都坚持认为二仙为仙女，其余行事不明。但是在金代，二仙传说在陵川县就发生了影响深远的变化。金世宗大定五年（1163），陵川县鸡鸣乡鲁山村南庄重修真泽庙，赵安时作碑文，详细记载了二仙的来历。

> 真泽二仙显圣迹于上党郡之东南，陵川县之界北，地号赤壤，山名紫团，洞出紫气，团团如盖，故谓之紫团。所居任村，俗姓乐氏，父讳山宝，母亲杨氏，诞降二女。大娘同释迦下降日月，二娘诞太子游门时数。生俱颖异，不类凡庶，静默不言，七岁方语，出言有章，动合规矩，方寸明了，触事警悟，有识知其仙流道侣。继母李氏酷虐害妒，单衣跣足，冬使采菇，泣血浸土，化生苦苣，共持一筐，母犹发怒。着令拾麦，外氏弗与，遗穗无得。畏母捶楚，踏地凌竞，仰天号诉。忽感黄云，二娘腾举；次降黄龙，大娘乘去，俱换仙服绛衣金缕，绘以鸾凤宝冠绣履。又闻仙乐响空，天香馥路，超凌三界，直朝帝所。大娘仙时年方笄副，二娘同升少三岁许。贞元元年六月十五，田野见之，惊叹瞻顾，远近闻之，骇异歆慕。[1]

由此碑文可见，金代陵川县二仙传说还是有着唐末以来的基本要素：二仙显圣在上党郡东南，陵川县界北，地号赤壤，山名紫团，所居任村，俗姓乐氏，父讳山宝，母亲杨氏。这些与我们所见到的唐末壶关县之二仙信息是一致的，但是就偏偏避开"壶关县"之名。所增加者有：①"大娘同释迦下降日月，二娘诞太子游门时数。""释迦下降"即是指释迦牟尼出生之日——四月初八。"太子"即释迦牟尼，他出家前为净饭王太子乔达摩·悉达多，十九岁时出宫"游四门"有所见，由此促使其离家修行。此处指二娘诞生的日子与释迦牟尼游四门的时间相同。很明显，二仙在传播的过程中受到了佛教的影响。②二仙不再是缥缈的仙人，而是活生生的人。"生俱颖异，不类凡庶，静默不言，七岁方语，出言有章，动合规矩，

---

[1] （金）赵安时：《重修真泽二仙庙碑》，《山右石刻丛编》卷二〇，《石刻史料新编》第 1 辑第 20 册，第 15392—15394 页。碑刻现存陵川县西溪二仙庙内。

方寸明了，触事警悟，有识知其仙流道侣。"③编造出来一个后母虐待前妻之子女的故事。"继母李氏酷虐害妒，单衣跣足，冬使采菇，泣血浸土，化生苦苣，共持一筐，母犹发怒。着令拾麦，外氏弗与，遗穗无得。畏母捶楚，踏地凌竞，仰天号诉。"后母型故事在民间口头传承中属于家庭型故事，是古今中外文学作品中普遍存在的形象。它是以发生在封建社会中的家庭矛盾为基础而创造出来的。许多故事的情节构成都是以家庭中前母（生母）的去世和后母的续继为前提。①国外的后母以灰姑娘和白雪公主故事中的后母为典型，故事的主旨在于批判后母的恶毒和无情，从而树立正确的是非观念。而中国古代汉族故事中后母却经常是为了树立孝子的形象而作为"反衬"存在的。比如"二十四孝"中"孝感动天"之虞舜，"芦衣顺母"之闵子骞，"卧冰求鲤"之王祥，皆为后母虐待继子，而继子并无反抗，甚至依然待后母如亲母，由此树立了继子作为孝子的形象。我们从这个传说中只是看到一个残暴的继母和两个饱受虐待的小女孩。而当时人可能却认为这是两个有着"孝"精神的小女孩。至此，二仙从仙女开始向孝女转化，自然这个转化的过程在元代即已完成，前后仅用不到两百年时间。④成仙的途径不再是采药山间，而是"忽感黄云，二娘腾举；次降黄龙，大娘乘去，俱换仙服绛衣金缕，绘以鸾凤宝冠绣履"。成仙本来是修行，是渐进的过程，但在这个传说里变成了"突然"完成的活动。⑤二仙成仙的年龄有了准确记录："大娘仙时年方笄副，二娘同升少三岁许。""笄副"即指"副笄"，古代贵族妇女的头饰。编发为假髻称副，假髻上所插的簪称笄。意味着女子到了"及笄"的年龄，也就是十五岁。"少三岁许"也就是十二岁。⑥增加了成仙的准确时间：贞元元年六月十五。贞元为唐德宗年号，元年为785年。陵川县率先将二仙成仙的时间坐实了。随后二仙有了祠庙，并且灵验之极。

声播三京，名传九府。……遂于南山共建庙宇，迄今洞口留其手痕，村旁老其镰树，琵琶泓之圣字，了了可睹。自后赫灵显圣，兴云致雨，凡有感求，应而不拒。亢旱者祈之，遥见山顶云起，甘霖必注；疾病者祷之，立睹纸上药零，沉疴必愈；求男者生智慧之男；求女者得端正之女；苟至诚以恳祝，必随心而畀予。

---

① 张紫晨：《中日两国后母故事的比较研究》，《民族文学研究》1986年第2期。

可知二仙立庙后，成为民众祈祷的主要对象。凡"亢旱""疾病""求男""求女"者皆可"随心而畀予"。与唐末碑文中所云二仙庙前"求恩者寀寮皆至，乞福者俊豪咸臻，岁俭求之即丰，时旱求之即雨"无甚区别。可见三百年间民众对二仙的祈求的内容是没有多大变化的，也反映出民间神灵功能的强大延续性。碑文对二仙获得朝廷赐额的原因另有一番演绎：

> 至宋崇宁年间，曾显灵于边戍。西夏弗靖，久屯军旅，阙于粮食，转输艰阻。忽二女人粥饭救度，钱无多寡，皆令餍饫，饭瓮虽小，不竭所取，军将欣跃。二仙遭遇验实。帅司经略奏举于时，取旨丝纶褒誉，遂加封冲惠、冲淑真人，庙号"真泽"。

如果没有去过壶关县真泽宫，如果没有见到那块赐额碑，以及李元儒写的封号记，我们可能完全会相信赵安时记载的这个故事就是二仙被赐封的原因。但是为了迎合崇宁间赐额及封号的事实，故事不得不依然放在北宋末年宋夏战争的背景下来叙述。北宋与西夏的分界线东起今陕西神木、府谷，经陕北高原、六盘山直到甘肃南部洮河流域，如果将北宋供给前线的后方地区也包括在内，则宋夏战争的波及范围，将覆盖今山西、陕西、宁夏以及甘肃大部。北宋一代所建堡寨以陕西五路为最多，其中又以秦州、延州、镇戎军为最多。[①] 地理环境对北宋西北后秦补给的影响突出表现在屯田发展的空间差异上。由于西部地区自然条件相对优越，屯田在熙河等地发展迅猛，成为该地区支柱性粮食补给方式；而在鄜延路、麟府路等东部地区，自然条件的恶劣以及土地资源的匮乏使宋军屯田发展缓慢，屯田始终不是东部地区后勤补给的主导形式。由此宋军驻军的补给始终是一个重要问题。[②] "阙于粮食，转输艰阻"就是指的这种情况。"忽二女人粥饭救度，钱无多寡，皆令餍饫，饭瓮虽小，不竭所取，军将欣跃。"这个故事有两点值得注意：一是二仙出现在宋夏前线，这可能是前线士兵有来自晋东南者。[③] 就如上一章所述远征广西的山西士兵把平安归乡的功劳归于

---

① 李华瑞：《宋夏关系史》，河北大学出版社1999年版，第221页。
② 程龙：《北宋西北战区粮食补给地理》，社会科学文献出版社2006年版，第21—25页。
③ 此点经赵世瑜教授提示，谨致谢忱。

关羽护佑一样，他们把自己能够平安返乡的功劳归于二仙显灵。二是"饭瓮虽小，不竭所取"，这种类似聚宝盆的"饭瓮"，是该传说的一个亮点。类似传说在六朝唐代即有，明代沈万三的聚宝盆是其最著名者。二仙所用取之不尽用之不竭的"饭瓮"是其显圣的表现之一。原来由地方官员上奏的请封程序被改编为"帅司经略"上奏请封。而该祠庙的建立缘由也增加了很多内容：

> 先是百年前，陵川县岭西庄张志母亲秦氏，浣衣于东南涧，见二女人服纯红衣，凤冠俨然，至涧南，弗见。夜见梦曰："汝前所睹红衣者，乃我姊妹二仙也。汝家立庙于化现处，令你子孙蕃富。"秦氏因与子志创建庙于涧南，春秋享祀不怠。自尔家道自兴，良田至数十顷，积谷至数千斛，聚钱至数百万，子孙眷属至百余口。

"百年前"所指应为赵安时写碑记之前，大概是宋仁宗时期。岭西庄张志的母亲秦氏在东南涧浣衣，见到两女人凤冠俨然，忽然不见。夜晚托梦如立庙，可保子孙多且富足。我们在以前的碑刻中，虽然也能见到巫的身影，但形象很模糊。而秦氏假借二仙托梦而立庙，"春秋享祀不怠"，她可说就是巫。假借托梦或降神，是巫所惯用的手段。[①] 巧合的是"自尔家道自兴"，从此家道开始兴旺，不仅富足，而且子孙众多。如此建立起来的祠庙，必定是属于民间小范围内所敬拜者，影响有限。而其地位得到提升，必定需要有某种大事发生。这件事就是祈雨二仙成功。"逮至本朝皇统二年夏四月，因县境亢旱，官民躬诣本庙迎神来邑中祈雨，未及浃旬，甘雨滂沛，百谷复生。"皇统二年（1142），此时北宋灭亡才十五年。该年夏四月亢旱，官民到"本庙"迎神来祈雨。"本庙"即壶关县树掌镇神郊村之真泽宫。祈雨成功后，送神回本庙，却停止不前。"及送神登途，大风飘幡，屡送不前，莫有喻其意者。"此时女巫再次扮演了重要角色，二仙借女巫之口说："本庙因红巾残毁，人烟萧条，荒芜不堪，今观县西灵山之阴，郁秀幽寂，乃福地也。邑众可广我旧庙而居之。""红巾"是指南宋初年在河东一带活跃的一种没有明显领导者，以红巾为标识的抗金团

---

① 李晓红：《宋代社会中的巫觋研究》，第114—119页。

体，统称"红巾"。自从金人初占河东，红巾的抗金势力就随之而起。① 起初红巾军在泽州、潞州一带活动，后来扩大到河北、陕西等地。声势浩大，组织严密。曾于泽、潞州间猛攻金左副元帅完颜宗翰大寨，宗翰险些被俘。② 红巾军前后持续达十余年之久。虽然义军对抗金军多有战果，但粮食除了宋廷供给和少数屯田所得外，来源多是劫掠。因此壶关县之本庙可能在金初为红巾军所残毁。二仙借女巫之口所云，即意欲离开本庙，而要求将秦氏与子张志所经营的庙宇扩建，以便居住。二仙的表态非常关键，因为这实际上是给予了陵川县以支持，增加了陵川县在晋东南二仙信仰地域中的分量，为日后陵川县逐步变成二仙之籍贯打下了基础。

> 张志子权与子侄举、愿等敬奉神意，又不忘祖父之肯基，乃率谕乡县增修涧南之庙，未及成而权化。权之子举与侄愿等从而肯构之，先舍净财，次率化于乡村及邻邑；于时神赫厥灵，处处明语。近者施其材木，远者施其金帛，有愿施粮食者，有愿施功力者，无有远近咸云奔而雾集，不数年而庙大成。……举之堂兄阎独办后殿塑像；堂弟椿等重翻瓦前殿。……左右神庙无有出其右者。

张志的儿子张权，以及张权之子张举、侄张愿等是这次重修的主力。在张志创建二仙庙之后，应该是利益的直接享有者，其子、孙延续了对该二仙庙的实际控制。因此借陵川县去壶关县本庙请神祈雨的机会，将自己控制的二仙庙影响做大，故重修活动是由张氏来组织的。除了张权，其堂兄张阎、堂弟张椿亦参与了重修活动。这次重修活动的主要活动场所是在鸡鸣乡，现在无法判断和后周时期所重修的是否是同一二仙庙，但至少可以证明在陵川县鸡鸣乡，有二仙信仰的传统。

张举等请赵安时做记，而赵安时迟迟未能写出，直至天德四年（1149）他在太常寺任职，偶然见到了唐末乾宁间张瑜所撰二仙父母迁葬

---

① 黄宽重：《南宋时代抗金的义军》，台北联经出版事业公司1988年版，第60—62页。
② 《建炎以来系年要录》卷九："先是，河东之民心怀本朝所在，出攻城邑，皆用建炎年号。金兵之在河东者，稍稍北去。金之兵械亦不甚精，但心协力齐，奋不顾死，以故多取胜。然河东之民与之稔熟，略无所惧，又于泽、潞间劫左副元帅宗维寨，几获之。故金捕红巾甚急，然真红巾终不可得，但多杀平民。亡命者滋益多，而红巾愈炽。"

五瑞记，"益知神之灵应，福善祸淫，昭然有验矣。"这才相信二仙的灵验。于是一直拖到大定五年（1163）方才写出碑文。"神地面东至修填到南北天河；东楞至张颢，西至填埪外，张枞并出入道，北至大河，南至高崖。内栽到诸杂树木，系神所管，施主张通。翻瓦前殿维那小张琳等。"虽然不能完全确定张通、张琳等人与张举是否同族，但大致有这个可能。

尽管立碑时间距离重修时间二十多年，知县、主簿等人早已更换，但是这次重修起因是陵川县官民迎请二仙祈雨成功，故而立碑时依然吸引了知县、主簿等人的关注。"从仕郎、主簿兼县尉高德裔，忠武校尉、县令、云骑尉李彦说"，可知在大定五年时，陵川县县级官员仅有县令一人，主簿兼县尉一人。并且县令的阶官属于武散官。"忠武校尉"从七品，"云骑尉"正七品。与宋代重文政策下大部分时间文官担任治民官不同，金代由武职担任县令之类的治民官，反映了金代华北地区士人阶层的发育要远远低于同时期的南宋，这也影响到了基层社会事务主要参与势力之构成。

蒙古时期丁未年（1247），该庙再次得到重修，碑文为金末状元李俊民所写。不过与赵安时铺张笔墨渲染二仙有所不同，他比较冷静地来看待二仙成仙之事。"嵇叔夜有云：'神仙似特受异气，禀之自然，非积习所能致。'咸通中徐仙姑，年数百岁，谓人曰：'我先君仕于北齐，有阴功。而后及于我，以得延年。'所谓仙姑者，果如何耶？真泽二仙，姓乐氏。不见修行之迹，一旦云龙下接，腾空而去，疑其所受之气异也。抑亦父山宝，母杨氏，阴功之所致欤？"[①] 他首先引用嵇康之话说明神仙"非积习所能致"，再引唐懿宗咸通（860—874）徐仙姑之迹。"徐仙姑者，北齐仆射徐之才女也，不知其师。已数百岁，状貌常如二十四五耳。……咸通初，谓剡县白鹤观道士陶蒉曰：'我先君仕于北齐，方术闻名，阴功及物，今亦得道。故我为福所及，亦延年长生耳。'"[②] 徐之才为南朝东海人，世传医。北魏末年入北，在东魏北齐时以医术为帝室所重。[③] 徐仙姑所云"方术闻名"，盖指此。李俊民说"所谓仙姑者，果如何耶？"他借徐仙姑

① （金）李俊民：《重修真泽庙记》，《晋城金石志》，第415页。
② 《太平广记》卷七〇《女仙十五·徐仙姑》，第435页。
③ 可参见《北齐书》卷三三《徐之才传》。"徐之才墓志铭"拓片可见赵万里《汉魏南北朝墓志集释》（第四册图版343之2），科学出版社1956年版，第221页。

为例，提出了自己的疑问。但是他立刻又给出了自己的答案，"不见修行之迹，一旦云龙下接，腾空而去，疑其所受之气异也"。他认为二仙没有修行，"一旦"成仙，可能是因为"特受异气"所致，也有可能是其父母之"阴功"所致。他也接受了"贞元元年，显应于上党之赤壤山"的说法，"在上党者，其本庙也。在陵川县鸡鸣乡者，盖集贤张志与母秦氏于化显处创建也"。可知金元时期众人皆知壶关县之真泽宫为本庙。"时而雨若却旱母之虐；时而寒若敛霜女之威。有疾而祷者，获湘媪之验。无后而祈者，有圣姑之效。戚者休，惨者舒，俭者丰。所欲无不从，此真泽之惠也。神之应也必，故俗之信也笃。吹箫击鼓，岁时迎送者，香火不绝，何其盛哉！"二仙灵验异常，故香火不绝。这次重修发生在金元华北的一个历史关键时刻，那就是金宣宗初的"贞祐之变"，亦称"贞祐南渡"。贞祐元年（1213）八月，在蒙古大兵威胁中都的情况下，驻守金中都城北的右副元帅纥石烈执中（即胡沙虎）弑卫绍王，自彰德迎接世宗孙完颜珣入中都，即帝位（金宣宗）。二年三月，金宣宗遣使向蒙古军求和。宣宗以金中都缺粮，不能应变为由，决意迁都。五月十一日，宣宗下诏南迁。次年，中都被蒙古军攻陷。[1] 宣宗南迁，河朔各地纷纷起兵，蒙古军不断南侵，金朝走向衰亡。在这场混乱中，陵川二仙庙也未能幸免。"值贞祐兵火，节次而毁，半为荒墟。愿之三世孙重信，自外归，慨然而叹，锐于起废。自戊戌，经营十年甫就绪。曰殿、曰楼、曰廊庑、曰三门，暨随位尊像……一举而新，复还其旧。"在贞祐中毁坏的二仙庙依然是被张举之后人加以重修。李俊民说"张氏子孙，事如家庙。阴受其赐多矣"。可知张氏家族与该二仙庙之密切关系。

二仙传说在金代的变异还没有结束，在随后的元代又有了进一步的发展。洪武二年（1369）陵川县再次发生旱灾，又是祈雨二仙庙成功，对该庙加以重修。碑文云：

> 考之前代碑记，二仙姊妹也，姓乐氏。妹甫及笄，姊二十三岁。父名山宝，母杨氏。继母李氏，遇之不慈。值岁歉，俾二女采菇以供养。虽敞衣跣足，冒苦寒而不辞。间有不给，辄加箠楚。每仰天号泣，反躬自责。坚白一心，孝敬愈笃。一日感云龙降地，遂升仙焉。

---

[1] 李锡厚、白滨：《辽金西夏史》，上海人民出版社 2003 年版，第 267—271 页。

后显灵于陵川北赤壤山紫团洞。①

相比金代传说的，明初记载的变异有下面几点：①二仙姊妹成仙的年龄有了新变化，妹妹刚及笄，也就是十五岁，姐姐二十三岁，已经成年，不再是小女孩了。②继母虐待二女的感觉减少很多，我们基本上已经看不到被迫害的二女。"虽敝衣跣足，冒苦寒而不辞。间有不给，辄加箠楚。每仰天号泣，反躬自责。坚白一心，孝敬愈笃。"这已经完全是孝顺的二女。由此，二仙完成了由仙女到孝女的形象转变。尽管这个转变被记录在洪武二年的碑刻中，但这个完成的时间肯定不是明朝，而是在元朝了。至少从表述上看，金代就已经开始了这个过程，并且一再强调陵川县为二仙显灵之地。

对于上述赵安时碑文中所述二仙为继母虐待的故事，易素梅认为体现出当时人们看待孝道以及主妇"主中馈"角色的价值观。② 但是为何在金代陵川县编造出这一传说？她并没有给出解释。后母型故事在民间口头传承中属于家庭型故事，是古今中外文学作品中普遍存在的形象。它是以发生在封建社会中的家庭矛盾为基础而创造出来的。许多故事的情节构成都是以家庭中前母（生母）的去世和后母的续继为前提。③ 事实上，当时晋东南继母虐待继子，从而造成家庭关系紧张的现象可能也比较普遍。北宋前期潞州有一故事比较有代表性，节引如下：

> 郡民盲叟王演者，卖卜自奉。演善为生，家给足用。一旦弃其妻，妻生子男三月而同去。演别娶段氏，久而无子。前逐子且壮，名曰遂，业饼资所生母。遂亦娶妇生子矣。演年七十余，家财益丰。前潞守有责演且老而无子，归遂于演，俾侍朝夕。既入之，段固不悦，日拾其短谮之于演，演信而再逐遂去。

> 某年十二月十一日，演未归，盗杀段于室，时天将暮矣。有邻妇如平常时将往其家，至门闻仓促有声，呼之不应。邻妇骇，别召旁妇人同往察之，至则门已闭矣。忽内有扬声者曰："我王家儿也，

① （明）吴善：《二仙感应碑记》，录文见《晋城金石志》，第473—474页。
② 易素梅：《战争、族群与区域社会：9至14世纪晋东南地区二仙信仰研究》，《中山大学学报》（社科版）2013年第2期。
③ 张紫晨：《中日两国后母故事的比较研究》，《民族文学研究》1986年第2期。

敢有来者，我并杀汝矣。"邻妇惧而归告其夫、子，具以向言，使召演。……演固然邻妇之言，曰："我素知此子欲杀段久矣，揣非他盗也。"……①

这个故事的结局是知州破案抓住了真凶，当然作者的目的不是为了宣传王遂是孝子，而是为了表扬潞州知州。故事中的王遂之生母虽然还在，但是他要回父亲家和继母一起生活，这就产生了继母厌恶继子的情况。而且父亲听信后妻谗言，对继子也很厌恶，这从王演对王遂杀继母动机言之凿凿就可看出。如果继母只是虐待继子，这个故事可能还不足以打动人心，但如果继子并未忤逆继母，而将要白白送命，则影响就不一样了。上述故事最后说王遂出狱，"郡人千余迎劳，盖伤遂子道无缺，而将陷于深刑也"。可见一斑。

同样是后母和继子的故事，国外以灰姑娘和白雪公主故事中的后母为典型，几乎所有后母故事的主旨在于批判后母的恶毒和无情，从而树立正确的是非观念。② 中国古代汉族故事中却经常是为了树立孝子的形象而将后母作为"反衬"存在的。宋金之际的社会背景是，山西是孝文化比较流行的区域。"二十四孝"中的一些故事在宋金时就已经在北方广泛流行，河南、山西、河北等地出土的墓葬壁饰中多有发现。首先来看一座宋代墓葬。1991 年，考古工作者在山西壶关县下好牢村发掘出一座北宋宣和五年（1123）的砖室墓。墓室近方形，主墓室四壁镶嵌有漂亮的彩绘砖雕，都带有墨书题记。其中有 17 幅孝子图，其中孝顺后母的就有闵子骞、王祥、舜。③ 再看金代墓葬。1998 年 12 月，在山西晋东南沁县南里乡西林东庄又发现一座金代砖室墓，墓内有完整的二十四孝人物砖雕图。④ 2001 年 8 月，在沁县故县镇中学，发现了两座仿木结构砖室墓，也有完整的二十四孝人物砖雕图。⑤ 壶关宋墓中的 17 幅孝子题材在西林东庄全部都有，两者有明

---

① （宋）孙冲：《原理》，载（明）马暾《潞州志》卷四，中华书局 1995 年版，第 129—130 页。
② Michael J. G. Gray-Fow, "The wicked Stepmother in Roman Literature and History: an Evaluation", *Latomus*, T. 47, Fasc. 4（OCTOBRE-DÉCEMBRE 1988），pp. 741 – 757.
③ 王进先：《山西壶关下好牢宋墓》，《文物》2002 年第 5 期。
④ 商彤流、郭海林：《山西沁县发现金代砖雕墓》，《文物》2000 年第 6 期。
⑤ 商彤流、郭海林、李春芬：《山西沁县出土金代孝行砖雕》，《上海文博》2003 年第 4 期。

显的承袭性。可知这类题材在当时流行之广。① 在晋南出土的金代砖室墓，多装饰有孝行或乐舞的场面。二十四孝人物组合由宋至金，已经有了程序化的定制，深刻影响了民间葬俗。② "孝感动天"之虞舜，"芦衣顺母"之闵子骞，"卧冰求鲤"之王祥，皆为后母虐待继子，而继子并无反抗，甚至依然待后母如亲母，由此树立了继子作为孝子的形象。与元代学者郭居敬辑录的《二十四孝》相比，宋金墓葬砖雕的内容与之多少有一些不同，但无论在哪一座墓葬砖雕中，虞舜、闵子骞、王祥三者皆会出现。二仙传说的改弦更张，应该说和这一大背景是有密切关系的。我们从这个传说中只是看到一个残暴的继母，和两个饱受虐待的小女孩。而当时人可能认为这是两个有着"孝"精神的小女孩。至此，陵川县二仙从仙女开始向孝女转化，自然这个转化的过程在元代即已完成，前后仅用不到两百年时间。

赵安时对二仙获得朝廷赐额的原因另有一番演绎：

> 至宋崇宁年间，曾显灵于边戍。西夏弗靖，久屯军旅，阙于粮食，转输艰阻。忽二女人粥饭救度，钱无多寡，皆令餍饫，饭瓮虽小，不竭所取，军将欣跃。二仙遭遇验实。帅司经略奏举于时，取旨丝纶褒誉，遂加封冲惠、冲淑真人，庙号"真泽"。

如果没有去过壶关县真泽宫见到那块崇宁赐额碑，以及李元儒写的封号记，我们可能会完全相信这个故事就是二仙被赐封的原因。但是为了迎合崇宁间赐额及封号的事实，故事不得不依然放在北宋末年宋夏战争的背景下来叙述。北宋与西夏的分界线东起今陕西神木、府谷，经陕北高原、六盘山直到甘肃南部洮河流域，如果将北宋供给前线的后方地区也包括在内，则宋夏战争的波及范围，将覆盖今山西、陕西、宁夏以及甘肃大部。

---

① 山西发现有"二十四孝"人物壁画的墓葬除了上述之外还有：壶关南村元祐二年（1087）墓、屯留宋村金天会十三年（1135）壁画墓、长子县石哲金代正隆三年（1158）壁画墓、长治安昌村金明昌六年（1195）崔忠父母壁画墓、长治故漳金代纪年墓、永济贞元元年（1153）金墓、河南荥阳插阁村金墓、山西稷山马村4号金代雕砖墓、山西芮城蒙元时期宪宗六年（1256）潘德冲墓等等。这些墓葬都将"二十四孝"的人物作为题材。其中二十四人绝大部分是一致的。参见董新林《北宋金元墓葬壁饰所见"二十四孝"故事与高丽〈孝行录〉》，《华夏考古》2009年第2期；刘未《尉氏元代壁画墓札记》，《故宫博物院院刊》2007年第3期。
② 廖奔：《宋金元仿木结构砖雕墓及其乐舞装饰》，《文物》2000年第5期。

北宋一代所建堡寨以陕西五路为最多，其中又以秦州、延州、镇戎军为最多。① 地理环境对北宋西北后秦补给的影响突出表现在屯田发展的空间差异上。由于西部地区自然条件相对优越，屯田在熙河等地发展迅猛，成为该地区支柱性粮食补给方式；而在鄜延路、麟府路等东部地区，自然条件的恶劣以及土地资源的匮乏使宋军屯田发展缓慢，屯田始终不是东部地区后勤补给的主导形式。由此宋军驻军的补给始终是一个重要问题。② "阙于粮食，转输艰阻"就是指的这种情况。这个故事中有两点值得注意：一是二仙出现在宋夏前线，这可能是前线士兵有来自晋东南者，经过宋夏战役之后，能够平安返乡。而他们把自己平安返乡的功劳归于二仙保佑。③ 类似的情形在第二章所论北宋元丰三年（1080）威胜军（治今山西长治沁县）创建关羽庙中可见：

> 向也交趾入寇廉白，熙宁九年，今上矜侧下民，诏元戎举兵问罪。沁州神虎第七军以矫健应募者，由任真而下，凡二百三十七人，隶于左第一军前锋之列。拟金伐鼓，行逾桂州，驻旌荔浦，过将军（即关羽）之祠。下询其始，得居民对曰：皇祐中侬贼陷邕州，祷是庙，妄求福助，掷杯不应，怒而焚之。狄丞相破智高，表乞再完。仁宗赐额以旌灵贶。众骇其异，罗拜于庭，与神约曰：一军瞻假威灵，平蛮得侬，长歌示喜，高蹑太行，而北归旧里，当为将军构饰祠宇。……神虎军踊跃请行，深入万里，果立战功，归而建庙，以享祀答神之休。④

威胜军关羽庙的修建，是和熙宁的南征有密切关系。北宋历史上两次著名的岭南用兵，第二次即是熙宁用兵。碑文从熙宁年间的用兵交趾说起。熙宁七年（1074）开始，交趾频繁犯边。神宗派郭逵出征平叛。郭逵时为宣徽南院使，任命其为安南行营经略招讨使，赵卨副之，"请都延、河东旧吏

---

① 李华瑞：《宋夏关系史》，河北大学出版社1999年版，第221页。
② 程龙：《北宋西北战区粮食补给地理》，社会科学文献出版社2006年版，第21—25页。
③ 此点经赵世瑜教授提示，谨致谢忱。
④ （宋）李汉杰：《威胜军新建蜀荡寇将军□□□关侯庙记》，碑刻现存沁县石刻博物馆。录文见冯俊杰编著《山西戏曲碑刻辑考》，第17—19页。该碑文为车文明据碑刻所录，碑刻湮灭一些文字，据雍正《山西通志》卷二〇一《艺文二十·记一》所载《汉寿亭侯庙记》补。

士自随"。河东旧吏士就包括这些威胜军兵士。这场南征的主要战役是大战富良江。但由于主副两帅不和，"兵夫三十万人，冒暑涉瘴地，死者过半。与贼隔一水不得进，乃班师"①。"神虎第七军以矫健应募者，由任真而下，凡二百三十七人，隶于左第一军前锋之列。"说明这些河东人隶属于左第一军前锋。这些人路过桂州，到达荔浦县时，路过关羽祠。其实这些河东人对于荔浦县有关羽祠庙也很好奇。询问当地人，回答是皇祐中侬智高曾祷于此庙求福，神不应答，怒烧此庙。狄青破侬智高，上表求重修，仁宗批准且赐额。这些河东士兵得知该神如此灵异，就与之约定：如果顺利平定安全返回故里，就为其创建祠庙。自然，从碑文中我们可以看到这场战役是比较顺利的，故而会有这次创修之举。

回头看"二仙饭军"的传说，也是放在了这样一个军事行动之中，属于相同的传说类型。这不仅是北宋后期宋夏军事关系紧张的反映，也是陵川籍士兵对本土神祇信仰的真实心理写照。因为陵川县信仰空间已经被二仙和崔府君所瓜分，尤其是崔府君信仰局限在陵川西部，而二仙信仰则控制了陵川中东部，是陵川县最有名的神祇。"饭瓮虽小，不竭所取"，这种类似聚宝盆的"饭瓮"，也是该传说的一个亮点。取之不尽用之不竭的"饭瓮"是二仙显圣的表现之一，也是吸引更多信众的绝好素材。

第六节　金元时期二仙信仰在南部太行山区的传播

一　在高平之传播

高平县（今为县级高平市，属晋城市管辖）之二仙信仰由来已久。最早可见的文字记录是现存岭坡村二仙庙内的金代正隆二年（1157）的施门题记："晋城县莒山乡司徒村众社民户施门一合　正隆二年岁次丁丑仲秋

---

① 《宋史》卷二九〇《郭逵传》，中华书局 1977 年版，第 9725 页。

二十日谨记"。① 这块题记提供了比较有意思的信息。首先是司徒村现在依然存在，属晋城县城区北石店镇，向北距离岭坡村有 25 公里左右，而向东南距离属于今泽州县金村镇的二仙庙仅有不到 10 公里。可能金村镇的二仙庙已为山区，而北部的高平之岭坡村处于狭长的平地，交通比较便捷，故而晋城县司徒村之民众才会舍近求远。其次是这个题记告诉我们，晋城县可能在乡下之行政区划为村，依然实行乡—村制，与我们前述晋城之"管"制有异。但是在泽州县高都镇东岳庙中发现金代大定二十五年（1185）的题记："维南赡部州大金国河东南路泽州晋城县莒山乡高都管高都社众维那共发诚心，命匠创造神门一合，谨献上岳庙正殿，永远安置者"② 字样。这里"莒山乡"下不再是村，而是"管"。抑或是"乡""管"二者并称？或者是按照惯例称乡，但又将新的称呼"管"一起列上？暂且存疑。③ 但是在高平境内，却一直是乡—村的模式。正隆三年（1158）碑刻："举义乡……重修献楼……此庙昔……录事皇……乡□重构……殿□□献□高□日余□□地谨等切念献楼土基岁父隳□乃优勤，率村众命，增石创砌正面石阶，益土基址。完葺功□方悦□心□纪其□月矣。"④ 这次重修石阶活动局限在某村之内，并且有"长老"之称呼。笔者猜测可能是与"老人"类似身份地位者。大定三年（1163）举义乡话壁村（今高平市化壁村）二仙庙再次修建石阶。"二仙庙有唐建立，修饰苟□，□甚亢丽，□今数百年间，堂殿门□狭隘□有欹侧而神之降鉴休止无所□□，乡人眷顾得无愧焉？录事皇甫谏等，与众计度，协力同□，不惮工费之劳，经营缉□号构二殿，□像容仪，俨然钦肃。其规模宏远，基处壮大，礼法制度，灿然一新，而神之来止欣欣，人之至止肃肃，岂不□兴。今者□殿阶四隅，本村合砌，长二丈二尺，高□三尺。石匠磨刻珉石，式尊□范。不越两旬，能事告成，俾永固宏基，远迈前□乡人四时祈

---

① 题记现存高平市岭坡村二仙庙内。题记记录具体人员为"纠首司竫司停司谨成权苏立司完司宣司茷"。

② 题记现存泽州县府城镇东岳庙内。

③ 梁建国认为"宋人在标明籍贯时，往往仍在某某管之前冠以乡名。"实际上县下面就是"管"，这就形成了"##县##乡##管##村"的叙述模式。（见《北宋前期的乡村区划》，《史学集刊》2006 年第 3 期）而杜正贞直接就认为"管"是乡以下、村（里）以上的地方层级。（见氏著《村社传统与明清士绅》，第 54 页）

④ 碑刻现存高平市岭坡村二仙庙。录文见《高平金石志》，第 162 页。

祭，揖让升降，陪位序立，有条有紊，则事神之礼可谓尽善矣。"① 该碑刻将二仙庙的创始时间上推到唐代。所主持修建者为"录事"皇甫谏，"录事"不得解。在文末人员名单里有"□像录事"，大概就是"主管"的意思。文末还列举了"南坊、东坊、西坊"的诸多"老人"，可知该村由三坊组成。

在高平县北诗镇中坪村亦有二仙庙。该庙最早的题记为金大定十二年（1172）九月。文中记录了原基址圮坏，村中善士各舍己财，重建真人行宫的情况。"翠屏一景，山清水秀。中建真人行宫，乃时祈祭之所。原夫真人显圣迹于秦关，施德泽于黎庶。今者宫室既备，藻饰鸠全。奈何基址圮坏，柱础难存，真人无可安坐。今有本村维那谨发虔诚，各舍己财，仍招良匠，遂甃基地，继功于后。岁易年迁，恐不知其首，故记之耳，直书年月而已。大定十二年九月日　维那靳琪等。"② 这次重修局限在南村本村范围之内，影响有限。时过境迁，近百年后，该村被临近的话壁村耆老集资修建，从而得到了政府官员的关注。

元至元五年（1268）十二月，高平中坪村之二仙庙再次重修，碑文由郭良撰写。此次重修依然是由举义乡话壁村经营。话壁村到岭坡村有30余公里的路程，相比之下到中坪村则非常近，仅有3公里的路程。碑文记录了二仙身世、二仙显灵及真泽庙周边环境和重修经过等情况。③ 作者首先对什么是"仙"进行了一番阐述："自古仙登羽化者，特受异气，禀之自然，非力学所可至。故吸沆瀣，餐朝露，乘云气，御飞龙，呼乎物境外，绵日月而不衰也。"而后用赤松子、王乔为例说明"神仙之事，岂虚言哉！"，接着作者对二仙身世加以发挥：

> 吾乡二真人，世传相辅之子，生而神奇，自幼致孝，然复有绝俗之志。即笄而山居，因遇异人，教以采饵灵药之法，遂隐形于石室；又云天赐红衣，袭服之。而白日飞升矣。

① （宋）魏奢争：《举义乡话壁村砌基阶记》，碑刻现存高平市岭坡村二仙庙。录文可见《高平金石志》，第164—165页，据碑刻校改。

② 《重建真人行宫记》，现存高平市北诗镇南村二仙宫，刻于正殿内须弥座中间。录文可见《高平金石志》，第165页。

③ （元）郭良：《大元国泽州高平县举义乡话壁村翠屏山重修真泽行宫之记》，碑刻现存高平市中坪村二仙宫内。录文可见《高平金石志》，第171页。

与前述壶关、陵川、晋城等地对二仙的叙述相比，高平的二仙世传"相辅之子"，"相辅"即是宰相，唐代任宰相的乐氏仅有高宗宰相乐彦玮和武后宰相乐思晦，皆为雍州长安人。[1] 显然与二仙之乐氏无关，碑文仅为附会而已。"自幼致孝"，说明金元高平之二仙已然接受了二仙"孝女"的形象。"既笄"说明为十五岁，这里二仙没有姐妹的分别。成仙的理由是"因遇异人，教以采饵灵药之法，遂隐形于石室"，在经过修炼之后，"天赐红衣，袭服之"。从而白日飞升。这里没有采用二仙乘黄龙上天，亦无继母虐待之事，说明这里的二仙不是从陵川传播来，而是有可能直接来源于壶关县本庙之信仰。写到这里，碑文作者也知道"其语不经，见缙绅者弗道"，但是他亲自于赵安时那里见到唐末张瑜所撰之《二仙五瑞记》，将碑文内容大致又抄了一遍。而后又云：

> 又宋之方成于西边也，军士偶乏食，有神女饷饭以给，数万人者累日釜鬵常满，挹之不怯，竟莫测其所由来。或怪而问之，曰："我非恒人也，即晋阳之二仙女也。以未有功于民，故于斯而济国耳。"言讫不见。兹事尤异，竟播泽潞之间居士也，人之口诚不谬焉。

这里又将二仙饭军的传说叙述了一遍，他既然和赵安时熟识，亦有可能是从他那里听来的。但是转述中又加了变化，就是二仙自云为"晋阳之二仙女也"，籍贯又倏忽间转移到了晋阳，诚可怪者也。

> 泽北邑泫水东乡，天祐末年建立行祠，居民岁时致祭，朔而又朔，终而复始，靡有旷阙，神亦以此飨。然□□□□泰之人，罔不庆赖；则之长陵女子之神，合幔骇言。

"泫水"即丹河别称，天祐（904—907）即唐昭宗年号，并为末帝所沿用，是唐朝最后一个年号。据碑文所言高平南村之二仙庙建立于天祐末年，亦即906年或907年，是"行祠"，"岁时致祭"。"长陵女子"是汉

---

① 赵超编：《新唐书宰相世系表集校》卷三《乐氏》，中华书局1998年版，第532页。

武帝时之人，"是时上（汉武帝）求神君，起柏梁台以处神君，长陵女子也。先是嫁为人妻，生一男，数岁死，女子悼痛之，岁中亦死，而灵，宛若祠之，遂闻言宛若为生，民人多往请福，说家人小事有验。平原君亦事之，至后子孙尊贵。及上即位，太后延于宫中祭之，闻其言，不见其人"①。"先后"指妯娌，"宛若"为名。亦即长陵女子死后，为妯娌所祠。由此可知其妯娌宛若是巫女无疑。碑文据此指二仙与长陵女子无二，隐约中我们又见到了巫女活动的身影。

> 里中众耆老行游瞳右翠屏之山，坐于真泽庙前，四顾观览，看山外之山，坐之良久，翠庵叹而言曰："仰观山河胜槩，东带长川□岸，桑上农耕之家何可胜数？"因而指示曰："列于寅方，镇于癸位，见山形蠍险，上有佛塔巍峨，偃塞乔松，势若老龙之壮，嵩斓怪石，形如猛虎之蹲。乃法玉山□南，卓立七村之山，上有龙潭，干旱祷而为雨。背有蟠溪凤凰头，上立佛堂。下有七贤庄，四时花柳青红，溪流东去。西有武峰之山，上立胡王庙。背靠翠屏，山巅磊落，突兀危峰。上有灵贶之王祠，前有真泽之大殿。屏山之阳，武峰之背，中有东西之路，有石蛇伤人遇则天之有感，将石蛇断之。今得大道通行，乃石蛇古道也。西北有马头双峰，岚光接岫，森森寒松，流水带冰青漱玉，晚山御日翠描金。双峰也，古有仙人之旧迹。□城隍之故宫，祥云常远卧龙岗，瑞霭镇迷千佛岭，乃古话阴之征徵邦也。"言既录毕，余应之曰："诚哉！此景可拟潇湘故事，为八景图。"

与以往各地各庙重修活动相比，此次重修是起因众耆老游览翠屏山，而真泽庙，即二仙宫就在山脚下。"翠庵"应为某人之号，在其指点之下，以翠屏山为中心的景物群就尽收眼底了。作者认为可以和"潇湘故事"相比。"潇湘"一词素来具有丰富的思想和情感内涵，大约从唐代开始，随着山水画的发展演进，"潇湘"的题材也为画家所网罗，至而有所谓"潇湘八景"的画题出现。虽然相传五代的画家黄筌便有"潇湘八景图"的作

---

① 《史记》卷一二《孝武本纪》，第452页。

品①，宋祁的诗里也提过"八景图"，② 但是"潇湘八景"的具体内容直到北宋的文献才见记载，根据沈括《梦溪笔谈》卷十七《书画》："潇湘八景"是"平沙雁落""远浦帆归""山市晴岚""江天暮雪""洞庭秋月""潇湘夜雨""烟寺晚钟""渔村落照"，创作此八景的画家是北宋宋迪（约1015—1080）。自此，逐渐兴起了用"八景"来涵盖地方风物的文人行为。中国人的风景观念是从阅读文学作品的经验塑造而成，尤其以山水文学浸润最深，山水诗人的写作笔法中已经建立了一种观看的角度与视线的移转过程，诸如远景、近景和中景等的文字描绘，以及兴象抒怀，即景生情的习惯，促使游览的旅人摘取天地万物的某一个面向成为景点。③ 高平之里中耆老，想来也多是地方文士，"翠庵"所言，即是对风景的"阅读"，④ 可见"八景"之说对地方文人之影响。而他们对翠屏山脚下的二仙庙进行维修，亦是出于一种对建设地方文化资源的"紧迫感"。

该碑刻由"社长秦弘、乡司郭良立石"。"社"是自中国先秦以来的悠久传统民间组织。发展到元代，"社"成为促进农业生产的基层单位，所以立社令文的首条即着重强调社的生产职能。⑤ "社"置"社长"。《通制条格》卷一六《田令·农桑》："诸县所属村疃，凡伍拾家立为壹社，不

---

① （宋）郭若虚：《图画见闻志》卷二，文渊阁《四库全书》本。

② （宋）宋祁：《渡湘江》："春过湘江渡，真观八景图。云藏岳麓寺，江入洞庭湖。晴日花争发，丰年酒易沽。长沙十万户，游女似京都。"北京大学古文献研究所编：《全宋诗》卷二一一，北京大学出版社1991年版，第4册，第2422页。

③ 宋代之"潇湘八景"与同时期苏轼题咏的"虔州八境""凤翔八观"处于同一种文化氛围之中，都是以八个景点或八个物象概括一个地区的地理文化特色，宋代以"八"总全的观念可能与近体诗的格律成熟有关"潇湘八景图"的题材在南宋流传到朝鲜和日本，受到两国画家的瞩目，从而仿效绘制，于是从12世纪以来，"潇湘八景"一直是中、日、韩画家创作不衰的题材。参见衣若芬《阅读风景：苏轼与"潇湘八景图"的兴起》，王静芝、王初庆等《千古风流：东坡逝世九百年纪念学术研讨会》，台北洪叶文化事业有限公司2001年版，第689—717页。

④ D. W. Meinig 认为地景（landscapes）是文化的，包含在我们日常环境中可以看到的事物，这些事物都已经经人之手调整过，所以地景只具有物质面和可视面而已，它是相当具有象征意义的。我们可以将所有的地景都看成是象征的、文化价值的表现。社会为和在一段时间中个人在特定位置的表现。在地景研究中，最常用的比喻是将地景视为一个需要被解码的讯息，当地景由符号的多样性组成，它亦包含意义的多样性，有看到的意义以及经过深层剖析的底层象征意义。参见氏著 Reading the landscape: an appreciation of W. G. Hoskins and J. B. Jackson, in D. W. Meinig ed., *The Interpretation of Ordinary Landscapes* (Oxford, 1979), pp. 195 – 244.

⑤ 参见杨讷《元代农村社制研究》，《历史研究》1965年第4期；陈衍德《元代农村基层组织与赋役制度》，《中国社会经济史研究》1995年第4期。

以是何诸色人等，并行入社，令社众推举年高、通晓农事、有兼丁者，立为社长。如壹村伍拾家以上只为壹社，增至伯家者另设社长壹员。如不及伍拾家者，与附近村分相并为壹社。若地远人稀不能相并者，斟酌各处地面，各村自为壹社者听。或叁村或伍村并为壹社，仍于酌中村内选立社长。官司并不得将社长差占别管余事，专一照管教劝本社之人劝勤农业，不致惰废。"事实的发展与朝廷的设想之间的距离越来越大，最后社长深深地卷入差科征调诸事。

这次重修得到了高平地方官员的重视。自下而上有"司史李思恭　陈仕利　张芳贵　李宗彦　邢思恭　贴书郭好礼"，"司史"为负责办理文书的小吏，在其之下有帖书。"晋宁路高平县典史史侯彬　晋宁路高平县尉王士钦　进义校尉、晋宁路高平县主簿田祚　承事郎、晋宁路高平县尹、兼管本县军奥鲁劝农事李友闻　敦武校尉、晋宁路高平县达鲁花赤、兼管本县诸军奥鲁劝农事伯帖木儿"，"典史"为知县之下掌管缉捕、监狱的属官，其上有县尉、主簿、县尹、达鲁花赤。这次重修得到了地方官员的重视，我猜测与这些地方耆老的活动有一定关系。

高平县城附近的南赵庄村，亦有二仙庙。元至元二十一年（1284）加以重修。由当时的高平儒学教谕韩德温撰碑文，长平进士董怀英篆额并书丹，记录了真泽二仙庙创建和历代维修等情况。[1]

> 高平县东二里，皆负郭膏腴之地，阡陌相连，居民富庶，乃秦、赵二庄焉。中有盘岗，嫣然而起，森森松柏，静锁烟霞，有庙曰真泽，又曰二圣。世传乐氏二女入山成道，因号二仙。其圣无所不通，乃神微妙无方，绛□逍遥，紫虚缥缈。时乘彩凤，访姑射之仙人；忽驭飞龙，宴瑶池之王母。而又云靷芝，遨游宇宙之间；霞醑露浆，嘘吸洪蒙之表。能为风雨，使五谷屡登。亡宋政和间，优赐冲惠，冲寂真人之号，由是奉祀之民，其心愈敬。每遇旱干，大田枯槁，加以精诚祷之，果沛甘澍。复有置净瓶于前者，以绛纱蒙幂，拜不移时，圣水盈溢。取而祭之，膏泽霑足。神之灵异，可谓大哉！

与中坪村接受了二仙饭军传说不同，南赵庄的二仙传说就没有接受，

---

[1]　（元）韩德温：《重修真泽庙记》，碑刻现存高平市南赵庄村二仙庙内。

而是坚持二仙仅为入山学道之仙人。我猜测中坪村因紧邻陵川县，距离陵川县最西边的礼义镇仅有五公里，与陵川县之互动较多，故而接受了陵川县创造出的饭军传说。而南赵庄则因距离陵川县较远，则没有接受。在作者看来，北宋政和间的赐额，似乎是赐予南赵庄之二仙庙，丝毫没有提及壶关县之本庙，这与信仰传播过程中的"本地化"有关系。① 赐额的结果是使信众更多，尤其是在旱灾时祷雨更为灵验。

碑文追叙该庙的历史："其庙始于宋乾德五年丁卯九月辛未，米山暨乡堡等村创建，政和乙未重修。残金贞祐，复经兵火，东西廊庑等舍焚毁殆尽，幸而存者，唯正殿尔。荆榛瓦砾，荒凉四十余年，无人刮目者。中统二年辛酉，秦庄秦玉，米山程吉，龙曲村杨德和□张鹏翼等，悯其疎陋，欲议重修，奈力不足故也。纠乡人先于庙之东南创修一太尉殿，厨舍三间仍将正殿增换下檐大小椽木，并四周石柱，聊以宁□。厥后，诸公相继辞世。庙以阅岁□久，终未完全。上雨旁风，四壁漫患，岁时禋祭，□不伤心。众乃举其忠信者秦庄秦全移家来守其庙。奉事香火之暇，夷荒翦恶，不惮勤劳。逮至元二十年癸，张鹏翼等邀乡下耆老人等，相与谋曰：'此庙厥初经营于宋之乾德，庇阴一方，实受其福。或葺或废，至近三百二十余年，我辈安能坐视而不救其摧毁乎？'众皆踊跃，愿一新之。乃验元定老人分数，计费鸠工，鹏翼等□而司之，曾无少息，兼修东庑三间，以为延宾之所。起于是年九月，斧斤畚锸，陶甓坊镘，不募而至，争赴其功，而愿助其役者多矣。越明年五月告成。孟秋上旬有八日，乃会众于祠下，割牲酾酒而落之。"由碑文知道该庙创建于乾德五年（967），如果这个追述不错的话，那就是在五代前后二仙信仰就已经传到高平境内。"政和乙未"重修，即政和五年（1115）。经过金宣宗初年的"贞祐之变"，"荆榛瓦砾，荒凉四十余年，无人刮目者。"直到中统二年（1261），方才犹秦庄秦玉，米山程吉，龙曲村杨德和□张鹏翼等稍加修缮，直至至元二十年（1283），张鹏翼等邀乡下耆老人等才最终完成修缮工程。该碑由"秦全同妻庞氏立石"。由于庙宇无人看守，众人举秦庄秦全"移家来守其庙。奉事香火之暇，夷荒翦恶，不惮勤劳。"修缮活动的支持者来自下列

---

① 时至今日，南赵庄的老人也坚持二仙为孝女，而且认为该庙信仰范围很广，根本不知道壶关县还有二仙庙，只知道庙会时壶关县都会来人。（2011年9月，笔者亲赴南赵庄二仙庙，得自对庙中老人的访谈）

村庄："纠司米山村牛珪 程辅 龙曲村张鹏翼 杨文□ 朱庄朱明 秦庄秦顺 张庄张荣 西李庄李英 施碑石老人 徐庄张秀 施碑座 北赵庄□□。"这些村庄分布在南赵庄的附近，碑文也没有提到"乡"的名字，显示出与晋城县明显不同的村落组织形式。

二 在怀州之传播

二仙信仰并非局限在南部太行山北麓的潞州和泽州地区，在金元时已经传播到了南麓的怀州。延祐元年（1314）修武县王褚村重修二仙庙，张辂撰写碑文。张辂曾经担任修武县主簿，"因公督税至灵泉乡，有邨曰王褚。遥望殿宇嵘嵘，檐楹高耸，树木森郁，烟霭蟠绕。下马祇谒，命掌钥者启户焚香。礼毕，观其塑像，二仙神焉，簪冠霞佩，蝉鬓云鬟，服六铢之衣，秉青玉之简，莫知其原。"① 灵泉乡现在已不知辖境，王褚村现在属于焦作市解放区王褚街道，由于人口增长，已经分为东王褚村、西王褚村。张辂偶然因下乡督税见到此庙。读古碑方之来历。可知该庙由来已久，在宋代无疑。"乐相公之二女，生而神异，修真慕道，恣游洞府，时复乘鸾跨鹤，以至其家。其祠本在上党壶关县，接陵川之境，庶壤邨建紫团之阴。祠旁有石洞，幽邃无穷。好事者探奇索引而造焉，未半，寒气袭人，毛骨森然，竦若神物之护持，弗敢驻足而辄去。石壁上有仙人掌痕在焉。"可知修武之二仙信仰继承了壶关县之仙女的传说系统，并且认定壶关为本庙所在，且祠旁之灵迹宛然。"岁旱祷雨即应，阖境神之，敬礼香火不绝。是故祠宇繁衍，广布河东。修武县二，王褚其一也。"民众对二仙之诉求以祷雨为主，其传播亦以此为主因。修武县有两个二仙庙，王褚是其中一个。

与晋东南多继承二仙为仙女者有所不同，该二仙信仰还继承了二仙饭军的传说。"宋崇观间，西夏背叛，飞檄络绎，遣将出征，屯戍河外。敌人塞关输粟之路，士卒饥饿，遇二女鬻饭路侧，众为惊异，争买之。军多愈办，举皆称饱，兵力遽添，一战而胜敌，乃悟二仙之所化也。奏上，特诏封赠之，赐号'冲淑'、'冲惠'二真人。"与陵川县创造的二仙饭军川

---

① （元）张辂：《重修二仙庙碑》，萧国桢修，蕉封桐纂：《修武县志》卷一三《金石》，民国二十年（1931），国家图书馆藏。

说相比，修武县不再提"饭瓮虽小，不竭所取"，所描述更真实，可知其受到了陵川县二仙信仰的影响。属于二仙身世传说的"杂交"版本。

修武县另一个二仙庙在西村栖凤山，西村现在是西村乡驻地。元至大二年（1309）因大旱祈雨成功而重修该庙，由当时修武县教谕赵宜中撰写碑文。①"二仙庙在在有之，原其所自，肇于上党壶关，遇旱祈祷，无不获应，故有冲惠、冲淑真人之号。"这段追述言简意赅，交代了壶关的本庙地位，主要功能是祈雨，故而可以获得封号。"县旧有庙，在西北山巅，创建于金大定初，重修于兴定末。趋岁滋久，浸将倾圮。大德三年乙亥冬，乡人李守信等愿为葺理，于是捐资协力，鸠工市材，不踰载而功告毕，焕然一新矣。"该庙创建于金世宗大定（1161—1189）初时，在金宣宗兴定（1217—1221）末时再次重修。大德三年（1299）乡人李守信发起重修。可见这是村落自发进行的二仙庙的创建与维修活动。至大二年（1309）夏旱，居民范宝、李德等人祈雨成功，"里民乃洁坛场，备肴酒，奏乐而享祀焉"。碑文为秦成令门人李谦来请赵宜中撰写，秦成与李谦之行事皆不可考，但由李谦为秦成"门人"，我猜测秦成可能是道士，这个二仙庙为道士所控制。在清代《修武县志》里，直接将二仙庙放到"寺观"里，可能在元代时该二仙庙已经如此。

延祐七年（1320）沁阳县赵寨村重修真泽庙。上党郡乡贡进士陈宾道撰写碑文。②"神与道合者，则仙凡异境，清浊殊流。得其至妙者，所以游玉京，昇金阙，洞达冥默，通悟深诃。入于仙道者，是为乾坤永存，神圣不灭也。"碑文由上党郡乡贡进士来写，该庙必定延续了壶关县的传说体系，坚持认为二仙的仙人身份。"且夫真泽神者，自唐宋累封敕，赐额曰冲淑真人、冲惠真人。亘古祖祠，处太山之北，为河东之雄境也。其地多礜山，俱有奇名。古云壶口者，今壶关县是也。县之东南，约百里之地，有山名曰凤凰山，樱桃谷紫团洞，乃二真人乘白鹿飞昇之处，圣迹尚然存矣。紫团者，二真得道之师名也。《本草》云：其地多出人参，永奉世用之物也。《列仙传》云：出古韩晋之地。"陈宾道为了给二仙张目，把北宋末年的封赠，说成是"唐宋累封敕"。他说祖祠在壶关县是事实，尤其是

---

① （元）赵宜中：《栖凤山二仙庙祈雨感应记》，（清）冯继照修，金皋、袁俊纂：《修武县志》卷六《祠观》，道光二十年（1840），国家图书馆藏。

② （元）陈宾道：《重修真泽庙记》，（清）袁通修，方履籛纂：《河内县志》卷二一，道光五年（1825）。碑刻现存赵寨村之二仙庙内。

他提到"紫团"为二仙得道之师。《本草》即《开宝本草》："潞州太行山所出谓之紫团参"，紫团参在北宋时即已名满天下。[1] 陈宾道将二仙成仙的原因归于服用紫团参了，因为服食成仙是成为仙人的一条捷径。易素梅认为二仙信仰中的仙药具体化为可服用的潞州人参，反映出道教和民间宗教的合力发展。人参不仅使二仙服用外丹的道教形象更加令人信服，还使二仙与晋东南地区的联系更为紧密。[2] 笔者感觉未必是道教形象的渗透，因为对于百姓来说，更关心的是灵验，具体到是否"外丹"并不重要。"姓岳氏，诞于赤壤天子之世。父曾仕于朝廷，故称相公之名，今承相是也。"碑文将"乐"讹传位同音的"岳"。前述元至元五年（1268）十二月，高平中坪村之二仙庙再次重修，碑文亦云"吾乡二真人，世传相辅之子"。"承相"即"丞相"，可知元代就有了部分地区传说二仙之父为"丞相"。"据覃怀之西北，直三十五里，有墅曰赵寨。……原隰阡陌，倾之东南。东邻帝尧捺掌五指之泉，南观黄沁巽流二河之水，西连沐涧南岳魏夫人钗破飞石之处，北靠云阳紫金坛世代棲仙之地。中视乎形势险阻，川原旷远，山明水秀，巅峰峻岭，若钗戟之排空，类蓬瀛之胜景，真可为洞天福地之要也。其寨之兑方，古有真泽庙一所。自皇朝开基以来，居民繁盛，农桑务本，风俗清朴，咸有孝悌忠信，勷事淳古。"赵寨村现存，属沁阳市紫陵镇，如今赵寨村东为捏掌村，有宋绍圣二年（1095）《重修尧庙碑》载："昔帝（尧）因巡狩率师至此，困息思浆，求无获济，忽睹斯境犹掌润泽，帝乃圣意阴符，龙指按捏，寻感澄泉应手，源泉无涯……故村名捏掌。"[3] 捏掌村尧庙现存尧泉池，"东邻帝尧捺掌五指之泉"即指此。赵寨村南临沁水，沁水南不到四十公里即是黄河，"南观黄沁巽流二河之水"指此。赵寨村西临就是紫陵村，建有"静应庙"，所奉者为南岳魏夫人，[4] "西连沐涧南岳魏夫人钗破飞石之处"

① 《梦溪笔谈》卷九："王荆公病喘，药用紫团山人参不可得，时薛师政自河东还，适有之，赠公数两，不受，人有劝公曰：公之疾非此药不可治，疾可忧，药不足辞。公曰：平生无紫团参，亦活到今日，竟不受。"

② 易素梅：《道教与民间宗教的角力与融合：宋元时期晋东南地区二仙信仰之研究》，《学术研究》2011年第7期。

③ （宋）李勃、吴愿：《大宋国怀州河内县利仁乡捏掌村重修尧庙记》，（清）袁通修，方履籛纂：《河内县志》卷二〇，道光五年（1825）。

④ 李留文：《豫西北与晋东南二仙信仰比较研究——兼论区域文化之间的互动》，《世界宗教研究》2010年第5期。

指此。该村以北就是神农山云阳寨，即是"北靠云阳紫金坛世代棲仙之地"。

> 自中统壬戌间，有本村耆老人等，议立社首，请会管下十有三村，赴祖庙拜祈圣水。社友不辞山路之遥，约有四百余里。众志曰：亹亹相传，代代不阙，若遇旱干水溢，祷之无不应验，屡霑甘泽，比之他方，澍雨濡盛，岁无虫蝗之伤，年有西成之喜，□神之佑也。

中统壬戌是中统三年（1262），该年赵寨村耆老人，"议立社首，请会管下十有三村，赴祖庙拜祈圣水"。这里提到了"管"，可知元代怀庆路依然有"管"的存在，并且赵寨村所在的"管"下辖十三个村。这种信仰结社，是民间自发组织的，在五代时澶州就已经出现了，宋代东京亦有。①

在大德七年（1303）八月时，大地震将庙宇毁坏。"有玉泉观道人赵道遵，与里人十余辈刘润等，至真泽祠下，众相谓曰：'人生宇宙之间，盖出入相友，灾眚相扶，礼往相助，吉庆相会，尚饮晏庭室之间，何况神明无以瞻仰之所，人而不知事神致福者欤？理实悖矣！'议曰：'天地大焉，神圣次焉，虽视之不见，听之不闻，欲兴敬恳之心，必称祈祥之意，人能严竦，神能祚矣！'于是，众允其言。"由此迅速将庙宇重修一新。道士对民间祠神信仰的重视，出发点并不是打算控制庙宇，而是认为事神虔诚，可得神之福佑。正是出于这种以求福佑的心理，重修之事由玉泉观道士赵道遵与里人刘润等人合作完成。在民众信仰领域，并不存在角力或者融合，在信众看来，无论道教神灵还是二仙，这些都是能带来福祉之神祇，并无厚此薄彼之处。因此易素梅所说"道教与民间宗教之角力与融合"并不贴切，不能因为赵道遵的道士身份，而将二者的界限划分得太清楚。在金元时期，尽管华北地区道教的传播比较兴盛，我们在

---

① 参见叶涛《泰山香社研究》，上海古籍出版社2009年版，第64—65页。此外宋元话本《红白蜘蛛》中亦有"社会"的现象："只听得街上锣声响，一个小节级，同个茶酒，把着团书，来请张员外团社。原来大张员外在日，起这个社会，朋友十人，近来死了一两人，不成社会。如今这几位小员外，学前辈做作，约十个朋友起社。却是二月半，便来团社。"（见程毅中辑注《宋元小说家话本集》，齐鲁书社2000年版，第5页）

二仙庙的重修活动中也偶尔能够见到道士身影，但多数重修活动是与道士无关的，并不能因个例而把所有地区的二仙庙一概都放到这个宗教的视野内来看待。①

三　在其他地区之传播

元代在大名路浚县西阳涧村亦有二仙庙。② 西阳涧村现在浚县县城西北二十公里善化山西北脚下，属浚县屯子镇。想去屯子镇或浚县县城，都必须向北或向南绕过善化山。元代泰定元年（1324），河西陇北道肃政廉访司经历梁枢为二仙撰写了纪德碑记，让我们知道了二仙在浚县传播的情况。③

碑文沿用着二仙为仙人的认识，可知浚县之二仙信仰与壶关县一脉相承。作者首先说人经过修炼可以达到神存的境界，于是方有神仙之说，"人顺生安终者，魂气升天，形魄降地。若以炼形养气，积精全神之功至，虽终夫年，精气未散，若神之存。神者，气至而方伸者之谓。自斯之后，诸家遂有神仙之说。"这是为后面叙述二仙为仙女埋下伏笔。

> 昔潞州壶关□□□药氏二女，同胞共乳，分形连气，生长草野，幼有志操，脱俗超凡，岩居穴处，以铢养为方，恬愉为本，体真口道，服松餐柏，坐泉石风月之境，卧烟霞云水之乡，气质清虚，表里澄澈。以世虑尘缘之心，清然无所起；情欲好恶之志，静然无所嗜。清□静深，造老氏无为之道，一寿敝天地，飘然蝉蜕。遐迩闻之，慕仙风道骨，建立庙貌，岁时祀祭。前代崇加封号长仙曰冲寂真人，二仙

---

① 不过易素梅提道："有时道士的参与会改变祭祀二仙的方式，如玉泉观道人赵道遵与村民重修毁于大德元年（1303）地震的河内县赵寨村二仙庙，历时 18 年之久。事成之日，他们祝愿'享之不沉滞乎，酋酒祭之。不宰割牺牲，惯以香筵茗菓，释奠之仪正也'。"（陈宾道撰《重修真泽庙记》）虽然祭祀还保留了酒，但是不使用肉类。在二仙信仰中，这种供奉模式并不普及，酒肉的使用给参与二仙信仰的道士提出了难题。"这点颇有道理，既然是道士参与重修，祭奠时有道士的参与，那原来的牺牲则就不能再使用。这是民众对道士的尊敬，也是对其参与重修而采取的让步。

② 二仙庙位于西阳涧村西南角，如今庙已毁坏，仅存遗址。

③ （元）梁枢：《元大名路浚州西阳涧村二真人纪德碑记并铭》，（清）熊象阶修，武穆淳纂：《浚县志·金石录》卷下，嘉庆七年（1802），国家图书馆藏。

曰冲惠真人。盖为铼养之功至，虽魂升于天，英气未散，其神之灵，所以□达玄冥。诚敬祈祷，感而遂通，郡邑乡都，多建祠宇，旱涝祈禳，往往不绝。

碑文将"乐（樂）氏"作"藥氏"，明显是传播过程中出现的错讹。"岩居穴处"，"以铼养为方，恬憺为本"，"服松餐柏"皆为仙人修行的方式，"清□静深，造老氏无为之道，一寿敝天地，飘然蝉蜕"。成仙的方式是"蝉蜕"，即"尸解"的一种。晋人葛洪在《抱朴子·论仙》中说："上士举形升虚，谓之天仙。中士游于名山，谓之地仙。下士先死后蜕，谓之尸解仙。"唐末五代杜光庭在《墉城集仙录序》提出"神仙之道百数，非一途所限，非一法所拘"的仙道多途论，把修道成仙分成四类，即：飞升、隐化、尸解、鬼仙。释尸解为："解化托象，蛇蜕蝉飞。"① 很明显，尽管二仙仅是仙人，但却在流传的过程中与倡导修炼成仙的道教越发相似。"今大名路濬州善化山右西阳涧村，庙貌之设，积有年矣。土民梁氏，昔年夜梦二真人抱送一孙，且云：'庙庭树石，以纪其德。'良为骇寤，未期遂得一孙男，今已二载。门深阴德，故有吉口之符；神达玄冥，遂显灵通之兆。……信不诬矣。盖神不歆非累，当以致敬，报亦宜哉！"西阳涧村的二仙庙想必是在金代就已经存在了。土民梁氏因梦见二仙送孙，且令其"庙庭树石，以纪其德"，"良为骇寤"，即梦中惊醒。送孙灵验后，必须树立石碑方能纪二仙之德，也可说这是一种人神利益的交换。②

此外，二仙信仰在元代时还传到太行山东麓的武安。"二仙庙在县南郝家庄里，元至元二年邑人薄温等立。"③ 至元二年是 1265 年，武安与潞州联系紧密，该信仰应该从潞州传来。

---

① 周俐：《皮若蝉蜕　解华托象——"尸解"传说透视》，《东南文化》1996 年第 1 期。

② 人神之关系的描述，可参看（美）韩森《变迁之神：南宋时期的民间信仰》，第 59—65 页。

③ （明）陈玮纂修：《武安县志》卷一《祠庙》，嘉靖二十六年（1547），《天一阁藏明代方志选刊续编》第 4 册，第 28 页。

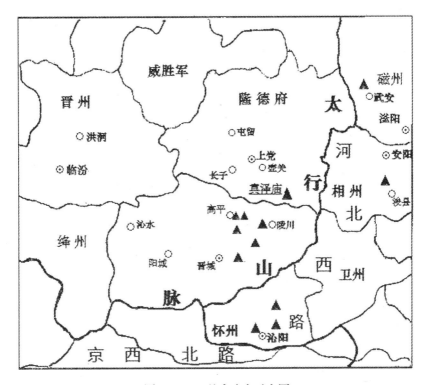

图 4-2　二仙庙分布示意图

小　结

　　二仙信仰是晋东南比较独特的信仰之一。所兴起的原因，是六朝隋唐以来"女性人鬼"逐渐兴起。[①] 二仙本来为死去的两个小女孩，他们在死后有着一些灵验的事迹，"凭附"在巫女身上或神像上以宣示旨意，并展示神奇的力量以惩罚恶人或触犯者，由此引起世人的注意和奉祀。它最初产生于唐代壶关县，并且在唐代后期到北宋有一定范围的传播，传播的方

① 林富士：《六朝时期民间社会所祀"女性人鬼"初探》，《新史学》第七卷第 4 期，1996 年，第 95—117 页。

向是附近的陵川县和晋城县、高平县。起初二仙的形象是仙女，这个形象维持了两百多年。因为壶关本庙祈雨成功，故而在北宋末年先后获得赐额和封号。

但是在金代陵川县的二仙传说发生重大变异，由仙女转变为被继母虐待的两个小女孩，并且增加了"二女饭军"的内容。这是二仙信仰发展过程中的重大变异。此举奠定了陵川县在二仙信仰圈中的地位。二仙的形象开始向孝女转化，这一变化在元代基本完成。直至今日晋东南和豫北地区的二仙信仰地，所接受的二仙传说皆本于此。

但是并非晋东南所有地区都接受了陵川县的变异。如在高平境内的二仙庙，距离陵川县近的则接受孝女的转变和饭军的故事，而距离远一些的则保持着原来对二仙为仙女的认识。同样豫西北的二仙庙或者接受陵川县的变异，或者保持着与壶关县本庙的联系，而坚持认为二仙为仙女。因此，通过是否坚持二仙为仙女，基本上可以判断二仙信仰的传播路径。

二仙在唐代后期产生，经过两百年的信仰积累，于北宋末年得到赐封。这个华丽转身中透露出地方力量为了使二仙摆脱"淫祀"的嫌疑，从而跻身国家祀典的努力，是华北地域社会开始塑造的标志。

第五章　由清官到神灵：崔府君信仰的兴起与传播

——南部太行山区祠神信仰个案研究之三

　　崔府君也是唐、宋以来兴起的民间神灵信仰之一。但与二仙相比，尽管崔府君的传说在唐代已经出现，但文献记载上能见到他在民间的崇拜时间，却已经是宋代了。在宋、金、元时期，其信仰发源地——磁县和长子县，各自向东和向西传播，并且随着"泥马渡康王"的传说被移植到南宋行在临安，随后在浙江也开始了小范围的传播。元代统一南北，长子崔府君开始借磁州崔府君信仰的内容为己所用，二者逐渐合一。因此崔府君信仰代表了南部太行山区另外一种信仰类型。①

---

① 笔者所见，对崔府君信仰进行研究的有吉田隆英《崔子玉と崔府君信仰》，《集刊東洋學》29，1973 年，第 104—117 頁；高桥文治《崔府君さぬぐって——元代の廟制と傳說と文學》，《田中謙二博士頌壽記念·中國古典戲曲論集》，汲古書院，1991 年，第 35—81 頁；邓小南：《关于"泥马渡康王"》，《北京大学学报》（哲社版）1995 年第 5 期；黄正建：《关于唐宋时期崔府君信仰的若干问题》，《唐研究》（第十一辑），北京大学出版社 2005 年版，第 295—332 页；王颋：《宋、元代神灵"崔府君"及其演化》，《社会科学》2007 年第 3 期；《磁州卜行：关于"泥马渡康王"传说新证》，载氏著《古代文化史论集》，上海古籍出版社 2007 年版，第 147—163 页。其中黄正建先生对崔府君与崔判官关系的辨析最为清楚。

第一节　北宋：崔府君信仰的突然兴起

作为民间信仰神灵，崔府君庙出现在史料中是在北宋前期，有些突然出现的味道。《宋会要辑稿》礼二一之二五《护国显应公庙》：

> 庙在东京城北，即崔府君祠也。相传唐滏阳令殁为神，主幽冥事，庙在磁州。太宗淳化初，民有于此置庙。至道二年晋国公主石氏祈祷有应，以其事闻，诏遣内侍修庙、赐名并送衣物供具。真宗景德元年重修，春秋二祀。
>
> 磁州庙，咸平元年重修，五年赐额曰"崔府君庙"。朝廷常遣官主庙事。仁宗景祐二年七月封护国显应公，仍令开封府、磁州遣官祭告，具上公礼服。
>
> 一在西京庆州。神宗熙宁八年十二月诏府君庙特加封号。

结合这三条材料，有一些认识可以梳理：①在北宋时崔府君庙有三：一在磁州，是本庙；二在东京城北，是行祠，淳化（990—992）初建；三在庆州，熙宁才加封号。②据传说崔府君为唐朝滏阳县令，死后为神，主幽冥事。大致可以推测其庙建立时间在唐代无误。③崔府君庙进入朝廷视野，是至道二年（996）晋国公主石氏祈祷有应，以事上闻，宋太宗方"遣内侍修庙、赐名并送衣物供具"。并且在宋真宗景德元年（1004年）重修，进入祀典，春秋二祀。但只是东京北之崔府君庙。④磁州的崔府君庙咸平元年（998）重修，但这次重修主力是朝廷，还是地方官，抑或是地方民众，已不可知。但是磁州崔府君庙在咸平五年（1002）时顺利得到赐额却是事实。"朝廷常遣官主庙事"，祭祀规格很高。在仁宗景祐二年（1035）封护国显应公，这次封爵是面向东京开封府和磁州两座崔府君庙的，二者共享了这一殊荣。庆州的崔府君庙直到宋神宗熙宁八年（1075）才得到封号，认为其为后起的信仰大致正确。

（景祐二年七月）封崔府君为护国显应公。府君，唐贞观中为滏阳令，再迁蒲州刺史，失其名。在滏阳有爱惠名，立祠后，因葬其地。咸平三年，尝命磁州葺其庙，而京师北郊及郡县建庙宇，奉之如岳祠，于是因民所向而封崇之。①

从李焘笔下，也有两点可以梳理：①崔府君的来历比较清楚。崔府君贞观中为滏阳县令，再迁蒲州刺史，已经不知其名。在滏阳县有遗爱，"立祠后，因葬其地"，可知是民众为其建立生祠，故而死后葬此。至于崔府君的籍贯就无从知晓了。与《宋会要》说崔府君为唐朝滏阳县令，死后为神，主幽冥事相比，李焘的记载更加具体，并且详细说明是建立生祠，死后葬此，但是绝口不提崔府君"主幽冥事"。《文献通考》的记载与《宋会要辑稿》基本无二致。② 宋仁宗景祐二年封崔府君为护国显应公的诏书现存：

> 昔汉令遗爱，房祀洛郊；蒋侯能神，庙食吴壤。矧都鄙所驭，胅蠻载臻，眷是灵祠，本于外服，且以惠存滏邑，恩结蒲人，生著令猷，殁司幽府。案求世系，虽史逸其传，尸祝王官，而民赖其福。阴施兹厚，宠数未崇，非所谓咸秩无文报有德也。宜锡显号，加视上公，牢具采章，咸称其礼。崔府君宜特封护国显应公，有司遣官祭告。③

"汉令遗爱，房祀洛郊"指的是东汉洛阳令王涣，有遗爱在民，"民思其德，为立祠安阳亭西，每食辄弦歌而荐之"。汉桓帝事黄、老道，"悉毁诸房祀，唯特诏密县存故太傅卓茂庙，洛阳留王涣祠焉"④。"蒋侯能神，庙食吴壤"所指为蒋子文，东汉末为秣陵尉，追逐强盗至钟山脚下，战死。

---

① （宋）李焘：《续资治通鉴长编》卷一一七《仁宗景祐二年》，中华书局1985年版，第2745页。
② 《文献通考》卷九〇《郊社考二十三》："宋　崔府君庙在京城北，相传唐滏阳令没为神，主幽冥事。庙在磁州。淳化初，民有于此置庙，后诏修庙宇，赐名护国庙，及送衣服供具。景德元年重修，每岁春秋，令开封府遣官致祭。后封护国显应公。"
③ （宋）宋仁宗：《崔府君封护国显应公诏》，载《宋大诏令集》卷一三七，中华书局1962年版，第485页。又见费衮《梁谿漫志》卷一〇《伏波崔府君庙》，上海古籍出版社1985年版，第115页。
④ 《后汉书》卷七六《循吏列传·王涣》，中华书局1965年版，第2470页。

在孙权时显灵，在南朝被封为"蒋帝"，从而为吴越之地所供奉。① 这里是用王涣和蒋子文来和崔府君相类比。"且以惠存滏邑，恩结蒲人，生著令猷，殁司幽府。"这句话将崔府君的主要经历简要地说了出来：他的经历是和滏阳县和蒲州联系在一起的，生时为显令，死后掌管阴间。但是"史逸其传"，世系已经无法得悉。笔者猜测崔府君有博陵崔或者清河崔的可能性。但是唐代县令太多了，很难在史书中有只言片语。所以崔府君就只留下民众对其的尊称，而将名字遗忘了。但是宋代文献中的官方记载也有抵牾之处。《宋会要辑稿》"礼二一"："崔瑗祠。在磁州。仁宗景祐二年七月封护国显应公。哲宗元符二年九月，加封王。徽宗大观二年七月赐庙额'敷灵'。政和七年五月，加封护国显应昭惠王。"我们现在无法得知崔府君成为"崔瑗"的确切时间，但至少可知南宋时已经这样认为了。

作为本庙的磁州崔府君庙，北宋是什么情况呢？"方道士，失其名，不知何许人，隐于涂阳之西山。磁州有护国灵应公祠，每岁二三月，天下之事神者四集，所献奇禽异兽、巧工妙技、珍肴异果，无所不有。至期，邻郡之事人多会于祠下，游览宴聚，以至夏初社人罢去乃归。方道士无岁不来，常以九蒸黄菁以遗交旧。"② 可见二三月是磁州崔府君庙的盛大节日。"社人"，我猜测是结社之人。至于开封府的崔府君庙，北宋"六月六日，州北崔府君生日，多有献送，无盛如此"③。这里崔府君生日为六月六日，是为磁州崔府君信仰内容之新发明。磁州崔府君信仰在北宋前期就已经有所传播，在涉县就有："崔府君庙在县东南玉泉社。由古今历代封加灵惠齐圣广佑王。岁久旱，官民祈祷辄获验。王尝为滏阳令，后归葬滏阳，步（即涉）与滏阳为邻邑，滏阳为王立祠，涉县民亦尝赴祠祈祷，为山川邃远，苦于跋涉之劳。乡人刘海等议而立庙，以便香火。创立于宋咸平四年，至今庙貌存焉。"④

与磁州崔府君信仰的兴盛相比，晋东南则另有一个崔府君信仰相对默

---

① 蒋子文故事出西晋干宝之《搜神记》卷六《感应篇第三》。可参看林富士《中国六朝时期的蒋子文信仰》，载傅飞岚（Franciscus Verellen）、林富士编《遗迹崇拜与圣者崇拜》，台北允晨文化出版公司2000年版，第163—204页；刘聪：《蒋子文信仰流行考》，硕士学位论文，北京大学，2003年。

② （宋）张师正：《括异志》卷七《方道士》，中华书局2006年版，第78页。

③ （宋）孟元老：《东京梦华录》卷八，《历代笔记小说集成》影印本，第253页。

④ （明）佚名：《涉县志》，嘉靖刻本，《天一阁藏明代方志选刊续编》第4册，上海书店出版社1990年版，第213页。

默无闻。大观二年（1108）十一月，管蒙撰写崔公祠堂记，为我们了解晋东南的崔府君提供了线索：

> 古之县令，皆选贤能，欲有所用，必先试以临人。故铜章墨绶，出宰百里，悉能尽瘁，职是而由，汉以来号为循吏者不可胜数。长子县旧有唐县令崔君祠堂。君讳元靖，尝宰是邑，以异政称，而唐史不载。县之东北数里有碑，盖纪其事。又岁久磨灭，特故老相传云：山有虎害人，君祈诸神，不以强弓毒矢，而以一介之士追虎，至而杀之。既去，邑人遂为立祠刻石。呜呼！君之德国人远矣。虽没数百岁而遗风余烈，可想而畏也。昔紫芝为鲁山令，有盗系狱，会虎为暴，盗请格虎自赎。吏谓诡计。紫芝许之。明日盗尸虎还，举县嗟叹。唐史且美其事而书之。君有异政如此，独不得留名青史间，何不幸欤？管城宋君卓荦有古人风。崇宁五年来此布政。下车之始，闻其事而骇之，曰："君能生为人除害，死必能福人。"明年命易其祠而新之。将使邑人岁时水旱疾疫而祈祷焉。孰谓君无灵？①

由碑文可知长子县原来就有唐县令崔君祠堂。崔府君讳元靖，曾经当过长子县令，有异政，而唐史不载。县之东北数里有碑，盖纪其事。关于异政，故老相传"山有虎害人，君祈诸神，不以强弓毒矢，而以一介之士追虎，至而杀之"。这就是日后崔府君除去虎害的故事母本。"既去，邑人遂为立祠刻石。"也就是给崔府君建立"生祠"。给离任官员建立"生祠"的情况，自从汉代就已经出现，并且在隋唐时期大行其道。② 由此我们知道，北宋的崔府君信仰有两个，一个在磁县，另一个在长子县。南部太行山东麓的磁县崔府君信仰如火如荼，而在太行山西部山区里的长子县，另一崔府君信仰悄然存在，并且在金元时期借助磁县崔府君的声势，逐渐兴盛起来。

此外，在河东地区，亦有一信仰比较奇异。北宋末年，这里曾有人修案立碑：

---

① （宋）管蒙：《崔公祠堂纪略》，（清）刘樾修，樊兑纂：《长子县志》卷一七《艺文》，嘉庆二十一年（1816），国家图书馆藏。
② "生祠"的研究，可参看雷闻《郊庙之外：隋唐时期的国家祭祀与宗教》，第227—239页。

□州芮城县西齐王小客案记

传曰：法施于民，以死勤事，以劳定国。能御大灾，能捍大患者，咸得祀之。于戏！应公盛德大业，历事唐宗，首入其仕也。兄耻以之。雪中成其功也。土番以之和，则公之休光炜迹，熠耀于有唐也。迨及我宋，其余光流泽，犹获其赖者多矣。由是护国以崇其号，西齐以封其王。俾斯民敬奉瞻仰，起会于六月六日者，念其公葬之日，聿追而不忘也。惟公迨今数百岁间，神灵不泯，所祈者应，所卜者从。其福善祸淫之速，不啻若影日应形，响之应声也。至于建中靖国之初，小客蔡兴创建案一座，规模绳墨、宛若真庙貌之形焉。遂会四方之同流，云集雨骤，携老持幼，奔趋迎奉，赖有所归。每至是日，则具陈乎。屏帏帐幄之仪，毕备乎，樽罍簠簋之礼，烧沉抛麝，花烛四明，动逾旬日，则享祀之费莫计其数也。邑首蔡兴者，掷杯而告，遂一掷而吉矣。则知神灵之望，莫非诚也。次年，华州张万暨河中府尚俊同首其会，享祀之礼，事事如初，亦一掷而卜吉，其则前后之克诚，概可见矣。斯会也，播其名则□曰小客而已。计其奉迎之费，虽邑会之大者，未易过也。崇宁四年，邑□张以此会□□□传之于后，人人相继，恐其姓名不能备见，于当时，乃发悃诚，立碣一所以纪之。□□□□名而已，谨记。崇宁四年岁次乙酉四月初五日建。①

该碑刻比较有意思，因为只是提到"应公"，压根未提"崔"姓。"应公盛德大业，历事唐宗，首入其仕也。兄耻以之，雪中成其功也。土番以之和，则公之休光炜迹，熠耀于有唐也。"其中"土番"应即"吐蕃"，貌似在唐时曾奉命按边、出使吐蕃，从而为唐和吐蕃的和平做出一定贡献。"迨及我宋，其余光流泽，犹获其赖者多矣。由是护国以崇其号，西齐以封其王。"北宋封护国西齐王，在《宋会要辑稿》中无记载。该碑建于北宋后期，不太可能伪造本朝封赐。"起会于六月六日者，念其公葬之日，聿追而不忘也。"可见其祭祀时间在六月六日，与磁州崔府君同。"小客"不知作何解，蔡兴的来历不知，"华州张万暨河中府尚俊同首其会"，倒是可知这个西齐王的信仰是覆盖河东和华州的。而河东自两汉以

---

① 碑刻在今芮城县博物馆。录文可参见张俊良、焦红茹《〈西齐王小客案记碑〉考释》，《文物世界》2007 年第 4 期。

来一直属于关中文化圈，[①] 有共同的信仰并不奇怪。这个奇怪的信仰，是崔府君信仰的另一个源头，只是并不姓崔，在金元附会到了崔府君身上，但依然沿用着"护国西齐王"的封号，而这一封号恰恰是辨别崔府君信仰不同发源地的主要标志。

第二节　金代：崔府君信仰在华北的传播

　　金代磁州崔府君信仰的情况，我们现在无法从金代文人笔下得知。所幸磁州处于南北交通要道，是宋金使者来往必经之地。因此我们从南宋使者的笔下也能发现一些崔府君的情况。当金世宗大定九年（宋孝宗乾道五年，1169 年），楼钥以书状官从试吏部尚书汪大猷、宁国军承宣使曾觌出使金国，以贺正旦。他经过磁州时写道："少西百余步，入磁州城门，与州治相近，篆牌字甚稳，大定五年所立。过惠政门，入礼宾坊，又有东溪，在驿之东，闻其中是郡庠，有士人十余人。夜宿滏阳驿之东北，望见崔府君庙、灵星门并庙栋，使、副以下，焚香遥谒。"[②] 华北地区现存金代崔府君信仰的记载有限。详细记载崔府君来历的是蒙古太宗八年（1236）元好问之《崔府君庙记》，[③] 此年金朝刚灭亡两年，可以认为是金代山东对崔府君之认识：

　　　　唐崔子玉府君祠，在所有之。或谓之亚岳、或谓之显应王者，皆莫知其所从来。府君定平人，太宗时为长子令，有惠爱之风。本道采访使与长子尉刘，内行弗备，且有赃赇之鄙。时县有名虎，府君谓二人者宜当之，已而果然。及一孝子为所食，乃以牒摄虎至，使服罪。一县以为神而庙事之。世所传盖如此。

　　这是在山东东平县的崔府君庙。很明显，此时之太行山东部崔府君信

---

①　刘影：《皇权旁的山西——集权政治与地域文化》，新星出版社 2007 年版，第 57—73 页。

②　（宋）楼钥：《北行日录上》，载楼钥《攻媿集》卷一——一，文渊阁《四库全书》本。

③　（元）元好问：《元遗山文集》卷三二《记》，文渊阁《四库全书》本。

仰的内容已经从简单向复杂过渡。"崔子玉""亚岳""显应王"，这些都
是在口头上合并的体现。

"崔子玉"即崔瑗（77—142），东汉安平（今河北省安平县）人，东
汉书法家。他是东汉著名学者崔骃的中子。汉顺帝永建四年（129）任汲
县令，①"乃开渠造田薄卤之地更为沃壤，民赖其利。长老歌之曰：'天降
神明君，锡我慈仁父。临民布德泽，恩惠施以序。穿沟广灌溉，决渠作甘
雨。'"② 可见崔瑗是位"良吏"。本来磁州之崔府君不知名姓，但民众附
会到崔瑗身上，倒也是合情合理。

所谓"亚岳"，盖指崔府君代行南岳祭祀之事。金朝占领北方之后，
在汉化的过程中与汉族王朝一样，国家祭祀的内容里也有"五岳、五镇、
四海、四渎"。但此时南岳在南宋境内，只能遥祭："大定四年，礼官言：
'岳镇海渎，当以五郊迎气日祭之。'诏依典礼以四立、土王日就本庙致
祭，其在他界者遥祀。……立夏，望祭南岳衡山、南镇会稽山于河南府，
南海、南渎大江于莱州。……"③ 大定四年是金世宗1164年，望祭南岳于
河南府，具体操作没有留下记载。倒是各路碑文中留下不少："金大定中，
祀五岳以具神位。四岳皆降，唯衡岳不至，属宋国也。诏以侯权之，神即
降矣，由是天下大服。"④ 由此可知因为降神时南岳不至，而归因于在南宋
境内。诏以崔府君权行南岳事，降神成功，也因此，民众才对令崔府君权
行南岳事没有意见。"金有中原，以衡岳在宋境，命王权行南岳事，谓之
亚岳。国初，以武定灭下，礼文未遑，迨于世祖皇帝，举百废，享群神，
越至元十有三年，赵宋告亡，地尽南海，十五年，归岳祀于衡山，改封王

① 《后汉书》卷五七《崔骃传子崔瑗附传》："久之，大将军梁商初开莫府，复首辟瑗。自以再
为贵戚吏，不遇被斥，遂以疾固辞。岁中举茂才，迁汲令。在事数言便宜，为人开稻田数百
顷。视事七年，百姓歌之。"据《后汉书》卷三七《梁商传》："（永建）三年，以商为大将
军，固疾不起。四年，使太常桓焉奉策就第即拜，商乃诣阙受命。"因此崔瑗任职当在梁商
任大将军的永建四年。
② 《太平御览》卷二六八《职官部六十六·良令长下》引《崔氏家传》。
③ 《金史》卷三四《礼志七》，第810页。
④ （元）师德华：《灵慧齐圣广祐王碑》，成化《顺德府志》，转引自《全元文》卷一一五八，第
37册，第16页。有的记载是："大定初封为亚岳，摄行南岳事。"［（元）李钦《重修护国西
齐王庙记》，陈垣辑：《道家金石略》，第776页］清人郑烺编纂：《崔府君祠录·附历代封
典》："金章宗明昌二年，巡狩祀五岳。礼臣奏：南岳属宋不伏致祭。帝曰：北方有历代加封
神灵显著者，可权岳祀矣。礼臣以府君奏，乃封为亚岳之神，摄行南岳事。重辉殿宇，赐銮
仪，置官守焉。"所云亚岳之封在金章宗时期。笔者以碑刻所载为确。

以齐圣广祐之号。"① 所谓"亚岳"，是因其代行南岳事。蒙古灭金后，五月祭祀就暂停了。直到元世祖至元三年（1266），才重新确定五岳祭祀，南岳依然遥祭河南府。② 因此崔府君代行南岳的祭祀延续到至元十五年（1278）。今河南登封县大金店镇还保存着完整的南岳庙。主殿所祭祀者，不是南岳，恰恰就是崔府君。而在金代，登封县就属于河南府管辖。这就与文献记载相互印证，补充了正史记载的缺失。

尽管崔府君只是代行南岳祭祀，但是作为人神，能够参与到五岳祭祀中，这无论是从官员还是普通民众来说，都会对其敬仰有加。元好问所云"显应王"即其"护国显应王"，所以宗泽在磁州时，当地人称崔府君为"应王"。

> 府君定平人，太宗时为长子令，有惠爱之风。本道采访使与长子尉刘，内行弗备，且有赃贿之鄙。时县有名虎，府君谓二人者宜当之，已而果然。

元好问说崔府君为定平人。唐代"定平县"，属宁州（治今甘肃省庆阳市宁县）。与后代所云籍贯皆不同，应为"平定"。唐太宗时崔府君为长子县令。"本道采访使"指河东道采访使。唐代采访使之设置是在开元二十二年（734），采访处置使，简称采访使，掌管检查刑狱和监察州县官吏，属于地方监察官。这个时间与唐太宗相差百年。采访使和长子县令有"赃贿之鄙"，所以崔府君认为县里有虎与这二人有关，或许这是"苛政猛于虎"的表现。元好问对其所述也未加考证，只是说传说如此。真正属于崔府君神话的是"及一孝子为所食，乃以牒摄虎至，使服罪"。这个传说继承了北宋末年长子县崔府君传说里"虎"这一关键要素。北宋末的长子县传说是崔府君亲自捕虎，而东平的崔府君传说就更为神化：虎食孝子，以牒摄虎！这是崔府君传说变化的关键。"孝子"形象在崔府君传说中的出现时间，笔者猜测至少是金代。前述二仙传说中二仙由仙女向孝女

---

① （元）王士纲：《崔府君庙碑》，（清）豫谦修，杨笃纂：《长子县志》卷七《金石志》，光绪八年（1882）。

② 《元史》卷七六《祭祀志上》："至元三年夏四月，定岁祀岳镇海渎之制。……三月南岳、镇、海渎，立夏日遥祭衡山，土王日遥祭会稽山，皆于河南府界，立夏日遥祭南海、大江于莱州界。……祀官，以所在守土官为之。既有江南，乃罢遥祭。"（第1902页）

转化的时间亦为金代，因"二十四孝"为代表的孝文化在山西境内已有明显的传播。山西崔府君信仰中出现"孝子"，应当亦为孝文化影响下的产物。

"庙之在阳平者有年矣。贞祐之兵，烧毁几尽。东平副元帅赵侯以其父之志为完复之。其成也，侯命予以岁月记，故为书之。"该庙在阳平，"阳平县"为古县，隋朝以后为莘县。蒙古太宗八年（1236）"丙申三月二十有一日，冠氏赵侯名天锡，冠氏人。时为东平副元帅"①。赵天锡《元史》卷一五二有传："属金季兵起，其祖以财雄乡里，为众所归。贞祐之乱，父林，保冠氏有功，授冠氏丞，俄升为令。大安末，天锡入粟佐军，补修武校尉，监洺水县酒。太祖遣兵南下，防御使苏政以为冠氏令，乃挈县人壁桃源、天平诸山。岁辛巳春，归行台东平严实。实素知天锡名，遂擢隶帐下，从征上党，以功授冠氏令，俄迁元帅左都监，兼令如故。"而元好问是在金亡时东依赵天锡。② 阳平之崔府君庙在金宣宗贞祐之变时毁坏，直至二十多年后才为赵天锡所重修。

其实元好问对崔府君并不认同，他在碑文里是持批判态度的。③ 他首先拿出儒家经典来说事。"《传》曰：'有功于民则祀之，以劳定国则祀之。'此不为小德小善者言。"《左传》的这句话来自《礼记·祭法》："夫圣王之制祭祀也，法施于民则祀之，以死勤事则祀之，以劳定国则祀之，能御大灾则祀之，能捍大患则祀之。"元好问认为能满足这样条件的，不是"小德小善"的人所能符合的，言外之意是说崔府君根本达不到。他下面接着举诸葛亮被祭祀的事。诸葛亮死后，蜀人要求祭祀，而朝廷未同意，百姓就只好"野祭"。后来才同意立庙。"从事观之，汉人于忠武侯，其难之也如是，况其下者乎？"他认为诸葛亮被祭祀尚且很难，况且下级官僚呢？"且夫郡县之良吏，血食一方，见于今者多矣。然卓茂则止于密，鲁仲康则止于中牟，朱邑则止于桐乡，召父杜母则止于南阳；盖未有由百里之邑，达之天下四方，如府君之祠之移者也！"其实元好问只说了结果，

---

① （元）元好问：《遗山先生文集》卷三二《东游略记》。

② （元）元好问：《遗山先生文集》卷三六《伤寒会要引》："往予在京师。闻镇平人李杲明之，有国医之目，未识也。壬辰之兵，明之与予同出汴梁，于聊城、于东平，与游者六年。""壬辰"为金朝灭亡之1234年。这一年元好问和李杲同出汴梁，一起去聊城和东平。

③ 黄正建先生已经提到这一点，但他并未展开。见《关于唐宋时期崔府君信仰的若干问题》，《唐研究》（第十一辑），第296注释②。

没有看到原因。丰功伟绩的诸葛亮不能在成都立祠受祭，反而长期被"野祭"，不是不能祭祀成都，而是从一个侧面可以看出刘禅对诸葛亮的忌惮心态。① 为诸葛亮在成都建立祠庙的阻力并不是制度上的，而是人为的。东汉卓茂任密县令，鲁恭（字仲康）任中牟县令，朱邑任桐乡县令，"召父杜母"指西汉召信臣和东汉杜诗，他们都曾为南阳太守，且皆有善政。在元好问看来，这些"良吏"虽然皆有祭祀，但皆局限在任职之地，未能冲出百里的范围。两汉的那些郡县良吏之祠庙没有越过"百里"辖境，与当时民间神灵"祭不越望"有关。显然元好问没有认识到时代不同，信仰的祭祀情况是有变化的。他举的例子都是唐代以前的，唐代以降的例子他一个也没举。因此用崔府君和两汉时期的良吏来作比，有些关公战秦琼的味道。

"高门之荡然、广殿之渠然、衮冕之巍然、侍卫之肃然，虽五帝之尊且雄无以进。"对于崔府君受到如此高规格的待遇，元好问感叹道："呜呼，祀典之坏久矣！唯祀典坏而后彻淫祠之政举。丧乱以来，天纲弛而地维绝；人心所存，唯有逃祸徼福于在耳。唯逃祸徼福者在，故凶悍毒诈有时而熄。若曰：'淫祀无福，非其鬼而祭之为诌'，尔所敬非吾之所谓敬，尔所惧非吾之所当惧。彼将荡然无所畏惧，血囊仰射，又何难焉？"在元好问看来，祀典已经不再执行，从而让崔府君这样的神灵进入祭祀的行列。言外之意是崔府君属于"淫祀"。不管怎样，在金末元初的时候，崔府君在今山东东平地区已经存在很久了，并且从传说上看，应该是从山西长子之崔府君传播过来的。

金代河南中部地区依然保持着比较明显的崔府君信仰，从南岳祭祀放在河南府可知。此外在金代许州临颍县合流镇（今周口市西华县境内）亦有崔府君庙，不过却称为"护国西齐王庙"，金世宗大定十八年（1178）加以重修：②

　　　　窃以唯神明灵常祐人，而是念虽人□□，盍敬神而不怠，（阙）柄主阴符造化之权系，人得以安生□身不无依赖，不期一日（阙）层

---

① 可参看田余庆《秦汉魏晋史探微》（重订本），中华书局2004年版，第213—237页。

② （金）佚名：《重修护国西齐王庙记》，凌甲烺修，张嘉谋纂：《西华县续志》卷一一《金石志》，民国二十七年（1938），国家图书馆藏。

观。元有大殿、献殿、东廊，三门栋□□各摧基□无不（阙）系生舍
壁丹青之湮没，对景如是无语，喟然□今（阙）神容□暴露之忧，使
士民无瞻依之□。是以彼公郎目（阙）刘公押司、严公二郎、□脚子
高二□□同□□意欲行修复，□□遂同心□意，谨启诚心，□舍己资
（阙）高二叔使诸方设化，效力□功，日以及夜，夜以继日（阙）自
愿助力者日以云集，不及岁祺，一旦复□，今已使（阙）开具姓名
如后。

这块碑文没有告诉我们这个"西齐王"的来历，民国县志的编者因为不
知道"护国西齐王"是金代开始流传的崔府君的封号之一，故而也不知
所以然。对于金代人来说，北宋的封号已经真假难辨。但是这个封号
使用的范围主要以山西河东地区和河南某些地区为主，约略可以将两
地崔府君信仰看作是来自一个传说来源地，当不为过。不过日后河南
地区的崔府君信仰，也有使用"护国西齐王"者，可知这个封号在河
南地区也较为盛行，这个封号大致可以与磁州崔府君和长子崔府君相
区别。

第三节　"泥马渡康王"：崔府君
信仰在南宋的演绎

"泥马渡康王"是南宋初年广为流传的一个传说，这与宋高宗即位初
期的政治造势有关。这个传说与政治之关系已经有学者做了精彩的分析。[①]
但是对于传说本身的变化却关注不多。崔府君信仰在移植到江南后，又发
生了哪些变化？南宋嘉定三年（1210）楼钥曾奉敕撰写了显应观（即崔府
君庙）碑记，[②] 详细叙述了南宋官方对崔府君的认识：

---

① 邓小南：《关于"泥马渡康王"》，《北京大学学报》（哲社版）1995 年第 5 期；王珽：《磁州
　卜行：关于"泥马渡康王"传说新证》，载氏著《古代文化史论集》，上海古籍出版社 2007 年
　版，第 147—163 页。
② （宋）楼钥：《中兴显应观记奉敕撰》，《攻媿集》卷五四《记》。下引楼钥之语皆出此文，不
　再一一出注。

真君崔姓，庙在磁州，旁为道观，河朔人奉之五百余年矣。靖康中，高宗由康邸再使金。磁去金营不百里，既去谒祠下，神马拥舆，胏鬣炳然，州人知神之意，劝帝还辕。孝宗诞育于嘉兴，先形绛服，拥羊之梦，生有神光，烛天之祥，此皆其最著者也。中兴驻跸钱塘，初置观于城南，寻徙于西湖之滨，分灵芝僧寺故基为之。祠宇宏丽，像设森严，长廊靓深，采绘工致，铁骑戎卒，左出右旋，戈铤旗盖，势若飞动。敞西斋堂，以挹湖山之秀；为崇佑馆，以处羽衣之流，称其为大神之居。高宗脱屣万乘，尝同宪圣临幸，以丹垩故暗，赐金藻饰一新。既又三十余年矣。皇帝皇后聿追祖考之意，载命兴葺，复赐缗钱二万，俾都监、右街鉴义、主管教门公事明素大师陈永年，买田以增斋供之费。所以妥灵而锡福斯民者甚至，是诚不可以无纪也。

楼钥提到崔府君庙在磁州，旁边为道观，这是暗示道士对崔府君庙的潜在影响。"河朔人奉旨五百余年"，如果从楼钥所在的 12 世纪末上推五百年，则为唐代 7 世纪。接着就提到了高宗与崔府君神的离奇经历，但是没有提到"泥马"。这一说法代表了官方的意见。南宋人假托太学生陈东之名所作《靖炎两朝见闻录》下卷中说："康王遂从宗泽之请，不果使北，将为潜归之计。且闻去年斡离不自遣康王归国后，心甚悔之，既闻康王再使，遣数骑倍道催行。康王单骑躲避，行路困乏，因憩于崔府君庙，不觉困倦，依阶砌假寐。少时，忽有人喝云：'速起上马，追兵将至矣！'康王曰：'无马，奈何？'其人曰：'已备马矣，幸大王疾速加鞭！'康王豁然环顾，果有匹马立于旁。将身一跳上马，一昼夜行七百里。但见马僵立不进，下视之，则崔府君泥马也。"我们所熟知的"泥马渡康王"的传说，是南宋民间的演绎，并且被元朝所继承，成为后来民间传说的张本。[1] 在随后南宋文人笔下，这个传说继续流传。嘉定四年（1211）程卓使金，记载道里行程，在十二月十四日"至磁州"条中写道："早顿相州安阳驿，今为彰德府。……驿左显应观崔府君庙。君曾为尹三日，民以忠正

---

[1] 王珽：《磁州卜行：关于"泥马渡康王"传说新证》，载氏著《古代文化史论集》，第 147—163 页。情节最为丰富的是《湖海新闻夷坚续志》，中华书局 1986 年版，第 301 页。

祠之。高宗为王尚书云迫以使虏，磁人击毙王云。高宗欲退，无马可乘，神人扶马载之南渡河。今立祠西湖，卓等夜率三节官属望拜，祷于神，护往来。"① 条中反映出程卓试图将传说附会与历史事实、地理方位对接的努力。但是，身历其处的程卓恐怕很难确指，赵构自磁州南返相州时，神马助其"南渡"之"河"究系哪条。《四库全书总目提要》评价道：

> 《使金录》一卷。宋程卓撰。……嘉定四年，卓以刑部员外郎同赵师岩充贺金国正旦国信使，往返凡四阅月。是书乃途中纪行所作……亦间可以广见闻。然简略太甚，不能有资考证。……所记唯道途琐事。世传宋高宗泥马渡江，即出此书所记磁州崔府君条下。盖建炎之初，流离溃败，姑为此神道设教，以耸动人心，实出权谋，初非实事。卓之所录，亦当时臣子之言，未足据也。

因此，"泥马渡康王"是创造于南宋初年并流传于南宋境内的一个传说，在金代华北根本没有什么影响。②"渡"的是什么河？按照传说的时空当然只能在磁州崔府君庙附近，那就是黄河。这个传说在进入元朝后影响了黄

---

① （宋）程卓：《使金录》，《四库全书存目丛书》，史部第45册，1996年，第42页。
② 徐梦莘《三朝北盟会编》卷六十四："磁州城下，望见百余人执兵，文身，青纱为衣，以伞遮马，绣其鞍鞯，如市里小儿迎鬼神之状者。王顾怪之，磁人谓：应王出迎康王耳。应王者，磁人所事崔府君加应王者。顷刻，马相就，有吏呼应王揖者，泽请王举鞭笞之，又呼曰：应王请康王行。马入至府舍正寝，犹未进食，吏特谒王云：应王参见。泽已于正厅设两位，具宾主仪。泽恳王曰：应王灵，邦人听之，如慈父母。唯愿大王信之勿疑。王不得已，戎马而出，吏揖应王就坐，二庙吏绯衣，其一手相持各一手平展外向，若拥应王之状。既云就坐，茶汤如常礼。吏赞应王不肯就厅上马，泽前请应王上马，即退。少顷，应庙二将军入谒，如前仪。王徇泽之请，从之。""康王徇宗泽之请，乃谒应王庙。当州之北，乃入邢、洺之路也。磁人以王遂欲北去，遮马号呼泣涕，劝勿往，且言：金人自李固渡河矣，不如起兵援京师。马不能前，惧，使人告谕百姓曰：大王谒庙耳，非北去也。众不听，王使谕泽告之，乃开道谒庙。泽奉珓于王，王勉为一掷而得吉，乃退拥二将军讫，王就小次，泽赞呼本庙诸案吏参，泽所使人又赞云：谢到。顷之，王欲乘马归，有紫衣吏二十人，舁应王所乘轿神马在后，拥而前曰：应王乞大王乘此，以就馆舍。王顾视其轿，则朱间金装座椅，及竿褊首施红褥。"这段话描述了在康王入金的过程中，宗泽利用地方民众对崔府君的信仰，成功阻止其北上，这成为后来崔府君传说的张本。该传说是站在金朝的对立面上来说，故而流传于南宋，而金代绝无痕迹。当然，此处称崔府君为"应王"，与河东"应玄"有无关系，尚不可知。

河附近的地域，地处黄河故道的县份如清丰县，[①] 黄河南岸的县份如杞县，迄今还流传着这个传说。[②] 在南宋这个"泥马渡康王"发生地则有明显转移：在江苏附会到了长江，在浙江则附会到了钱塘江。

对于崔府君的来历，楼钥说："窃考神之所自，不知者以为北魏之伯渊，其知者以为后汉之子玉，虽皆名公，而实非也。""伯渊"为崔浩，为北魏太武帝时期重臣，因大力推行汉化，导致鲜卑贵族之仇恨而被杀，《魏书》有传。[③] 崔子玉就是崔瑗。二者史书皆有传，故楼钥说："使果为子玉与伯渊，安得谓史逸其传欤？"所以他引用北宋仁宗时的诏书，认为崔府君之名不可知。接着交代了《宋会要》之外的另一些史实，即北宋后期直至南宋的封赠："元符二年，即旧号封王，大观赐庙额，政和赐冠冕，七年加封护国显应昭惠王。宣和三年，郡守韩景朝辞，承上命葺治祠，曰'敷灵观'、曰'显应'。……因命刑曹曹弋编录神之灵迹五十余条，传于世。淳熙十三年，奉光尧圣旨，改封真君。"可知崔府君在哲宗时已封王，孝宗淳熙十三年（1186）改封护国显应昭惠真君。在楼钥看来，"然至今以府君为号者，尤见其本于为令也。"民众称其崔府君，正好可以看出其原本是县令。反映出随着崔府君信仰的逐渐盛行，开始出现了这类比附历史名人的做法。大概楼钥文中提到的刑曹曹弋所编"府君灵迹五十条"之类的书籍也通行于世，借此宣传府君的灵威。[④]

崔府君庙为道观，却是"分灵芝僧寺故基为之"，可以说这是动用国家力量对佛教势力的侵夺。"初，命延福宫使、安德军承宣使张去为为提举官，传子及孙延庆，复庇此职，宣力于观为多。道士初止十余人，今益

---

① （清）高俊修：《清丰县志》卷四《祀典》："康王庙在县东南二十五里上和村。世传宋康王质于金，间道南奔，泥马渡河，即此。"同治十一年（1872），国家图书馆藏。嘉靖三十四年（1555）李朝纲《康王庙碑记》："庙在清丰上和村，高陵屹立，翼然临于黄河之北岸，世传以为泥马渡康王之遗迹焉。而陵卿马之所化也。自元迄今免其租税之入，以前王驻跸之地故也。"见刘陛朝修，胡魁凤纂《清丰县志》卷九《艺文志上》，民国三年（1914），国家图书馆藏。

② 今河南杞县还流传着"泥马渡康王"的传说："我县李指挥屯村以西二里许，有处康王坡，地形低洼，方圆两顷有余。原来上面有座庙宇，名为康王庙，清光绪年间还完好，但现在已经是片瓦无存。庙前有一土堆，传说系泥马粉后的遗迹。"故事可见刘玉亮主编《中国民间文学集成·河南杞县故事卷》，中原农民出版社 1990 年版，第 21—22 页。

③ 可见《魏书》卷三五《崔浩传》。

④ ［日］水野清一、日比野丈夫：《山西古迹志》，孙安邦、李广洁、谢鸿喜译，山西古籍出版社1993 年版，第 270 页。

以众。田止百余亩，今益以广。启观门而许士庶祈禳，咸有定期。"延福宫使是内侍省宦官官称。承宣使，即原来沿袭唐制设置的节度观察留后，无定员，无职守，虽冠有军名而不赴任，仅为武臣加官虚衔。宋政和七年（1117）改称承宣使。因此崔府君庙也就是为宦官势力所掌管的道观，并且对外开放。"季夏六日，相传以为府君生朝，都人无不归向，骈拥一夕，尤为一时之盛。孟冬十日，又谓为府君朝元之节，或云以是日上升，禁庭皆设斋醮。北人之寓居者，是日亦必至焉。"对南宋崔府君庙的盛况，吴自牧说："六月季夏，正当三伏炎暑之时，内殿朝参之际，命翰林供给冰雪，赐禁卫殿直观从，以解暑气。六月初六日，敕护国显应兴福普佑真君诞辰，乃磁州崔府君，系东汉人也，朝廷建观在暗门外聚景园前灵芝寺侧，赐观额名曰显应，其神于靖康时高庙为亲王日出使到磁州界，神显灵卫驾，因建此宫观，崇奉香火，以褒其功。此日内庭差天使降香设醮，贵戚士庶，多有献香化纸。是目湖中画舫，俱舣堤边，纳凉避暑，恣眠柳影，饱挹荷香，散发披襟，浮瓜沉李，或酌酒以狂歌，或围棋而垂钓，游情寓意，不一而足。盖此时烁石流金，无可为玩，姑借此以行乐耳。"① 由此我们可知崔府君信仰在临安的兴盛景象。自然这与楼钥所说"（高宗）因命刑曹曹弋编录神之灵迹五十余条，传于世"有密切关系。他在记文中也提到了出使金朝时的情景："乾道六年，遣使贺金国正旦，臣以假吏从行，过磁，使介而下，相率望拜于驿中。盖往来者，必致敬，行则先祷于西湖之祠，归则洁羞以谢之。"从中可见南宋江浙地区士庶对崔府君的信仰情况。

---

① （宋）吴自牧：《梦粱录》，浙江人民出版社1980年版，第24页。周密也回忆了这样的场面。"六月六日，显应观崔府君诞辰，自东都时庙食已盛。是日都人士女，骈集炷香，已而登舟泛湖，为避暑之游。时物则新荔枝、军庭李二果产闽，奉化项里之杨梅，聚景园之秀莲新藕，蜜筒甜瓜，椒核枇杷，紫菱、碧芡、林檎、金桃，蜜渍昌元梅，木瓜豆儿，水荔枝膏，金橘、水团，麻饮芥辣，白醪凉水，冰雪爽口之物。关扑香囊、画扇、涎花、珠佩。而茉莉为最盛，初出之时，其价甚穹，妇人簇戴，多至七插，所直数十券，不过供一饷之娱耳。盖入夏则游船不复入里湖，多占蒲深柳密宽凉之地，披襟钓水，月上始还。或好事者则敞大舫，设薪簟高枕取凉，栉发快浴，唯取适意。或留宿湖心，竟夕而归。"（宋）周密：《武林旧事》，西湖书社1981年版，第43页。

第四节　元代：崔府君信仰在华北的传播

元朝继承了金代和南宋的文化遗产。在灭南宋的 1279 年之后，出现了江浙崔府君和华北崔府君信仰各自传播的情况，江浙的崔府君信仰也或多或少影响了华北崔府君信仰的内容，但华北并未影响江浙信仰内容，这种格局直至清末民国。因主要着眼于华北，故而对元代江浙崔府君之信仰不做叙述。现存华北崔府君庙的碑刻，皆为元代所竖立。通过这些碑刻，我们大致能够知道元代崔府君信仰在华北区域的传播情况。

一　崔府君信仰在河北南部的继续兴盛

作为本庙，磁州之崔府君庙在金代依然存在，并且以"亚岳"的身份权行南岳祭祀。元代至元十五年（1278），时南宋大部分已经被元朝占领，南岳归入版图。此年正月"封磁州神崔府君为齐圣广佑王"①。大德三年（1299）磁州重修崔府君庙，学士王德渊撰碑文，这是现存最早的磁州本庙之碑文。② 该文对磁州崔府君信仰做了一个概括性的描述：

> 王姓崔，讳珏，显名于隋唐之间，为滏阳令，有神政。太宗朝召拜蒲州刺史，卒于官。临终遗命，归葬滏阳。滏阳隶磁州，为附郭县，磁人思其德，立祠事之如生。后唐天祐十二年，郡将靳侯迁神像于法观，其汛扫香火之事，道者主之。

---

① 《元史》卷一〇《世祖纪》，第 198 页。
② （元）王德渊：《崔府君庙碑记》，（清）蒋擢修：《磁州志》卷一七《艺文》，康熙四十二年（1703），国家图书馆藏。该节无注引文皆出此。

与北宋时不知崔府君名字相比，元代时磁州就已经编造出崔府君的名字为"崔珏"。但唐朝实有其人。崔珏，字梦之，清河（今属河北）人。寄家荆州（今湖北江陵）。宣宗大中（847—859）进士。曾任秘书省校书郎。后为洪县令，官至侍御史。这与磁州没有什么关系。在北宋时还认为崔府君名字已佚，只过了两百年，就变成了"崔珏"。这个变化的原因在哪里呢？王德渊说："太和元年，郡幕官窦衍发所瘗墓志于西阁，得王之世系，灵异事为最详。因请上党簿潘希孟记之。潘亦磁人，文章德业为当时冠。""太和"即"泰和"，金章宗年号，元年就是1201年，这一年磁州的幕官窦衍在崔府君庙的"西阁"，发现崔府君的墓志，从而知其世系，尤其是灵异之事最为详细。可知在1201年，就应该知道崔府君名叫"崔珏"。碑文接着说"宋咸平元年召守臣入京，盖有宣室之问。遂命刘蒙正大修神宇，榜曰'府君之庙'。右正言、知制诰赵安仁奉敕文其碑。景祐二年封护国显应公，元符二年诏以神之威力变化，其爵弗称，乃即旧而王之，寻加昭惠，衮冕仪卫，一尊礼秩。大观二年，太守韩景奉旨益崇庙貌，御笔书额以赐之。景勒之于石，覆之以阁。徽、钦板荡，阁烬石存，金有中原，以衡岳在宋境，命王权行南岳事，谓之'亚岳'"。这些交代可以补充前述宋人记述之疏略。

"国初以武功定天下，礼文未遑。时则有五路万户、开府史公天泽首命本州长官杜旺，水军总管刘涉八力为修葺。"史天泽是蒙古初年著名的汉人世侯之一，其家族是金元之际汉地最大的一支地方势力，他本人是与蒙古统治者合作密切的北方汉族地主阶级的代表人物。[1] "己丑，太宗即位，议立三万户，分统汉兵。天泽适入觐，命为真定、河间、大名、东平、济南五路万户。"[2] 己丑年为1229年，太宗窝阔台即位。该年任史天泽为五路万户。其实就是北京以南的河朔大部都归其掌管。蒙古初年时虽然"礼文未遑"，依然有汉人官员如史天泽对崔府君庙加以修缮。"今皇上登极以来，敬神保民，道被幽显，其自古圣帝明王，忠臣烈士，祠宇所在，恩渥有加。元贞二年春，平章政事荣禄安公祐奏请加封，天子允之。

---

① 参见符海潮《元代汉人世侯群体研究》，第98—132页。史天泽事迹可见（元）王磐《中书右丞相史公神道碑》，《国朝文类》卷五八；（元）王恽《开府仪同三司中书左丞相忠武史公家传》，《秋涧集》卷四八，文渊阁《四库全书》本。
② 《元史》卷一五五《史天泽传》，第3658页。

诏曰：'有功则祀，古今之常经。无感不通，神明之至德。齐圣广祐王礼严祀典，名著史编，历代褒崇，洋洋阐灵之如在。生人嘉赖，简简垂惠以无疆。曾司衡岳之权，久重滏阳之镇。灵懿①夫人，夙称柔则，克配英风，玉烛均调，顺阴功而内助，翠帷俨素，祐多福以旁周。宜并锡以嘉名，用茂扬于休闻。于戏！焕其大号，既遗尔家室之荣；享于克诚，益赞我山河之固。齐圣广祐王可封灵惠齐圣广祐王，灵懿夫人可加封顺祐灵懿夫人，主者施行。'""今皇上"指元成宗。"荣禄"指荣禄大夫，元代文散官，从一品。平章政事安祐，《元史》无安祐为平章政事之记载。查《明一统志》，安祐为磁州人，死后赠官平章。② 这里是王德渊的追述。崔府君是磁州之神灵，而安祐又是磁州人，故有为崔府君加封的奏请。尽管这个奏请的前后过程我们不得而知，但这个举动却暗含着"地方主义"（Localism）的意味。③ 很诡异的是，元成宗加封崔府君的诏书，却在山西灵丘县立碑宣扬。灵丘县在大同地区东南，与河北省涞源县接壤。该碑刻将诏书时间定在"元贞元年二月"，与磁州之碑文所云加封时间相比早了整整一年。《山右石刻丛编》的编者没有注意到这篇碑文与磁州崔府君庙之关系。很明显，这篇加封诏书是赐予磁州崔府君庙的，但灵丘县却借此诏书来扩大本地崔府君庙之影响。

对于这次加封之事，崔府君庙的主持者还是下足了功夫。"提点颐贞太师赵宗贵、提领纯和太师梁宗正，因议摹勒贞石，金相蒙古本字于上，汉译隶字于中，记文于下。植诸殿前昭神威而侈国赐，礼也。"崔府君庙何时成为道观，时间不可确知。前述楼钥云磁州崔府君庙旁为道观，可能

---

① 此处康熙《磁州志》卷一七《艺文》作"灵惠夫人"，据（元）成宗《加封崔府君诏》校改，见《山右石刻丛编》卷二八，《石刻史料新编》第 1 辑第 21 册，第 15588—15589 页。

② 《明一统志》卷二八《彰德府》："安祐　磁州人，弱冠上书世祖，奇之。授以近侍，每有委用，规模宏远。官至集贤大学士。卒赠平章，追封兴国公，谥文康。"文渊阁《四库全书》本。

③ 包弼德先生曾对南宋兴起的"地域身份认同"（Local identity）进行研究。他认为"身份认同"是社会生活的一部分，某一地域的士人在某一特定时期会以"地方"为基础来建构一共享的身份认同，从而产生了"地方主义"（Localism）的意识。参见包弼德（Peter K. Bol）《地方传统的重建——以明代的金华府为例（1480—1578）》，载李伯重、周生春主编《江南的城市工业与地方文化（960—1850）》，清华大学出版社 2004 年版，第 247—249 页。在金元的华北，"地方主义"的意识也逐渐在酝酿。

在北宋末年就已经逐渐为道教势力所控制。① 但是对于皇帝的加封，还是相当重视的，这不仅是国家对崔府君庙的重视，也进一步扩大了该庙的影响。发下一纸加封诏书，并不意味着事情结束。"大德三年，州之耆老复以庙制未极崇贵，乞官为修理，州闻之广平路，闻之中书礼部，部闻之省，今平章政事荣禄梁公德珪，久歆神明，遥领护掾，据典理奏，从其请，爰降中统楮币一万缗，期于新完而后已。"大德三年（1299），磁州之"耆老"，即地方上有名望的老人，请求官府加以修理。"州闻之广平路，闻之中书礼部，部闻之省"，这是文书上行的路线。此时的中书省平章政事是梁德珪，拨付"中统楮币一万缗"用于维修崔府君庙。"是行也，提领梁纯和实来京师，因陕西行台、治书侍御史滏阳安公祐遣诣史馆，言于王德渊曰：'子常居磁下，亲际耳目，于神为乡人。今载笔翰林，职掌书记，述于国为史氏。以公之私记，将安往？'余闻之悚然，不敢以芜陋辞，则应曰：'诺。'"这次来京城活动，提领梁宗正通过时任治书侍御史的磁州滏阳人安祐的关系，找到同为磁州人的王德渊，希望他写篇记文。当然理由很简单，即王德渊与崔府君为"乡人"，也就是同乡。② 这个理由王是无法推辞的。

通过以上的叙述，我们可以发现，无论磁州之"耆老"还是崔府君庙的道士，通过同乡的关系，打通了州→路→中书礼部→中书省这条路径。前后几年间，不仅解决了崔府君加封的问题，而且获得了庙宇的维修资金，最后还发动身处中央的同乡写碑文。一个基于"磁州人"的社会关系网络就此初具规模，这是华北地区"地域身份认同"（Local identity）初步形成的表现。

在元代，磁州崔府君的封号已经达到极致，但磁州崔府君的变化还未结束。明洪武年间，磁州属县武安和村镇西北二里得崔府君之墓。当时御

---

① 前述楼钥文云宣和三年（1121）赐额，道观曰"敷灵观"，崔府君庙曰"显应"。在民国二十九年《武安县志》卷一三《金石志》："《敕赐显应庙牒》大字，行书，小字正书。贞祐丙子望日，与福祥寺牒式同，唯尚书礼部牒左小字主文上，均盖以篆印，致皆模糊不可读，在县西南四十五里和村镇府君庙。"（《中国地方志集成·河北府县志辑》第 64 册，第 322 页）"贞祐丙子"为贞祐四年（1216），在此年赐崔府君庙以"显应"庙额。

② （元）王德渊：《角觝说，寄崔左丞，至元十七年作》云："余幼从先大夫寓居磁州，磁有崔府君祠，岁以十月十日社，四方乐艺毕来献其能，而以角觝之戏殿。角觝中复择其勇且黠者殿，号曰首对。当时众人指在东者一个相语曰：'此人前年获胜于泰安庙下，去年获胜于曲阳庙下，今日又将胜矣。'"〔（元）周南瑞编《天下同文集》卷二六，文渊阁《四库全书》本〕

史纪杰（亦为磁州人）撰碑文，详细叙述了崔府君的情况：

> 府君讳珏，字子玉，祁州古城县附郭村人。父公让，母刘氏，每以济贫为急，蒙活者众。隋开皇五年六月六日生府君，有瑞气盈室之异。既长，聪敏过人，日记千言，且事亲至孝，接人有礼，娶卢氏。仁寿元年被举入朝，遂魁天下。三年拜太子府傅监，至贞观元年，聘复旧职，加兵部员外郎。十五年授长子县令，十六年，征迁滏阳令。十八年迁卫县令，十九年擢蒲州刺史，兼河北二十四州采访使。二十二年十月上旬，呼磁役郭宪男敬嗣曰：今夕上帝有命，吾将逝矣。遵吾之言，葬吾于鼓山之侧。遂卒。享年六十有四。宪同敬嗣，扶柩归磁，礼葬，且建祠祀之。盖府君之生也，屡有异政，时称治行第一，化民成俗，兴利除害，功加穷壤，道被幽显，至如伏虎祛狐，斩妖降鼠，又公之正气有以格之，无足怪者。及其没也，唐太宗封护国显应王，宋真宗封东岳岱山护国西齐王，徽宗加封护国显应昭惠王。高宗加封护国显灵真君、金章宗封亚岳之神。元成宗封灵惠齐圣广佑王，皆所以报其如在之灵也。①

武安之崔府君庙，创建时间在北宋。可以猜想，金元（1127—1368）两百多年间，这里的崔府君的内容发生什么变化。上述碑文，将崔府君的行历描述得非常具体，从籍贯到妻子，为官履历，乃至生卒年月皆相当完整。"护国显应王"为宋哲宗元符二年即原来的"护国显应公"升为王爵而成。无论是南宋的楼钥还是元代的王德渊都坚持这一点。但是在纪杰的碑文中，这个封爵在宋代获得已经无法令人满意，一口气推到唐太宗时。还新增加了"宋真宗封东岳岱山护国西齐王，徽宗加封护国显应昭惠王"的发明，暗示了东岳与崔府君之间的关系。这个碑文提到了高宗加封护国显灵真君，金章宗封亚岳之神，是元代糅合南北封号的产物。可以推测出上述发明是在元成宗到明洪武之间。其中，"护国西齐王"是流行于山西境内的传说，武安之崔府君庙本来是磁州崔府君庙之行祠，但由于和山西接壤，交通便捷，接受了山西的这一说法。纪杰的碑文基本奠定了如今太行

---

① （明）纪杰：《崔府君墓碑》，杜济美修，郜济川纂：《武安县志》卷一三《金石志》，民国二十九年（1940），《中国地方志集成·河北府县志辑》第64册，第324页。

山东麓崔府君的大致形象。

元代在河北邢州之任县亦有崔府君庙之存在。至大二年（1309）重修崔府君庙，磁州管军千户师德华撰写碑文：

> 范史东汉所载名臣崔公子玉者，天钟贞干，性秉明达。守宰邑土，除长子之狐而邪惑以熄，戮光山之虎而虐孽以拔，德誉洋溢，洽于区宇，虽阎闾细小之氓，莫不知之。既殁，郡邑慕而像之，以求其庇，号曰崔府君也。①

邢州之崔府君为东汉名臣崔子玉，即崔瑗。史书所记崔瑗所任为河南汲县令，跟长子县和光山县无关。"有宋靖康之祀，金人陷汴，以徽、钦北归。时康王提兵而追救，次及邯郸之□，群臣父老，遮道而谏，恢复中土，王意未决。俄有持蜡丸血书而至，云即其早救父母，王感泣还军而南，磁人以府君马神助王乘之，明日谒焉。及王即皇帝位，诏封府君嘉应侯，使郡邑庙之。"这里叙述了南宋创造的"泥马渡康王"的传说，说明该传说在南宋灭亡后已经传到了华北地区。在叙述了金大定中权行南岳之后，说"至元末，追封为灵惠齐圣广祐王，宝书付磁庙有矣"，诏书时间应为元贞二年，这可能是作者记忆失误造成的，但作者知道诏书赐予磁州本庙之事。"任之为邑，春秋晋皇□也。土肥物穰，俗美风淳，隶属顺德。邑北有祠，经岁绵远，颓替不可支辅，过者荒凉，瞻者惨怛，岂徒然哉！至大改元秋，新宰刘公闻礼下车，行巡谒之礼，睹而叹息，愤然起重修之念。既而鸠金化帛，遴材选梓，命工度费，以成胜事。耆长趋风，吏属赞佽。至大己酉秋九月十六日肇建，王殿神门，咸一新之。十月十六日落成。……是岁春旱，一祷而雨。夏，邻邑螟蝗，损殒无措，不入其境，民无虑焉。秋旱，又祷而雨。黎庶骇然曰：'宰之处敬事神，其感应也如此，虽古循良之吏，不可迈也。'"任县的崔府君庙尽管时间久远，但是直到至元年秋方才在知县刘闻礼的主持下得到修缮。师德华任磁州管军千户，为什么他所叙述的崔府君的来历与王德渊所叙述的不同呢？原因可能是他对任县太熟

---

① （元）师德华：《灵惠齐圣广祐王碑》，明成化《顺德府志》，转引自李修生主编《全元文》第37册，第15页。本节引文未出注者皆出此。各处"祐"亦作"佑"，据原文抄录，不作统一更改。

悉了，他说"余宰是邑十数余年，其里风乡俗，则通志。"故而所叙述崔府君之来历是任县人的认识。"任邑人士孟吉、阎善、安廷瑞、周湿等俱有才干，见义勇为，近豪俊之风。以状求不腆之文。"这些人的身份值得考虑。笔者以为他们皆为地方士人。在金元华北区域，知县维修地方祠庙的过程中，经常能够见到士人撰写碑文或者参与过程管理，这些人在金元时期地方文化资源的整合过程中扮演着重要角色。

二　偷梁换柱：潞州崔府君与磁州崔府君形象的合一

在第一节提到，磁州崔府君信仰如火如荼之时，在山西长子县亦有另外一个崔府君，虽然默默无闻但也有小范围的信仰，二者并非一人。在金代晋东南，关于二仙和成汤信仰的宋金碑刻颇多，相比之下，关于崔府君信仰的碑刻，除了北宋末年管蒙的那块以外，一百多年内无任何碑刻保留。所以我们难以考察山西潞州之崔府君信仰在金代的传播情况。所幸元代保留了一大批碑刻，使我们对此时的潞州崔府君信仰有一个比较清晰的认识。

潞州东郭有东岳庙，该庙的始建时间已不可考。此东岳庙居东之殿祭祀崔府君，在至元十四年（1277）居民加以重修，并立碑纪事。① 碑文说："吾州遗风崇尚乡社，社有神祠，遇水旱、螟孽、疠疫之灾，致祷焉。"在作者看来，潞州乡里的习惯是崇尚"乡社"，这种民间自发结社的传统，我们在成汤信仰在潞州传播的过程中亦能看到。"潞之东郭岳庙，久制严邃，极为宏敞，中央起大殿四，居东者以祀亚岳。"可知潞州东郭之东岳庙，虽然主神是东岳，但是在中央四个大殿中，亦有崔府君之神位，并且居东。此时潞州之崔府君亦称"亚岳"，是继承了金代朝廷对磁州崔府君之封号。可见潞州志崔府君有意无意地模糊与磁州崔府君之区别，以此来提高自身的影响。自然这个"借用"的过程从金代就开始了。故而崔府君虽仅是东岳之陪祭，但位置相对比较重要。

这篇碑文主要记载的是以牛氏为主的跨越三十多年的修缮活动。"荐历兵革，栋宇倾圮，莫蔽风雨。祖居邑人牛公吉者，衍祖考也，一日拜谒

---

① （元）靳元敬：《重修亚岳庙记》，《山右石刻丛编》卷二六，《石刻史料新编》第 1 辑第 21 册，第 15538—15539 页。

祠下，顾其弊陋，□然惕心，曰：'神也者，民所依恃也，使宫寝废坏，而不得安食，则吾属奚依?' 由是，暨衍祖父吉，曰资，曰有，曰浩，曰荣，衍之考曰祥，誓言更新之，遂尽出己资，鬻材募工，经之营之，始终五载，逮乎壬寅之冬，庙貌俨然，雄壮中外。奈厥功不竟，先祖考殁。未几，先考继逝。衍时遗孤，以不克终其志，为愧于世。厥后逮历三纪，适因今司庙人赵德志谋以嗣成衍先人之事，榱桷户牖，补而易之，垣墉基址，葺而完之，输奂斯美，丹雘一新。今衍也念昔祖祢之夙愿，赖赵公崔居、男曰从以毕之，遂置石于壁，以志新之之始末。"碑文云"始终五载，逮乎壬寅之冬"，"壬寅"为蒙古乃马真后称制元年（1242），上推五年，为1238年，距离蒙古灭金仅四年。可推测此地在金末蒙古初年经历了战火，而东岳庙之崔府君庙被严重毁坏。最先是牛吉及兄弟牛资、牛有、牛浩、牛荣，加上牛吉之子牛祥，捐资修建，历经五年，但并未最终完成，因牛吉和牛祥父子先后离世。立碑的牛衍为牛祥之子，当时年幼，时隔三十年，司庙人赵德志最后完成修缮。牛衍与赵崔居关系已不可知。"司庙人"，是民间祠庙的实际掌管者。此时潞州之东岳庙并未被道士所控制，可知道教在元代晋东南的势力主要集中在泽州，尚未对潞州有真正的影响。"助缘人郭内　李英、李仲、赵显栗、朱义、贾□；东村　王钧、王俊、戴进、王全、王顺、王英、李聚、秦山。"从前述"乡社"来说，东郭的崔府君的信众主要集中在东郭和东村。

以崔府君为东岳之陪祭，在蒲州也能看到。延祐五年（1318）蒲州之东岳庙因地震重修，"作大殿五楹，前为香亭，以祠仁圣帝，后宫以祠圣妃。东西庑七十有四楹，以祠诸神，门有卫神、高禖，若崔府君，若十王，咸有殿以安神栖"①。想来是借着"亚岳"的名号，栖身东岳庙，另外，当时文学作品中崔府君判生死的功能，与东岳庙又很相似。同时"十王"即指十殿阎罗王，亦为掌生死者。因此崔府君与十王皆栖身东岳庙为陪祭，可能民众是基于掌管方面的考虑，但这就弱化了崔府君的个人形象。

元代延祐七年（1320），长治县城关修建崔府君庙外门，前鄂州路崇阳县主簿上党进士李天禄撰写碑文。②"王之祠在所有之，为之显应王，为

① （元）尹庐：《重修东岳庙碑铭》，《山右石刻丛编》卷三九，《石刻史料新编》第1辑第21册，第15855页。
② （元）李天禄：《灵惠齐圣广祐王新建外门记》，载冯俊杰编著《山西戏曲碑刻辑录》，第103—105页。

之亚岳。迨及元朝，钦崇典礼，怀柔百神，旷绝之祀无所不究，优封灵惠齐圣广祐王，载在祀典。"这篇碑文开篇就亮出了崔府君祠属于"祀典"的身份。其实无论显应王还是亚岳，都是确指磁州崔府君庙，与潞州之崔府君庙本来毫无瓜葛。但是面对太行山东麓如火如荼的磁州崔府君信仰，太行山西的崔府君庙有意无意地在混淆其与磁州崔府君庙之区别，此点前面已经提到。这种混淆的目的就是避免潞州崔府君庙被打入"淫祀"的范围，而遭到拆毁。将磁州崔府君之封号直接拿来，属于"短平快"的隐藏自己非"祀典"的最好外衣。"王，祁州人，崔姓，子玉字也。唐初为滏阳令，又为长子令，太宗以梦见徵，拜蒲州刺史。先，长子为府君时，有异政之称。适遇虎害，言一孝子被所食，以牒摄虎至，使伏其罪。民以为神，而祠事之。世之所传盖以此也。"碑刻云崔府君为祁州人者，元代仅此一处，前述磁州武安县之明初纪杰所撰崔府君碑刻亦云"祁州古城县附郭村人"，笔者猜测武安之崔府君籍贯与磁州不同，反而与潞州相同，可猜测武安之崔府君形象受到了潞州的影响。在北宋时认为崔府君"唐贞观中为滏阳令，再迁蒲州刺史，失其名。在滏阳有爱惠名，立祠后，因葬其地"[1]。而元代潞州把长子令的履历添加到了磁州崔府君之履历中。"唐初为滏阳令，又为长子令，太宗以梦见徵，拜蒲州刺史。"这种添加履历的做法，就打好了长子崔府君借用磁州崔府君封号的基础。

碑文接着说："庙之在潞郡者，峙于东门之内，由古及今，封加享祭，恩礼不衰。"这纯属假冒，所有崔府君的封号皆为赐予磁州之崔府君，与长子毫无瓜葛。但元代上党进士李天禄在这么表达时已不再羞羞答答，相当理直气壮。想来长子崔府君对磁州崔府君的偷梁换柱进行许久。"上党县尹石承事郎通甫，晋宁洪洞人，自临本邑，百姓乂安，五事备举。割鸡制锦之功，人难能也，真可谓栖鸾淹骥耳。终更之后，人尚思之。及于事神之礼，无不尽诚，率乡曲巨家张玘、贾以直、李温等一十七人，姓名具列如左，同谋协忞，输财于己，雇工于民，土木之费，楮币几四千余缗。创立外门，横跨通衢之上，云霞照映，金碧炫耀，轮焕翚飞，骇人之目。不唯壮神祠之气□，抑亦增乡里之光荣。"可见是县尹发动"乡曲巨家"捐资，而创建庙门的活动。这些"乡曲巨家"的十七人名单："管军百户张玘 武端 贾以直 李温 李公黻 王德 张思贞 樊信 苏敬 郑祯

---

[1] 《续资治通鉴长编》卷一一七，第12册，第2745页。

翰　裴良佐　秦郁　郭克恭　王德辅　郭温公　赵维恭　助缘武济民等立石。""百户"，官名。是元朝始置的世袭军职。元军制，各地驻军设有基层军事单位百户所，掌兵丁百人。取意于"百夫之长"，隶属于所在县的千户所。因此十七人皆为世袭军职的"乡曲巨家"，财力雄厚。

作者李天禄署衔为"前鄂州路崇阳县主簿、上党进士"，可知他为卸任居家之官员，张"玘等即以其事请予记之，辞不获己"。这些居家卸任之官员与本地之大户一般皆有较好的交往。"窃谓《传》有之曰：'有功于民则祀之，能御大灾则祀之，能捍大患则祀之。'夫郡县之良吏，血食一方者多矣，卓茂之于密鲁，仲康之于中牟，朱邑之于桐乡，召信臣之于南阳，未能有达之天下四方者，如王之祠，何其盛欤，呜呼！祀典之废久矣，人心所存□逃祸徼福在耳。"这段话基本上抄自元好问为东平之崔府君庙写的重修碑记。可知元好问之文集流传到了晋东南，并对李天禄产生了影响。"其事神也，刲羊豕，具酒食，巫觋优乐杂然而前，祷谢日丰，乖礼越分，鄙俗相传，不以为过，岂事神之道哉！"作者虽然对这种民间祭祀方式表示不满，但仍然难以放弃对神灵的祈求。"虽疾病请祷，古人之所不废，殊不知诚则感神，祭则受福，冥冥之间自有阴相。若夫悖理□欲，要求于神者，宁无愧乎？故有其诚则有其神，无其诚则无其神。唯王福善祸淫，御灾捍患，有祷辄应，功不为细，神千载而下血食宜矣。"

长子县在元代依然有崔府君庙，至正十五年（1355）加以重修。

> 潞之属县长子，有神庙峙于东门之内，曰齐圣广佑王。王讳珏，姓崔氏，一名元静，子玉，或其字也。唐世为平定人，太宗时为斯邑令，有惠爱之风。时县境有虎患，及一孝子为所食，乃以牒摄虎至而使服其罪，□县以为神而庙事之。县治之左，崔府君祠□□□□今所在有之，盖自古及今历代封加，享祭不衰。……王□名于隋唐之间，又尝为滏阳令，有神政。贞观中，应太宗梦召，拜蒲州刺史，卒官，遗命葬滏阳。滏阳隶磁，为郭县。磁人思其德大，立祠宇，事之如生。①

---

① （元）王士纲：《崔府君庙碑》，（清）豫谦修，杨笃纂：《长子县志》卷七《金石志》，光绪八年（1882）。

该庙是否即北宋末年之庙，已经很难说。碑文将崔珏、崔元静、崔子玉三个崔府君不同的名称糅合到一起，并认为他是平定人。平定即今山西阳泉，这与下述平定州对崔府君籍贯认识相同，且沿用了牒虎的传说。尽管山西崔府君起源于长子县，但是唐代县令只能异地任职，故而长子县只能将崔府君籍贯认定在潞州之外。碑文又加入了崔府君担任滏阳令与蒲州刺史的履历，可知此时的长子县崔府君也已经糅合了磁州崔府君之履历。碑文接着引述了北宋封王，金代亚岳，以及元代加封的诏书。因此可以说糅合履历的目的，即堂而皇之地使用历代对崔府君的赐封，以此来分享荣誉，进入祀典，从而受到国家保护，以及由此带来的兴旺香火。

　　　　居人不忘旧德，每岁六月六日大祈赛焉，报神惠□□东门之庙，岁月日远，不无圮壤，有者众割□□□□□□同心协力，鸠工度物，葺旧增新，正殿三门已□□□□矣。又以剩资规其隙地，创建一李能祠四楹。绘既完矣，像既设矣。

　　每年的六月六日大祈赛，这与北宋时所传磁州崔府君之生日相同。在修缮完毕后，又创修一座"李能祠"。因为"其李能氏，故老相传，乃王为令时吏卒也，尝承牒。追西山虎者。使常人闻虎杀人则辟易奔窜之不暇，又安敢近耶？此当时以勇果称，故后世想其风采，敬畏而祠事之。名虽下职，追迹行事，其亦神明之徒欤！"至此崔府君牒虎的传说又发生重大的变化：由最初北宋末年长子传说中崔府君亲自捕虎，到金末元初东平所传说之崔府君牒虎，再到元朝后期长子县传说中李能承牒追虎。由此我们大致明白山西潞州崔府君传说变化的基本线索。① 有意思的是，碑文说："其显应事实五十条，亦既报行于磁观矣。""显应事实"即山西长子崔府君之灵迹，"磁观"即磁州之崔府君庙——显应观。可知元代长子县崔府君庙与磁州本庙之间已经有联系，且磁州之显应观需要长子之崔府君庙提

――――――――――

① 元代还有更为详细的叙述："府君在唐尹长子县，有异政，民甚德之。其地万山环列，险而多虎。尝有采樵者道触虎死，其母泣诉于府君。君遣使投檄城隍祠，顷之，正昼雾塞，阴厓风生，虎自林薄出，震慄为俯伏状，遂缚以归。君立命磔之，自是，虎屏迹无遗类。"（李继本：《潞州崔府君庙灵应记》，载氏著《一山集》卷五，《北京图书馆古籍珍本丛刊》影印康熙抄本，书目文献出版社2002年版，第740页）

供灵迹故事。因为在文字记载上长子之崔府君要比磁州之崔府君更多。①在经历了金元近两百年的偷梁换柱之后，太行山西麓之潞州崔府君与太行山东麓之磁州崔府君之形象，逐渐完成了二合一的过程。

三 在山西各地之传播

（一）晋城陵川县

陵川县城西 15 公里的礼义镇东北山岗上，现存有崔府君庙，考古认定为汉唐高台式建筑。②《泽州府志》收录一块明初洪武三年（1370）碑刻，叙述了陵川县对崔府君的认识，我们可以认为其反映的内容为元代。

> 按《搜神记》：王姓崔氏，唐太宗贞观七年，举贤良，授潞州长子县令。时黄岭有虎截路噬人，王遣人至山庙投牒召虎，虎遂衔牒至厅下。王诘其罪，虎即触阶而死，民服其神，乃立生祠以祭之。继为卫州卫县令，时大水漂没民舍，王设坛于河上祭之，未几，见一巨蛇，浮水而死，水遂离县。民亦立生祠。③

碑文所云《搜神记》，非东晋干宝所作之《搜神记》，而是元朝成书的《搜神记》，被编入明朝的《万历续道藏》。书中详尽记述了崔府君的来历和灵迹。因记载很长，要点摘录："崔府君，名子玉，祁州彭城人，父名让。应北岳之灵，于大业三年（607）六月六日出生。唐贞观七年（633），征为潞州长子县令，人云昼理阳间，夜断阴府，又曾发牒拘恶虎。贞观十七年（643），出任磁州滏阳县令，后又为卫州卫县，在任上收治河中之蛇，平复泛滥的河水，长子和卫县民众为他设立生祠相祀奉。六十四岁时，预言自己大年将尽，从容而死。其后，在安禄山之乱时，托梦给玄宗，告以

---

① 笔者所见记载元代长子崔府君灵验的碑刻计有：A. 申鼎：《潞州亚岳庙灵应记》，蒙古宪宗三年（1253），《山右石刻丛编》卷二四，《石刻史料新编》第 1 辑第 20 册，第 15507—15508页；B. 周泰：《祷病感应记》，弘治八年《潞州志》卷四；C. 李继本：《潞州崔府君庙灵应记》，载氏著《一山集》卷五，《北京图书馆古籍珍本丛刊》影印康熙抄本，书目文献出版社2002 年，第 740 页。
② 庙中碑刻损毁严重，笔者于 2010 年 4 月考察此庙，完整的碑刻仅剩民国间的一块。
③ （明）鲁邦彦：《礼义镇崔府君庙碑记略》，《晋城金石志》，第 475—476 页。

贼兵即灭。因而玄宗还都以后在磁州立庙，封为"灵经（应？）护国侯"。武宗时又晋封为"护国威应公"。宋真宗东封泰山时又晋封为"护国西齐王"。高宗南渡时又赖其灵异而幸免于难，故在杭州建庙祀奉。① 可见明初《搜神记》在民间比较流行，对碑刻传说的记录有一定的影响。传说整合了长子崔府君牒虎与卫县崔府君治水患的故事。其实磁州崔府君、长子崔府君、卫县崔府君是三个信仰中心。磁州崔府君北宋时已不知名字，元代编造为崔珏，长子崔府君为崔元靖，卫县（今河南淇县）崔府君亦为崔珏，影响最大的是前两个，但是在元代，就加入了卫县崔府君治水患的内容，由此三个崔府君合而为一。②

"陵川县西三十里，有里曰礼义。里中有广祐王庙。考之两碑记：一云重修于金大定二十四年；二云重修于大定二十六年。但未详创始于何代。明洪武二年，大旱，里人祷于祠下。翌日，澍雨沾足。岁大熟。因新庙貌，以答灵贶。经始于是年八月。次年冬十月，厥功告成。"可知原本该庙有两块前代碑记。一说重修于大定二十四年（1184），一说重修于大定二十六年（1186），前后只差两年。可以说陵川县之崔府君庙创建于北宋后期或金代前期，当亦不为过。该庙的祭祀，以祈雨为主。

（二）河东地区

在河东县永乐镇亦有崔府君庙，元代泰定三年（1326）加以重修。碑文交代了崔府君另外一套传说体系：③

　　按传记，所在而神，本祁州鼓城人也。父让，年知命之乏嗣，时祷之于恒山。梦一童之擎合，有二枚之美玉。夫妻俱吞之，腹怀有娠矣。期六月六日，诞神。丰彩秀异，聪敏飘奇，长竭力而事亲，勤博学而不厌。名珏，字子玉，应梦之祥也。至唐贞观七年，以孝廉举至朝，补潞州长子令。时五月朔，省喻邑人勿得杀猎。潜出二人，获兔一只，入城门。吏执于庭下，责之曰：宥过无大，刑故无小，汝等故犯，欲县司受罪邪？阴府受罚？其人乞阴府受罚，以不信为远。是

---

① 《搜神记》卷四《崔府君》，《道藏》第36册，第280页。
② 卫县崔府君何时出现治水的传说，暂不可考。但推测在金代出现，应不为过。
③ （元）李钦：《重修护国西齐王庙记》，陈垣编：《道家金石略》，第776—777页。

夜，一黄衣唤二人至厅上，却见是府君。异王者之官服，检诸部之罪恶，福善祸淫，遂惊而觉。由是郡知昼理阳间，夜理阴府。一日，雕黄岭有猛虎伤人，遣吏赍牒至山庙之勾，虎衔牒随吏至衙厅之触阶。虎既死矣，政乃异之。邑人立祠而祀之，声扬天下，名刀朝庭，太宗嘉之。十七年，迁滏阳令，整太宗阴府事，后迁卫州卫县令。郡西南五里有河，夏大涨溢，府君于河上设坛，词奏于上方。顷刻间，见一巨蛇横水面而死，水亦尽去。郡亦立祠焉。一日暇，与杨叟弈，府君见黄衣数人执符曰："上帝命汝。"府君知己将终，呼二子取纸笔，留百字毕，去世矣，享年六十有四。玄宗值禄山乱，帝梦神曰："陛下驾不可远之，此贼不久灭矣。"帝问知名而惊觉，果应其事而免厄。诏封显圣护国嘉应侯。至唐武宗，加护国威应公。至祥符中，加护国西齐王。

该传说是情节最为丰富、细节描写最为细致的崔府君传说，该传说要点有下面几个：①创造出崔府君之父崔让，祷子北岳恒山，得到宝盒吞玉产子，因名珏，字子玉；②潞州长子令时戒勿杀猎。有人违禁猎兔，被唤道阴府受罚，见到府君，由是人知其昼理阳间，夜理阴府；③雕虎岭猛虎伤人，牒虎而至，触阶而死；④滏阳令时处理太宗阴之事；⑤卫县令时设坛做法，平息水患；⑥与人下围棋，被上帝所召，留百字而逝；⑦安禄山造反，托梦玄宗，封显圣护国嘉应侯。至唐武宗，加护国威应公。至祥符中，加护国西齐王。

其中牒虎是长子县崔府君传说的中心要素，可以认为河东县的崔府君信仰与长子县之崔府君有直接的关系。明初磁州人纪杰写的碑文中提到了⑥中为上帝所召，留百字而逝。晋东南地区多干旱之日，少大雨之时，故叙述洪水之⑦为河南所创之传说，为河东崔府君传说所吸收。因此属于河东地区崔府君的独有传说要素，就是①②④⑤。可说这是崔府君信仰传播到河东地区后新的创造。与前述元代成书之《搜神记》中的崔府君行事除了字数不同外，其他核心内容一致。在河东永济县北陶府村崔府君庙中，有元代泰定四年（1327）《护国西齐显应王之碑》，其中所述崔府君的行事，与元代成书的《搜神记》《三教源流大全》等亦如出一辙。有学者提到河东崔府君的传说皆不仅不提本地崔府君庙的由来，甚至就连崔府君任蒲州刺史之事也只字未提，实在是令人不可思议。① 如果能够看到第一节所引崇宁河东府之碑刻，就明白河东崔府君本来不姓崔，只是后来逐渐向崔府君靠拢，因此不提担任蒲州刺史也并不奇怪。只是在元代时，长子和卫县之崔府君都借用了磁州崔府君之封号，河东之崔府君则只是借用了牒虎等灵迹，而沿用赐封"护国西齐王"的传说不改。

（三）阳泉平定州

元代平定州（治所在今山西阳泉市）亦有崔府君庙。"距州治东三里曰长乐坊，有崔府君庙，勅封护国显应王，不知何代赐也。俗传庙建自宋宣和间，重修则金泰和间也。州里远近之人，疾疠瘝札，水旱灾害，凡祷于庙者辄应。犹谷之于声，形之于影，断断然必著者也。"② 至正元年（1341）自春到夏不下雨，同知平定州事巴拜祈雨成功。次年春树碑颂崔府君之德，碑文由元代后期的文学家揭傒斯撰写：

> 按府君者，祁州鼓城人。父母祷于北岳，而生府君。唐贞观举孝廉，仕磁州滏阳令，昼理阳，夜理阴。一日与杨叟奕罢，见黄衣执符言曰："上帝命以玉珪玉带冠衣召赴五岳，卫兵百余人。"拜毕，奏箫韶之乐，又取白马至。府君命二子取纸笔曰："吾将去矣。"遂书百字以逝，世传以为白字碑。安禄山叛，上梦府君见曰："驾弗别往，禄山必灭矣。"驾还阙，立庙，封显圣护国嘉应侯。武宗朝天下大水，祷之即止，封护国感应公。真宗时封护国真济王。

碑文所述亦有几个要素：①籍贯是祁州鼓城人；②父母祷北岳生府君；③贞观举孝廉，为滏阳令，昼理阳，夜理阴；④与杨叟下棋，为上帝所召；⑤取纸笔留百字而逝；⑥玄宗安禄山叛乱时显灵，立庙封侯，武宗封公，宋真宗封王。与前面河东之崔府君相比，少了任职长子县、猎兔受审和牒虎与卫县去洪水的内容。与纪杰笔下的磁州崔府君基本类似。平定州在中部太行山西麓，东麓即今石家庄市井陉县，太行八陉之一的井陉关就

---

① ［日］水野清一、日比野丈夫：《山西古迹志》，孙安邦、李广洁、谢鸿喜译，第271—273页。
② （元）揭傒斯：《重修崔府君庙记》，（清）觉罗石麟修，储大文纂：《山西通志》卷二○五《艺文·元二○·记五四》，雍正十二年（1734），文渊阁《四库全书》本。

在山西中部来往河北地区的必经之路。而平定州与长治之间交通极为不便。因此，我猜测平定州之崔府君信仰是由磁州传来的。

（四）晋中榆社县

榆社县属于晋中地区，东临和顺县，西邻晋中市榆次区，南邻潞城县，属于太行山区的西部了。在元代时，榆社县亦有崔府君庙，因大旱而县尹前来祈雨成功，由此立碑，我们方才知道有其存在。"榆社县东北隅有庙曰亚岳，以祀崔府君。庙无碑石，不审创自何代。梁记重修，金泰和二年壬戌后，增东西两庑，并舞门、应门，用大元封号，榜曰'灵惠齐圣广佑王庙'。神既贵又灵，凡水旱厉疫，祷之无不响应，苟令长得人，以时致祭，则雨旸时若，民不夭札。如或吏惰不恭，怪风剧雨发作无节，人罹其害。"[1] 元代山西境内之崔府君庙皆享用"亚岳"之尊称，并且用元朝的封号，即"灵惠齐圣广佑王庙"。前述该封号为赐予磁州崔府君庙，而我们在灵丘县发现有赐封诏书之碑，可见在诏书下达后，各地之崔府君庙不管祭祀的是谁，都在使用这一封号。因此榆社县使用封号，也属正常。

（五）吕梁保德州

在保德州（今山西保德县）元代亦有崔府君信仰。元成宗大德八年（1304）兴修，由学正薛澍撰写碑文。[2] 碑文首先叙述崔府君的来历行事："崔氏，讳某，世为祁州鼓城人。唐贞观中举孝廉，第为长子令。秉心公直，政立化行，摘奸发伏，民不忍欺。改任滏阳庶事，综理民无冤抑，除猛虎害，屏巨蛇妖，为当代正臣。去久而见思，邑人为之立祠。"可见是综合了长子县和滏阳县的经历。属于长子县和磁州相结合的版本。"开元间，陈书请谥，始封'显圣护国嘉应侯'。自时厥后，历代崇奉，有加无已。故所至之处，肖其像而祀焉。"薛澍对崔府君的封号已经说不清楚，笼统地用唐朝始封来敷衍了事。但是上推到唐朝，是元代山西多数地域崔府君信仰的说法了。"保德市之东，有神行祠，金皇统九年，郡人张顺元创建也。正隆初，孔目张愈置公祠于殿庭之西，东向。罹壬辰云扰，虽脱于兵烬之余，岁月绵远，风雨侵剥，土木摧腐，上漏下垫，昔之仅存者，

① （元）王国宾：《县尹李公祈雨感应碑记》，（清）王家坊修，葛士达、田福谦纂：《榆社县志》卷九《艺文志·碑记》，光绪七年（1881），国家图书馆藏。

② （元）薛澍：《新修护国显应王庙记》，（清）王克昌修，殷梦高纂：《保德州志》卷一一《艺文中·记》，乾隆五十年（1785），国家图书馆藏。

倾覆俱尽。"由碑文可知，保德州的崔府君庙始建于金熙宗皇统九年
（1149），距离管蒙所写的北宋末年大观二年（1108）的碑文仅有四十年。
那保德州为何创建崔府君庙，这个原因已不可知。金代有关崔府君的碑刻
较少，无法得知在金代的发展演变的情况，只能做一些推测。笔者感觉在
北宋灭亡以后，崔府君在北方有一个比较明显的传播，而且传播速度很
快。只是传播的过程我们已经无法看到，我们能看到的就是元代的传播情
况了。崔府君的信仰是从长子县还是从磁州传过来的呢？笔者推测是从长
子县传过来的。因为磁州距离保德州路途遥远，碑文所述崔府君的灵迹已
经是元代杂糅过的，不能说明传播的问题。"正隆初"应该是元年
（1156）或二年（1157），孔目是衙门里的高级吏人。掌管狱讼、账目、
遣发等事务。孔目张愈置公祠于殿庭之西。壬辰年是1232年，当年战乱
崔府君庙遭到严重损坏。一直到大德八年（1304）"郡民李廷显等，顾其
百十年庙貌，一旦咸为瓦砾场。慨然有修复志，乃先捐已资，诱化郡中之
贤者，相与佽力僦工……凡经营制度，廷显之功也"。

四　在山东之传播

东平的崔府君庙，元好问曾写过重修碑文，尽管他对崔府君的信仰持
批评态度。但不可否认的是，东平之崔府君信仰在元代后期依然存在，并
且兴盛。元代后期的至正四年（1344）又加以修缮。"须城（今山东东
平）有祠，岿然宅于北郭之阜，曰崔府君庙。阖境有祷，辄应如响，民事
之谨。庙建于国初，殿宇中峙，丹碧炳焕，而崇墉缺焉。负贩者得以憩，
刍牧者得以游，曾不若折柳以樊吾圃也。"① 由碑文可知，该庙是东平之信
仰中心。"负贩者得以憩，刍牧者得以游"，也是当地休闲活动的公共
空间。

在潍州（今山东潍坊市）东北十五里寺家庄有崔府君庙，大德元年
（1297）立碑，由当时的滨州儒学教授李定时撰写碑文。② 碑文也叙述了几
个崔府君的灵迹："府君姓崔名珏，本祁州鼓城崔公让子玉之子也。唐贞

---

① （元）王沂：《崔府君庙新垣记》，《伊滨集》卷二一，文渊阁《四库全书》本。
② （元）李定时：《府君崔公灵应之碑》，常之英修，刘祖干纂：《潍县志稿》卷四〇《金石志·
石类》，民国三十年（1941），国家图书馆藏。

观中举孝廉，得潞州长子县令，政迹过人，明如神断。郡人皆曰：'昼理阳间，夜断阴府，捡人善恶，以降罪罚，或减寿禄，或堕人子孙。'人每惊异之。初，雕黄岭猛虎截道伤人，令勾至，虎触阶自死。表迁磁州釜阳县令。尝整太宗阴府之事，决杨叟二子负债之冤，杀水害巨蛇，所在立祠，崇其德也。一日，黄衣执符云：'上帝请。'遂书百字之碑，遗二子而去，时年六十四矣。逮玄宗应梦建庙，封'显圣护国嘉应侯'。武宗加'护国威应公'。祥符元年，真宗封泰山，加'护国西齐王'。始，泰山有祠，以六月六日为诞辰，所在皆祀之。"碑文亦叙述了崔府君几个灵迹：①姓崔名珏，祁州鼓城县人，其父名崔让，字子玉，可知潍州将崔珏和崔子玉变成父子了；②长子县令时亦牒虎触阶死；③滏阳令时整太宗阴府之事，决杨叟二子负债之冤，杀水害巨蛇，这里不提卫县；④上帝召，书百字之碑而逝；⑤玄宗应梦建庙，最先泰山有祠，真宗封禅泰山，加封"护国西齐王"。可见崔府君传说在传播的过程中，保持核心要素的同时，多少都会加入新的因子。潍县所变化的是：①崔珏与崔子玉成为父子；②不提卫县，将杀水害巨蛇放在任滏阳县令时；③最先是在泰山有祠；④绝口不提磁州本庙，仿佛山东之崔府君庙的本庙为泰山之崔府君祠。故而我们可以认定潍县之崔府君传说是本地化的表现。但是其使用"护国西齐王"之封号，与磁州崔府君绝不同，反倒与河东崔府君相同。笔者猜测是河东传播到山东后，加入了泰山有祠的本地化特征。

潍州崔府君庙之立碑，起因很诡异。"圣朝元贞二年，本庄民崔用有子曰进，当六月九日夜，忽患腿痛，渐以昏晦。睹一吏持符勾去，至公厅一所，仪卫甚盛。厅坐一官，紫袍金带，神彩秀异，呼进叱之曰：'吾乃汝庄崔府君也。吾庙虽完，吾像虽设，汝居吾地，不彰吾名，非汝罪而何？欲贷汝罪，当起吾碑，不然，则不放汝还。'进方伏地，惶惧请诺，遽闻惊吒而觉之，乃苏。由是进具白诸亲，皆愕然相顾曰：'神物不无显晦，理之常也。获一命之还，冀一疾之愈，敢惜一碑之费而自欺，不信于神乎？'进顿觉痛止。遂与父用、伯父英聚福众等，同启丹诚，用酬素愿。募工砻石，求记刻珉，以彰灵应，辄稽典籍，而列封号，俾岁时而奖彝仪。"这件事的诡异之处是庄民也姓崔，和崔府君同姓，碑文尽管没有指出崔姓与崔府君庙之关系，但很容易让人联想到滨岛敦俊先生所研究的江南总管信仰的巫觋和萨满。在神的形成过程中，不可或缺的传说的伪造，是由这些子孙来完成的，那些有助于"巫业"的传说是由他们编造出来的。① 这个崔进因腿痛做梦，见到崔府君要求立碑，醒来向亲朋叙述地府经历而获支持，腿痛即愈。因此这个崔进的身份和角色就值得思考，因为崔府君的形象谁也没见到，只有崔进梦里见到。很显然，崔进与该庙的关系非同一般，他应该就是庙子，或者就是巫觋。崔进通过托梦的方式，得到家族的支持，为庙宇立碑。

寺家庄，今天已经消失。但在今潍坊市东北十五里有"崔家官庄村"。《潍县志稿》载：崔氏一族，明初由山西洪洞县迁潍县大圩河崔家庄。当时，崔氏三兄弟迁居此地，并以自己的姓氏取村名为"崔家庄"。其实从这块元代碑刻大致可以推测，崔氏祖居此地，并非是从山西洪洞大槐树迁居而来。洪洞大槐树的传说在影响力方面超过了其他关于移民祖籍的说法，在一个相当大的范围内形成了关于族群认同的话语霸权。② 所以崔家庄之崔氏认为自己是从山西迁徙而来，可能是在大槐树传说的影响下主动附会的。

五　在河南之传播

河南地区在元代亦有崔府君之祠庙。观音奴为知归德府（今商丘市），下属宁陵县"豪民杨甲，夙嗜王乙田三顷，不能得。值王以饥携其妻就食淮南，而王得疾死，其妻还，则田为杨据矣。王妻诉之官，杨行贿，伪作文凭，曰：'王在时已售我。'观音奴令王妻挽杨，同就崔府君神祠质之。杨惧神之灵，先期以羊酒浼巫嘱神勿泄其事，及王与杨诣祠质之，果无所显明。观音奴疑之，召巫诘问，巫吐其实曰：'杨以羊酒浼我嘱神曰："我实据王田，幸神勿泄也。"'观音奴因讯得其实，坐杨罪，归其田王氏，责神而撤其祠。"③ 民间纠纷中，多有就神以决断者。"头上三尺有神明"就是民众的心理出发点。而豪民杨甲为了能占据王乙之田，不惜贿赂巫女，请其令神勿泄露。我们再看有关民间信仰的活动，巫女的身影总是若隐若

---

① ［日］滨岛敦俊：《明清江南农村社会与民间信仰》，厦门大学出版社 2008 年版，第 90—94 页。

② 赵世瑜：《祖先记忆、家园象征与族群历史——山西洪洞大槐树传说解析》，《历史研究》2006年第 1 期。

③ 《元史》卷一九二《良吏二·观音奴》，第 4368 页。

现，因为没有巫女的存在，神灵也就不能为人所感知。当然宁陵县的崔府君庙可能被拆毁后就未再修复，因为我们在清代《宁陵县志》中已经看不到踪迹了。

元代，在今河南省卫辉市有两个崔府君同时存在。一在汲县（今卫辉市）。延祐元年（1314）："卫之汲，有古卫城在其境，庙于东北隅者，汉崔府君祠也。府君讳瑷，字子玉，顺帝时以茂才为汲令，居七年，数言便宜，开稻田数百顷，民祀之至今。庙屡废辄兴，累朝皆有封号。至元中，封灵惠齐圣广佑王。皇庆二年，居民吴德建里门以表之，子实益加藻丽焉。"① 由此看汲县古卫城，崔府君为东汉崔瑷，字子玉者，开稻田数百顷，为良吏。十分明显，这个崔府君与磁州崔府君和长子崔府君皆不同，根本无法扯到一起。但是依然堂而皇之地将至元中的"灵惠齐圣广佑王"拿来为己所用。

在今卫辉市顿坊店乡西南庄大悲寺后院祖师殿前，树立着一块元仁宗皇庆元年（1312）《齐圣广佑王碑》。此碑与大悲寺没有什么关系，颂扬的是崔府君。此碑原竖何方，已不可知。从碑刻中云"卫辉路汲县顿坊店功德主"，则应就在顿坊店乡。碑下部（尤其左下部）有断裂缺失。碑文是笔者发现元代最为详细叙述崔府君行事的碑文，有下面几个基本要素：

①崔府君父名让，祈子北岳。"崔翁讳让，字子玉，世为巨农，纯良德义，乡里推称。年高仿佛，而嗣未立，让与妻氏祷于北岳□□□□□□□□□□擎一盒赐崔翁，翁问之曰：'何物耳？'童曰：'帝赐盒中之物，令翁吞之。'其翁开盒视之，美玉两枚，由是崔翁分吞之。因后孕娠，当年六月六日降□□□□□□□喜幼而从学，不窥群小之戏。长而与□□合，故名曰珏。"

②为长子令，禁猎杀，有人违禁猎兔，被地府所抓。"唐太宗贞观十年，举孝廉。于天下得孝廉者，考其实迹，□补县令，擢崔君长子县尹，政德过人，了无私徇之事□□□□□□欺赖曾□蔬圃事，邑人咸曰：'崔县尹昼理阳间，夜断阴府。'□五月，县尹省谕邑人：'此月望后一日不得杀生涉猎。'□□□□□有善弩者朱赛子等二人潜出城廓射兔，而来吏执□厅，令问之曰：'尔等故犯，即便受刑，其人意谓此阴为远，各放□□□□方矣。'俄有黄衣吏勾二人于厅见崔知县，异□考冤服捡诸□罪

---

① （元）程钜夫：《古卫城崔府君庙里门记》，《雪楼集》卷一三，文渊阁《四库全书》本。

状：'尔等欲促其寿，欲堕其子孙，减其衣禄，女等自裁□□□，女还家。'遂惊而觉，其人□怖。"

③牒虎，虎触阶死。"时一天，门吏报曰：'雕黄岭有虎遮路伤人命。'遣吏孟完赍牒诣山庙勾虎，其虎出，衔牒，随吏至□□。崔公责之曰：'女乃异兽，所食有分，何敢违天理伤人命？罪当何如？'其虎闻之，俯伏触阶而死。"与山西长子传说李能亲自牒虎，改为孟完牒虎。而且孝子的形象也不见了。可见"二十四孝"对河南卫辉路地区的影响不如晋东南。

④磁州滏阳令，卫令退水杀蛇。"太宗贞观十七年，加府君磁州滏阳令。决杨叟二子负债冤枉。迁卫州卫县令，与弈棋人杨叟同赴。县西南约五里有河，时夏水泛涨，罄淹民田，公□河上设祭奏词，少顷，见巨蛇烈水面而卒，水渐息落。"

⑤上帝召见，书百字而逝。"一日，与杨叟弈棋，公忽趋，叟亦起，公问叟：'尔见否？'黄衣人数辈执符言曰：'上帝命。'玉珪玉带，紫服冠簪，绣衣□卫甚众，奏箫韶丝竹之音，拜请，挽白马至。公曰：'汝辈少待。'□二子纸笔：'吾将矣。'诸人闻，皆恸之。公曰：'无恸。诉汝凡人修身，□看临行伎俩，去住明白。'写下百余字以视二子：'尔等当为后鉴。'二子泣拜受命。府君享年六十四矣。"

⑥唐玄宗时显灵获封。"值玄宗兵乱，帝梦神人紫袍金带：'陛下此城不久可避之。'帝问姓名谁欤。'臣乃磁州滏阳令崔珏也。'言讫而退，帝觉焉。后建庙，封为护国嘉应侯。至唐武宗，复加护国威应公。至大中祥符，权南岳事，真宗□□护国西齐显应王。"这里将权南岳的时间上推到了宋真宗时。

⑦本庙在泰山。"始泰山立祠，后天下多矣。"

由此可见，这个传说的基本要素与前述潍县之崔府君传说已无二致。我们可以说二者的传说来源是一样的，尤其是从认为本庙在泰山这一点来看。从使用"护国西齐王"的封号，可知其与河东地区是一致的。但是汲县境内存在两个崔府君的形象，该如何解释呢？笔者猜测古卫城之崔府君本来即崔瑗，在"崔府君"三个字的保护下，借用了元朝的赐封，以此获得了朝廷的认可。而顿坊店的崔府君则是受到河东崔府君与磁州崔府君之双重影响，并且加入了本庙泰山的说法。

除了上述华北地区之外，崔府君信仰在陕西也有比较广泛的传播。第一节提到，北宋熙宁年间曾对庆州之崔府君庙赐额。但是关中崔府君信仰长期为人所忽视。这一地区包括秦岭以北的各府州，即西安、同州、凤翔、乾州、延安、榆林、绥德州、郎州等地。该区内普遍存在着对崔府君的崇拜。① 因为不在华北区域，故而不再详述。

小　结

崔府君是唐宋以降北方地区重要的地域信仰之一。对其信仰，始于中国传统社会对清官的崇拜。这种崇拜心理从两汉南北朝就已经开始，并且经久不衰。崔府君就是其中比较成功的神灵之一。

崔府君信仰的发生时间如果说是在唐代大体无误，其兴起的时间则在北宋。有三个信仰中心：其一是磁州，这属于崔府君的主要信仰地，因磁州处于华北平原南北交通要道，故而传播速度最快。北宋时京城开封附近就已经有了崔府君的行祠，并且于磁州本庙一起得到赐额和封号。并且磁州崔府君在金代意外获得暂时代理南岳祭祀的权力，号称"亚岳"，成为北方祠神信仰中的佼佼者。尽管金代崔府君的文献记载寥寥，但我们依然可以推测其获得广泛的传播，且传说也得到进一步的渲染。元代磁州崔府君也得到了加封，这里一直是崔府君最为重要的信仰基地。南宋编造了磁州崔府君"泥马渡康王"的传说，在元代开始传播到北方，附会到了河南境内。其二是潞州长子县，这是北宋时也已经兴起的地方神灵，却是另一个崔府君。金代长子崔府君开始借用磁州崔府君的任职经历，混淆二者的区别，以此堂而皇之地借用磁州崔府君的各种封号，这个偷梁换柱的过程在元朝已经非常成功。其三是关中的崔府君。这个崔府君区别于其他崔府君的标志是"护国西齐王"的封号。尽管这个封号是伪造的，但却在某些地区广泛盛行，比如河东、河南。在传播到河南和山东地区时，努力摆脱磁州崔府君为本庙的事实，着重强调本庙在泰山的说法。

推动崔府君信仰的传播，主要是地方力量，我们在磁州崔府君元代申请赐封的过程中，已经能够看到地域身份认同所起到的关键作用。地方力

---

① 张晓虹：《文化区域的分异与整合：陕西历史地理文化研究》，上海书店出版社2004年版，第298页。

量的推动，加上国家权力的认可，是崔府君信仰长盛不衰的动力。不同的崔府君庙有着不同的信仰强度和信仰圈，信仰强度较小的崔府君庙需要巫觋的帮助以达到增加信众，而信仰强度较大的崔府君庙则有着地方官员的支持，从而获得较广的信仰辐射。元代基本上形成了崔府君在北方的传播格局，在共同的"崔府君"的名义下，三个信仰中心在明清时期各自继续向外辐射发展。而江浙的崔府君信仰，则自成系统演变和传播。

余 论

　　南部太行山区民间祠神信仰，属于中国古代民间信仰的有机组成部分之一，符合两汉南北朝以降中国民间祠神信仰的基本特征，即神灵的多样性、地域性、变化性等。但在唐代以前，南部太行山区民间祠神信仰却并不兴盛，表现出非常低迷的状态。我们从史料上能见到的多为寺院存在且兴旺的事迹，看不到有什么明显的祠神信仰。笔者以为这是与北朝隋唐晋东南人口变化有密切关系。如泽州在唐初时人口有户 10600 户，口 46732 人，管辖范围与今晋城市辖区相差无几，晋城市有 9490 平方千米，则人口密度约 4.92 人/km²。天宝间泽州有户 27822 户，口 257090 人，约 27 人/km²，①人口增幅非常明显。信仰中心（寺院、祠庙）的数量是与人口多寡密切相关的，人口多则社会财富多，可以供养更多的信仰中心，反之人口寡少就无力供养众多寺庙，则信仰中心数量较少。②因此随着人口的增加，原有的寺院数量已不能满足信众的需求，凭借巫觋存在的各类祠神信仰就如雨后春笋般异军突起，趁势填补了晋东南民众的信仰空间，由此晋东南以寺院为主的信仰格局被打破。这就是南部太行山区祠神信仰兴起的基本背景。

　　各类祠神信仰在南部太行山区都有所表现。地方自然神灵，比如三峻山神、灵湫庙、浮山庙，动物神多为龙神，如会应王（五龙神）、显圣王（白龙神）庙、龙堂，人物神如李靖、关圣、炎帝、总圣仙翁等。如果仅

---

①　翁俊雄：《唐朝鼎盛时期政区与人口》，首都师范大学出版社 1995 年版，第 230 页。但是唐后期政府控制的人口数已经大大降低，如潞州管 10 县，元和户 17800，平均每县 1780 户；泽州 6 县，元和户 3527，平均每县约 588 户。除了战乱频仍导致人口减少外，大量人口逃脱政府控制应是主要原因。参见翁俊雄《唐后期政区与人口》，首都师范大学出版社 1999 年版，第 276 页。

②　参看陈木梓《台北市寺庙经济资源运用过程之探讨——以法令规范下的资料为例》，硕士学位学位论文，台湾大学社会学研究所，2000 年。

从祠神类型上来说，与江南、华南地区并没有什么区别。所不同的是，南部太行山区的祠神在唐宋金时期都经历了一个兴起与传播的过程。人物神如二仙、崔府君、李靖、张果老，皆为唐代产生并且宋代开始传播，在元代已经有了一定地域范围。自然神也普遍被人格化，如三峻山神附会后羿，浮山神附会女娲。上古帝王在唐宋金时期得到重新演绎，如成汤因"桑林祷雨"而成为雨神，神农（炎帝）在晋东南也围绕着羊头山开始小范围传播。

从祠庙的重修过程中，我们可以看到南部太行山区民间祠神的信仰范围。从唐代壶关县二仙迁葬父母一村承担，到陵川县后周时三乡共建二圣庙，说明由一个村子的力量重修祠庙是不可能的。这种数村或数乡共建祠庙的模式，杜正贞称之为"村社传统"。只是她所说的这种"村社"在晋东南的太行山区并不都是如此，"社"的存在并不普及。在今泽州县和高平市能见到"村社"的普遍存在，尤其泽州县从北宋到元，一直沿用"管—村"的基层组织模式，每个"管"下面都有几个"社"，每几个"社"负责某个祠庙的维护和重修。如泽州县金村镇的二仙庙，是招贤管内西五社所共同拥有的祠庙，这种数社共有祠庙的模式一直延续到明清近代。但是在陵川县的二仙庙，我们看到的则是从后周到元代，一直维持着以"乡"为组织的模式，并且几个主要的"乡"都没有什么变化。因此同在晋东南，各地的组织模式并不一致，只是各自的传统从宋代以降皆各自传承。

金元为少数民族政权，笔者原以为少数民族的因素对汉族的祠神信仰应该多少有一些影响。但在实地考察中所见到的碑刻，除了发现少数民族对这些信仰的信奉外，没有看到影响的痕迹。如陵川县西溪二仙庙中有一块元代鸡鸣老人撰写的《重修真泽庙记》，该庙从后周以来一直是以鸡鸣乡为重修主体，该老人应该是鸡鸣乡人。碑阴详列陵川县以普安乡、鸡鸣乡为首的捐资名单，最后还详列了少数族之捐资名单。① "官人"是元代男

---

① "大蒙古国　曲不都官人　娘子火鲁真　男三没合　女招国真　阿都忽　柳通事　刘宣老　妻陈氏　男回　回　当当　和利撒　妻李氏　女合剌真」怅急淖压　妻张氏　男都　小达达兀鲁都　妻张氏　男没里赤　兀奴阿赤　小令扎古女　母陈氏　徐大姐　小张留僧　高妙通　小陈」字花官人　妻周氏　男醜醜　女昔剌真　韩家奴　妻赵氏　男阿勒不　完颜合住　妻蒲察氏　男忽独都　兀忽纳　兀家奴」察字海　妻赵氏　男醜汉　李通事　妻孟氏　刘通事　童通事　阿凡奇妻海堂　」拜都官人　娘子　纳剌海"。"」"为分列符。该碑刻现存陵川县西溪二仙庙。笔者不懂少数民族语言学，对这些名字的族属所知了了。

性之间交往，凡是对方有一定身份地位，便称之为"官人"。① 由"曲不都""火鲁真"可知为蒙古族，"完颜合住""妻蒲察氏"可知为女真族。可知在陵川县境内居住着为数众多的少数族。"通事"是元代的翻译人员，为汉式官僚组织的一部分。但是制度规定中设置译职人员的最低层级为路总管府，置译史和通事各一名，路以下之府、州、司、县则未配置。② 事实上陵川县既不是总管府驻地，也不是府、州，但在县里亦发现了四位通事。这些人与本地汉人一起完成对二仙庙的维修，可以说这些少数族成员亦为二仙庙之信众，同样的情况在其他地区亦能发现。这些进入华北的少数族成员面对汉人原有的祠神信仰，和汉人一样信奉。在对神灵的崇拜方面，各个民族并无二致。因此如果说"宋—金—元"变革，至少在祠神信仰方面很难看到变化。

推动信仰延续与传播的力量分几个层面：首先官员祈雨成功，则重修由官员发起，民众参与，官员所代表的国家力量是对祠庙的肯定，也是"保护伞"。国家的赐额和赐封则代表国家对祠庙的认可，避免了祠庙被排挤到"淫祀"名录而被拆毁的命运。也因此祠庙获得了地域更为广泛的信众，加强了信仰对外传播的动力。我们从二仙和崔府君的传播过程中就可见一斑。尤其二仙为了进入祀典，前后花费了近两百年的时间。其次是地方势力的运作。作为地方代表性信仰，我们发现宋金元时期"地方心理认同"开始崛起，地方上的代表性信仰，起到了心理归属的作用。因此以地方耆老和士人为主的群体，开始对地方文化资源有意进行整合，由此进一步巩固了地方心理认同，"同乡"关系网络在祠庙发展过程中有重要作用。因此祠庙的每一次重修，都是地方社会凝聚心理认同的有效手段。通过祠庙重修，我们能够看到华北区域社会逐渐成形的过程。最后是宗教势力对祠神信仰的关注。民间祠神信仰本来跟佛教和道教没有直接的联系，但祠神信仰必定要与佛教争夺信众，道教在金元扩张势力的过程中，也必然瓜分祠神的空间。这些宗教势力在与祠庙进行博弈过程中，采取了各种不同的方法对其进行渗透。或者祠庙改为道观，或是道士主持。这个过程从金代开始进行，元代达到第一个高峰。由僧人负责祠庙的日常维护则到明代

① 陈高华：《论元代的称谓习俗》，《浙江学刊》2000 年第 5 期。

② 萧启庆：《元代的通事与译史——多元民族国家中的沟通人物》，载元史研究会编《元史论丛》第六辑，中国社会科学出版社 1996 年版。

方才盛行。①

　　通过对成汤、二仙和崔府君三个个案的考察，可以获得一些一般性认识：①信仰的兴起往往依靠巫觋的力量。与先秦两汉巫女在社会前台的兴盛相比，唐宋以降巫觋逐渐退隐到祠神背后，不再是社会主流群体。但其可以"降神"、托梦，就成为民众与神灵交流的唯一途径。因此，我们往往能看到那些重修祠庙的人群，却忽视了这个必不可少的群体。②信仰的传播需要很多因素，其中最主要的因素是灵验的频度和程度。每一次灵验都强化了民众对神灵信奉的心理强度，扩大了神灵信仰的地域范围。由于南部太行山区交通大为不便，由此民众则在本地建立行祠，以避免去本庙长途跋涉的辛苦。国家对祠庙的赐额和对神灵的赐封也强化了信仰对民众的吸引力，增加了信仰传播的能力。韩森教授认为南宋民间信仰的传播和商业有密切关系，但是在晋东南为代表的南部太行山区却没有明显发现商人或者商业发展对祠神信仰传播的贡献。我们在清代重修碑刻中经常看到为数众多的商业字号，这是与明清以来晋东南商业发展有关，尤其是以"泽潞商人"为代表。② 但我们在宋金元时期却难以见到这种情况。③每座祠庙多为一定范围内的村落所共同信奉，这些村落在南部太行山区沿着河谷或山势自然分布，构成了祠庙信仰分布的日常模式。我们也能够看到祠庙有一定的分层，信仰辐射广者信众跨村跨乡跨县，反之则数村，或者仅仅局限在一村范围之内。

　　笔者对明清以前中国古代祠神信仰的发展有如下认识：①两汉南北朝祠神信仰属于草创期，祠神信仰的内容比较少，以自然神为主，人物神则是两汉以来不断地累积。信仰范围多为本地，"神不越界"是一般形态。②唐宋时期是地方祠神信仰开始兴起的时期。自然神延续了两汉南北朝的内容，在新时期也没什么变化。而人物神则层出不穷，覆盖了原有的信仰空间和佛教争夺信仰群体，并开始了自身传播的过程。③金元时期是唐宋时期产生的祠神传播的阶段，并且初具规模。这一时期道教崛起，开始了与祠神信仰的互动过程，奠定了明清祠神信仰的基本格局。④元代亦有新的神灵产生，但是信仰空间已经被道观、寺院，以及唐宋兴起的神灵祠庙所瓜分。这些新产生的神灵一般只局限在很狭小的范围之内，难以获得传

---

① 南部太行山区宗教势力与祠神信仰的博弈，留待日后详加阐述。

② 杜正贞、赵世瑜：《区域社会史视野下的明清泽潞商人》，《史学月刊》2006 年第 9 期。

播的机会。

618—1368 年间南部太行山区的祠神信仰，就处于中国古代祠神信仰发展的第二和第三个阶段，经过数百年的发展，建构了自己固定的信仰群体和存在模式，历经朝代更迭、兵燹不断，依然顽强地流传至今。

征引文献

一 古代文献

（一）史籍、政典

[1]《史记》，中华书局 1962 年版。

[2]《后汉书》，中华书局 1965 年版。

[3]《北史》，中华书局 1974 年版。

[4]《隋书》，中华书局 1974 年版。

[5]《旧唐书》，中华书局 1975 年版。

[6]《新唐书》，中华书局 1975 年版。

[7]《旧五代史》，中华书局 1976 年版。

[8]《新五代史》，中华书局 1974 年版。

[9]《宋史》，中华书局 1977 年版。

[10]《金史》，中华书局 1975 年版。

[11]《元史》，中华书局 1976 年版。

[12]《明史》，中华书局 1974 年版。

[13]《清史稿》，中华书局 1976 年版。

[14]《资治通鉴》，中华书局 1956 年版。

[15]《唐会要》，中华书局 1957 年版。

[16]《宋会要辑稿》，中华书局 1957 年版。

[17]《册府元龟》，中华书局 1960 年版。

[18]《文献通考》，商务印书馆 1935 年版。

（二）碑刻、方志

[1]（唐）李吉甫：《元和郡县图志》，中华书局 1983 年版。

[2]（宋）乐史：《太平寰宇记》，中华书局 2007 年版。

［3］（宋）王存撰，王文楚、魏嵩山点校：《元丰九域志》，中华书局 1984年版。

［4］（明）马暾：《潞州志》，中华书局 1995 年版。

［5］（明）李侃修，胡谧纂：《山西通志》，成化十一年（1475），中华书局 1998 年版。

［6］（明）胡谧纂：《河南总志》，成化二十二年（1486），国家图书馆藏。

［7］（清）王谦吉修，王南国、白龙跃纂：《淇县志》，顺治十七年（1660），国家图书馆藏。

［8］（清）项龙章修，田六善纂：《阳城县志》，康熙二十六年（1687），国家图书馆藏。

［9］（清）高铦修纂：《武乡县志》，康熙三十一年（1692），国家图书馆藏。

［10］（清）徐岱等：《林县志》，康熙三十四年（1695），国家图书馆藏。

［11］（清）徐飏廷修，徐介纂：《长子县志》，康熙四十四年（1705），国家图书馆藏。

［12］（清）蒋擢修：《磁州志》，康熙四十二年（1703），国家图书馆藏。

［13］（清）甄尔节修，孙肯获纂：《屯留县志》，雍正八年（1730），国家图书馆藏。

［14］（清）觉罗石麟修，储大文纂：《山西通志》，雍正十二年（1734），国家图书馆藏。

［15］（清）朱樟修，田嘉谷纂：《泽州府志》，雍正十三年（1735），国家图书馆藏。

［16］（清）杨善庆修，田懋纂：《阳城县志》，乾隆二十年（1755），国家图书馆藏。

［17］（清）吴乔龄修，吕文光纂：《滑县志》，乾隆二十五年（1760），国家图书馆藏。

［18］（清）张淑渠修，姚学瑛、姚学甲纂：《潞安府志》，乾隆三十五年（1770），国家图书馆藏。

［19］（清）程德炯纂修：《陵川县志》，乾隆四十四年（1779），国家图书馆藏。

［20］（清）林荔修，姚学甲纂：《凤台县志》，乾隆四十九年（1784），国家图书馆藏。

[21]（清）王克昌修，殷梦高纂：《保德州志》，乾隆五十年（1785），国家图书馆藏。

[22]（清）唐侍陛、杜琮修，洪亮吉纂：《新修怀庆府志》，乾隆五十四年（1789），国家图书馆藏。

[23]（清）熊象阶修，武穆淳纂：《濬县志》，嘉庆七年（1802），国家图书馆藏。

[24]（清）刘樾修，樊兑纂：《长子县志》，嘉庆二十一年（1816），国家图书馆藏。

[25]（清）袁通修，方履篯、吴育纂：《河内县志》，道光五年（1825），国家图书馆藏。

[26]（清）茹金修，申瑶纂：《壶关县志》，道光十四年（1834），国家图书馆藏。

[27]（清）冯继照修，金皋、袁俊纂：《修武县志》，道光二十年（1840），国家图书馆藏。

[28]（清）穆彰阿、潘锡恩等纂：《大清一统志》，道光二十二年（1842），《四部丛刊》续编本。

[29]（清）高俊修：《清丰县志》，同治十一年（1872），国家图书馆藏。

[30]（清）赖昌期修，谭澐、卢廷荣纂：《阳城县志》，同治十三年（1874），国家图书馆藏。

[31]（清）宗源瀚修，陆心源纂：《湖州府志》，同治十三年（1874），国家图书馆藏。

[32]（清）王家坊修，葛士达、田福谦纂：《榆社县志》，光绪七年（1881），国家图书馆藏。

[33]（清）胡燕昌修，杨笃纂：《壶关续志》，光绪七年（1881），国家图书馆藏。

[34]（清）豫谦修，杨笃纂：《长子县志》，光绪八年（1882），国家图书馆藏。

[35]（清）李桢修，杨笃纂：《长治县志》，光绪二十年（1894），国家图书馆藏。

[36]（清）留香书屋主人：《河南全省地理择要》，光绪三十二年（1906），国家图书馆藏。

[37]（民国）刘陛朝修，胡魁凤纂：《清丰县志》，民国三年（1914），国

家图书馆藏。

[38]（民国）萧国桢修，蕉封桐纂：《修武县志》，民国二十年（1931），国家图书馆藏。

[39]（民国）赵兴德等修，王鹤龄、薛俊升纂：《义县志》，民国二十年（1931），国家图书馆藏。

[40]（民国）王泽溥修，李见荃纂：《林县志》，民国二十一年（1932）石印本，国家图书馆藏。

[41]（民国）凌甲烺修，张嘉谋纂：《西华县续志》，民国二十七年（1938），国家图书馆藏。

[42]（民国）杜济美修，郗济川纂：《武安县志》，民国二十九年（1940），国家图书馆藏。

[43]（民国）常之英修，刘祖干纂：《潍县志稿》，民国三十年（1941），国家图书馆藏。

[44]《石刻史料新编》，台北成文出版社1982年版。

[45]《中国方志丛书》，台北成文出版社1966年版。

[46]《天一阁藏明代方志选刊续编》，上海书店出版社1990年版。

[47]陈垣辑：《道家金石略》，文物出版社1990年版。

[48]王树新主编：《高平金石志》，中华书局2004年版。

[49]冯俊杰编著：《山西戏曲碑刻辑考》，中华书局2002年版。

[50]秦海轩、马甫平、栗守田等编：《晋城金石志》，海潮出版社1995年版。

[51]刘泽民、李玉明编：《三晋石刻大全·高平卷》，三晋出版社2011年版。

[52]王晶辰主编：《辽宁碑志》，辽宁人民出版社2002年版。

（三）文集

[1]（清）董浩等编：《全唐文》，中华书局1983年版。

[2]（清）彭定求等编：《全唐诗》，中华书局1999年版。

[3]北京大学古文献研究所编：《全宋诗》，北京大学出版社1991年版。

[4]（三国）曹操：《曹操集》，中华书局1974年版。

[5]（唐）杨炯：《杨炯集》，中华书局1980年版。

[6]（唐）柳宗元：《柳河东集》，上海古籍出版社1974年版。

[7]（唐）元稹：《元氏长庆集》，上海古籍出版社1994年版。

［8］（宋）李昉编：《文苑英华》，中华书局 1966 年版。

［9］（宋）程颐、程颢：《二程遗书》，文渊阁《四库全书》本。

［10］（宋）张耒：《张右史文集》，《四部丛刊》本。

［11］（宋）楼钥：《攻媿集》，文渊阁《四库全书》本。

［12］（宋）佚名：《宋大诏令集》，中华书局 1962 年版。

［13］（元）元好问：《元遗山文集》，文渊阁《四库全书》本。

［14］（元）郝经：《郝文忠公陵川文集》，山西人民出版社、山西古籍出版社 2006 年版。

［15］（元）许有壬：《圭塘小藁》，文渊阁《四库全书》本。

［16］（元）王恽：《秋涧集》，文渊阁《四库全书》本。

［17］（元）李继本：《一山集》，《北京图书馆古籍珍本丛刊》，书目文献出版社 2002 年版。

［18］（元）王沂：《伊滨集》，文渊阁《四库全书》本。

［19］（元）程钜夫：《雪楼集》，文渊阁《四库全书》本。

（四）笔记、小说、其他

［1］袁珂校注：《山海经校注》，上海古籍出版社 1980 年版。

［2］许维遹：《吕氏春秋集释》卷九《季秋纪二·顺民篇》，中华书局 2009 年版。

［3］（晋）崔豹：《古今注》，文渊阁《四库全书》本。

［4］（晋）张华：《博物志》，文渊阁《四库全书》本。

［5］（晋）皇甫谧著，徐宗元辑：《帝王世纪辑存》，中华书局 1964 年版。

［6］（梁）宗懔：《荆楚岁时记》，宋金龙校注，山西人民出版社 1987 年版。

［7］（唐）段成式：《酉阳杂俎》，中华书局 1981 年版。

［8］（宋）李昉编：《太平广记》，中华书局 1961 年版。

［9］（宋）李攸：《宋朝事实》，文渊阁《四库全书》本。

［10］（宋）高承：《事物纪事》，中华书局 1989 年版。

［11］（宋）彭乘：《墨客挥麈》，中华书局 2002 年版。

［12］（宋）范摅：《云溪友议》，中华书局 1985 年版。

［13］（宋）郭若虚：《图画见闻志》卷二，文渊阁《四库全书》本。

［14］（宋）毛晃：《禹贡指南》，《丛书集成初编》本。

［15］（宋）费衮：《梁谿漫志》，上海古籍出版社 1985 年版。

［16］（宋）张师正：《括异志》，中华书局 2006 年版。

［17］（宋）孟元老：《东京梦华录》，《历代笔记小说集成》影印本。

［18］（宋）程卓：《使金录》，《四库全书存目丛书》，史部第 45 册，1996 年。

［19］（宋）吴自牧：《梦粱录》，浙江人民出版社 1980 年版。

［20］（宋）周密：《武林旧事》，西湖书社 1981 年版。

［21］（元）元好问：《续夷坚志》，中华书局 1986 年版。

［22］（元）佚名：《湖海新闻夷坚续志》，中华书局 1986 年版。

［23］（元）王恽：《玉堂嘉话》，中华书局 2006 年版。

［24］（清）胡渭著，邹逸麟点校：《禹贡锥指》，上海古籍出版社 2006 年版。

［25］（清）顾炎武：《天下郡国利病书》，《四部丛刊三编》，上海书店出版社 1985 年版。

［26］程毅中辑注：《宋元小说家话本集》，齐鲁书社 2000 年版。

二　今人论著（依正文出现顺序排列）

（一）著作

［1］林富士：《汉代的巫者》，台北稻乡出版社 1999 年版。

［2］蒲慕洲：《追寻一己之福——中国古代的信仰世界》，上海古籍出版社 2007 年版。

［3］贾二强：《神鬼界域：唐代民间信仰透视》，陕西人民教育出版社 2000 年版。

［4］贾二强：《唐宋民间信仰》，福建人民出版社 2002 年版。

［5］雷闻：《郊庙之外——隋唐国家祭祀与宗教》，生活·读书·新知三联书店 2009 年版。

［6］［美］Patricia Buckley Ebrey, Peter N. Gregory. *Religion and Society in Tang and Sung China*. Honolulu：University of Hawaii Press，1993.

［7］［美］韩森：《变迁之神——南宋时期的民间信仰》，包伟民译，浙江人民出版社 1999 年版。

［8］皮庆生：《宋代民众祠神信仰研究》，上海古籍出版社 2008 年版。

［9］刘黎明：《宋代民间巫术研究》，巴蜀书社 2004 年版。

［10］王章伟：《在国家与社会之间——宋代巫觋信仰研究》，香港中华书局 2005 年版。

［11］李晓红：《宋代社会中的巫觋研究》，光明日报出版社 2010 年版。

［12］复旦大学文史研究院编：《民间何在　谁之信仰》，中华书局 2009
　　　年版。

［13］詹鄞鑫：《神灵与祭祀——中国传统宗教综论》，江苏古籍出版社
　　　1992 年版。

［14］赵世瑜：《小历史与大历史——区域社会史的理论、方法与实践》，
　　　生活·读书·新知三联书店 2006 年版。

［15］杨保群主编：《焦作市文物志》，中州古籍出版社 2005 年版。

［16］［日］前田正名：《平城历史地理学研究》，李凭等译，书目文献出
　　　版社 1994 年版。

［17］河南省焦作市地方史志编纂委员会编纂：《焦作市志》，红旗出版社
　　　1993 年版。

［18］马修杰主编，河南省沁阳市地方史志编纂委员会编纂：《沁阳市
　　　志》，红旗出版社 1993 年版。

［19］严耕望：《唐代交通图考》第五卷《河东河北区》，台北"中研院"
　　　历史语言研究所专刊之八十三，1986 年。

［20］赵树理：《赵树理文集》，工人出版社 1980 年版。

［21］吉成名：《中国崇龙习俗》，天津古籍出版社 2002 年版。

［22］［法］列维·布留尔著，丁由译：《原始思维》，商务印书馆 1981
　　　年版。

［23］童书业、吕思勉编著：《古史辨》（第七册），上海古籍出版社 1982
　　　年版。

［24］张文安：《后羿神话新解》，《陕西师范大学学报》（社科版）2002
　　　年第 6 期。

［25］王柏中：《神灵世界：秩序的构建与仪式的象征——两汉国家祭祀制
　　　度研究》，民族出版社 2005 年版。

［26］汪圣铎：《宋代政教关系研究》，人民出版社 2010 年版。

［27］杜正贞：《村社传统与明清士绅：山西泽州乡土社会的制度变迁》，
　　　上海辞书出版社 2007 年版。

［28］朱海滨：《祭祀政策与民间信仰变迁——近世浙江民间信仰研究》，
　　　复旦大学出版社 2008 年版。

［29］蔡东洲、文廷海：《关羽崇拜研究》，巴蜀书社 2001 年版。

［30］赵杏根：《中国百神全书》，海南出版公司 1993 年版。

［31］［美］杜赞奇（Prasenjit Duara）：《刻划标志：中国战神关帝的神话》，载韦思谛主编《中国大众宗教》，江苏人民出版社 2006 年版。

［32］钟宗宪：《炎帝神农信仰》，学苑出版社 1994 年版。

［33］杨利慧：《女娲的信仰与神话》，中国社会科学出版社 1997 年版。

［34］杨利慧：《女娲溯源——女娲信仰起源地的再推测》，北京师范大学出版社 1999 年版。

［35］马小星：《龙——一种未明的动物》，华夏出版社 1994 年版。

［36］周扬波：《宋代士绅结社研究》，中华书局 2008 年版。

［37］［美］詹姆斯·W. 凯瑞：《作为文化的传播》，华夏出版社 2005 年版。

［38］芮逸夫主编：《人类学》，台湾商务印书馆股份有限公司 1971 年版。

［39］康乐：《从西郊到南郊：国家祭典与北魏政治》，台北稻禾出版社 1995 年版。

［40］邢铁：《宋辽金时期的河北经济》，科学出版社 2011 年版。

［41］戴扬本：《北宋转运使考述》，上海古籍出版社 2007 年版。

［42］冯俊杰：《山西神庙剧场考》，中华书局 2006 年版。

［43］符海潮：《元代汉人世侯群体研究》，河北大学出版社 2007 年版。

［44］龚延明：《中国古代职官科举研究》，中华书局 2006 年版。

［45］王曾瑜：《金朝军制》，河北大学出版社 1996 年版。

［46］林美容：《妈祖信仰与汉人社会》，黑龙江人民出版社 2003 年版。

［47］吴宗国：《唐代科举制度研究》，辽宁大学出版社 1992 年版。

［48］严耕望：《魏晋南北朝佛教地理稿》，上海古籍出版社 2007 年版。

［49］唐长孺：《北朝的弥勒信仰及其衰落》，《魏晋南北朝史论拾遗》，中华书局 1983 年版。

［50］李映辉：《唐代佛教地理研究》，湖南大学出版社 2004 年版。

［51］［日］松本浩一：《宋代の道教と民间信仰》，汲古书院 2006 年版。

［52］王孝廉：《神话与小说》，台北时报文化出版企业有限公司 1986 年版。

［53］［日］宫川尚志：《六朝宗教史》，弘文堂 1948 年版。

［54］龚延明：《宋代官制辞典》，中华书局 1997 年版。

［55］［日］平田茂树等编：《宋代社会的空间与交流》，河南大学出版社 2008 年版。

[56] 谢重光、白文固：《中国僧官制度史》，青海人民出版社 1990 年版。

[57] ［日］中岛乐章：《明代乡村纠纷与秩序》，江苏人民出版社 2010 年版。

[58] 李华瑞：《宋夏关系史》，河北大学出版社 1999 年版。

[59] 程龙：《北宋西北战区粮食补给地理》，社会科学文献出版社 2006 年版。

[60] 黄宽重：《南宋时代抗金的义军》，台北联经出版事业公司 1988 年版。

[61] 赵万里：《汉魏南北朝墓志集释》，科学出版社 1956 年版。

[62] 李锡厚、白滨：《辽金西夏史》，上海人民出版社 2003 年版。

[63] 赵超编：《新唐书宰相世系表集校》卷三《乐氏》，中华书局 1998 年版。

[64] 王静芝、王初庆等：《千古风流：东坡逝世九百年纪念学术研讨会》，台北洪叶文化事业有限公司 2001 年版。

[65] 叶涛：《泰山香社研究》，上海古籍出版社 2009 年版。

[66] 刘影：《皇权旁的山西——集权政治与地域文化》，新星出版社 2007 年版。

[67] 田余庆：《秦汉魏晋史探微》（重订本），中华书局 2004 年版。

[68] 刘玉亮主编：《中国民间文学集成·河南杞县故事卷》，中原农民出版社 1990 年版。

[69] ［日］水野清一、日比野丈夫：《山西古迹志》，孙安邦、李广洁、谢鸿喜译，山西古籍出版社 1993 年版。

[70] ［日］滨岛敦俊：《明清江南农村社会与民间信仰》，厦门大学出版社 2008 年版。

[71] 张晓虹：《文化区域的分异与整合：陕西历史地理文化研究》，上海书店出版社 2004 年版。

[72] 翁俊雄：《唐朝鼎盛时期政区与人口》，首都师范大学出版社 1995 年版。

[73] 翁俊雄：《唐后期政区与人口》，首都师范大学出版社 1999 年版。

（二）论文

[1] 李子香：《近 30 年来汉代民间信仰研究》，《史学月刊》2010 年第 3 期。

［2］王永平：《论唐代的民间淫祠与移风易俗》，《史学月刊》2000 年第
　　5 期。

［3］王永平：《论唐代的水神崇拜》，《首都师范大学学报》2006 年第
　　4 期。

［4］王永平：《论唐代的山神信仰》，《首都师范大学学报》2004 年第
　　6 期。

［5］王永平：《论唐代山西的民间信仰》，《山西大学学报》2004 年第
　　1 期。

［6］兰林友：《论华北宗族的典型特征》，《中央民族大学学报》2004 年第
　　1 期。

［7］赵世瑜：《作为方法论的区域社会史——兼及 12 世纪以来的华北社会
　　史研究》，《史学月刊》2004 年第 8 期。

［8］赵世瑜：《圣姑庙：金元明变迁中的"异教"命运与晋东南社会的多
　　样性》，《清华大学学报》（哲学社会科学版）2009 年第 4 期。

［9］薛瑞泽：《周代河洛地区与晋南地区的交流》，载邓永俭主编《河洛
　　文化与闽台文化》，河南人民出版社 2008 年版。

［10］乌兰察夫、段文明：《理学在元代的传播与发展》，《内蒙古社会科
　　　学》（汉文版）1991 年第 2 期。

［11］许作民：《黄泽与广润陂》，《殷都学刊》1989 年第 3 期。

［12］宋燕鹏：《试论汉魏六朝民众建立祠庙的心理动机》，《社会科学战
　　　线》2011 年第 3 期。

［13］宋燕鹏：《试论中古时期邺下的西门豹信仰》，载姜锡东主编《华北
　　　区域历史变迁国际学术研讨会论文集》，河北大学出版社 2012 年版。

［14］贾二强：《论唐代的华山信仰》，《中国史研究》2000 年第 2 期。

［15］雷闻：《唐宋时期地方祠祀政策的变化——兼论"祀典"与"淫祠"
　　　概念的落实》，《唐研究》第十一卷，北京大学出版社 2005 年版。

［16］蔡宗宪：《淫祀、淫祠与祀典——汉唐间几个祠祀概念的历史考察》，
　　　《唐研究》第十三卷，北京大学出版社 2007 年版。

［17］裘锡圭：《说卜辞的焚巫尪与作土龙》，胡厚宣主编：《甲骨文与殷
　　　商史》，上海古籍出版社 1983 年版。

［18］毛汉光：《论安史乱后河北地区之社会与文化——举在籍大士族为
　　　例》，淡江大学中文系主编：《晚唐的社会与文化》，台北学生书局

1990 年版。

[19] 梅莉:《玉皇崇拜论》,《湖北大学学报》(哲学社会科学版) 2011
年第 5 期。

[20] 陈春生:《地方神明正统性的创造与认知——三山国王来历故事分
析》,《潮州学国际研讨会论文集》(上),暨南大学出版社 1994
年版。

[21] 陈春生:《社神崇拜与社区地域关系——樟林三山国王的研究》,
《中山大学史学集刊》(第二辑),广东人民出版社 1993 年版。

[22] 包诗卿:《从关羽庙宇兴修看明代关羽信仰中心的北移》,《西南大
学学报》(社会科学版) 2009 年第 3 期。

[23] 冻国栋:《略论唐宋间关羽信仰的初步形成及其特点——以董侹所撰
〈荆南节度使江陵尹裴公重修玉泉关庙记〉为例》,《唐史论丛》(第
十辑),三秦出版社 2008 年版。

[24] 延保全:《广禅侯与元代山西之牛王崇拜》,《山西师范大学学报》
(社会科学版) 2003 年第 4 期。

[25] 杨富学、焦进文:《河南濮阳新发现的元末西夏遗民乡约》,《宁夏
社会科学》2001 年第 5 期。

[26] 容观复:《文化传播与传播论派——文化人类学方法论研究之三》,
《广西民族学院学报》(哲社版) 1998 年第 4 期。

[27] 段友文、刘彦:《晋东南成汤崇拜的巫觋文化意蕴考论》,《中国文
化研究》2008 年秋之卷。

[28] 杨倩描:《从"系省钱物"的演变看宋代国家正常预算的基本模
式》,《河北学刊》1988 年第 4 期。

[29] 瞿大风:《金元之际山西的汉人世侯》,《蒙古学信息》1999 年第
2 期。

[30] 杨讷:《元代农村社制研究》,《历史研究》1965 年第 4 期。

[31] 高树林:《元朝匠户户计研究》,《河北学刊》1993 年第 5 期。

[32] 高荣盛:《元代匠户散论》,《南京大学学报》(哲学·人文科学·社
会科学版) 1997 年第 1 期。

[33] 张薇薇:《晋东南地区二仙文化的历史渊源及庙宇分布》,《文物世
界》2008 年第 3 期。

[34] 段建宏:《民间信仰与地域社会:对晋东南二仙故事的解读》,《前

沿》2008 年第 11 期。

[35] 罗丹妮：《唐宋以来高平寺庙系统与村社组织之变迁——以二仙信仰为例》，《历史人类学学刊》第 8 卷第 1 期，2010 年 4 月。

[36] 李留文：《豫西北与晋东南二仙信仰比较研究——兼论区域文化之间的互动》，《世界宗教研究》2010 年第 5 期。

[37] 易素梅：《道教与民间宗教的角力与融合：宋元时期晋东南地区二仙信仰之研究》，《学术研究》2011 年第 7 期。

[38] 宁可：《述 "社邑"》，《北京师范学院学报》（社会科学版）1985 年第 1 期。

[39] 张勃：《春秋二社：唐代乡村社会的盛大节日——兼论社日与唐代私社的发展》，《华中师范大学学报》（人文社会科学版）2011 年第 5 期。

[40] ［日］爱宕元：《唐代の郷贡进士と郷贡明经—「唐代后半期における社会变质の一考察」补遗—》，《东方学报》，第 45 册，1973 年。

[41] 刘雅萍：《中国古代民间神灵的兴衰更替——以南京蒋子文祠为例》，《世界宗教研究》2011 年第 4 期。

[42] 王连龙：《新见北宋〈杨怀忠墓志〉考》，《史学集刊》2010 年第 6 期。

[43] ［日］須江隆：《唐宋期におけるの廟額・封號の下賜について》，中國社會文化學會：《中國——社會と文化》1994 年第 9 辑。

[44] ［日］松本浩一：《宋代の賜額・賜號について——主として〈宋會要輯要〉みえる史料から》，載野口鉄郎編《中國史における中央政治と地方社會》，日本文部省 1986 年編印。

[45] 中村治兵卫：《宋代の地方区划——管》，載《史渊》第 89 辑，1962 年 12 月。

[46] 杨廷炎：《北宋的乡村制度》，載《宋史论文集》罗庆球老师荣休纪念专辑，香港中国史研究会，1994 年。

[47] 郑世刚：《宋代的乡和管》，《中日宋史研讨会中方论文选编》，河北大学出版社 1991 年版。

[48] 梁建国：《北宋前期的乡村区划》，《史学集刊》2006 年第 5 期。

[49] ［日］柳田节子：《宋代的父老——关于宋代专制权力对农民的支配》，載《漆侠先生纪念文集》，河北大学出版社 2002 年版。

［50］王兴亚：《明代实施老人制度的利与弊》，《郑州大学学报》（哲学社会科学版）1993 年第 2 期。

［51］张紫晨：《中日两国后母故事的比较研究》，《民族文学研究》1986年第 2 期。

［52］董新林：《北宋金元墓葬壁饰所见"二十四孝"故事与高丽〈孝行录〉》，《华夏考古》2009 年第 2 期。

［53］［美］D. W. Meinig. *Reading the landscape*：*an appreciation of W. G. Hoskins and J. B. Jackson*，in D. W. Meinig ed.，*The Interpretation of Ordinary Landscapes*（Oxford，1979），pp. 195 – 244.

［54］陈衍德：《元代农村基层组织与赋役制度》，《中国社会经济史研究》1995 年第 4 期。

［55］周俐：《皮若蝉蜕 解华托象——"尸解"传说透视》，《东南文化》1996 年第 1 期。

［56］林富士：《六朝时期民间社会所祀"女性人鬼"初探》，《新史学》第七卷第四期，1996 年。

［57］［日］吉田隆英：《崔子玉と崔府君信仰》，《集刊東洋學》29，1973 年。

［58］［日］高桥文治：《崔府君さぬぐって——元代の庙と傳説と文學》，《田中謙二博士頌壽記念＠中國古典戲曲論集》，汲古書院，1991 年。

［59］邓小南：《关于"泥马渡康王"》，《北京大学学报》（哲社版）1995年第 5 期。

［60］黄正建：《关于唐宋时期崔府君信仰的若干问题》，《唐研究》（第十一辑），北京大学出版社 2005 年版。

［61］王颋：《宋、元代神灵"崔府君"及其演化》，《社会科学》2007 年第 3 期。

［62］王颋：《磁州卜行：关于"泥马渡康王"传说新证》，《古代文化史论集》，上海古籍出版社 2007 年版。

［63］张俊良、焦红茹：《〈西齐王小客案记碑〉考释》，《文物世界》2007年第 4 期。

［64］［美］包弼德（Peter K. Bol）：《地方传统的重建——以明代的金华府为例（1480—1578）》，载李伯重、周生春主编：《江南的城市工

业与地方文化（960—1850）》，清华大学出版社 2004 年版。

[65] 赵世瑜：《祖先记忆、家园象征与族群历史——山西洪洞大槐树传说解析》，《历史研究》2006 年第 1 期。

[66] 陈高华：《论元代的称谓习俗》，《浙江学刊》2000 年第 5 期。

[67] 萧启庆：《元代的通事与译史——多元民族国家中的沟通人物》，载元史研究会编《元史论丛》第六辑。

（三）学位论文（博士后出站报告）

[1] 沈刚：《民间信仰与汉代社会》，历史学博士后出站报告，吉林大学，2006 年 11 月。

[2] 赵宏勃：《唐代的巫觋研究：七至十世纪中国民间信仰的一个视角》，博士学位论文，南开大学，2001 年。

[3] 贾艳红：《汉代民间信仰研究》，博士学位论文，山东大学，2004 年。

[4] 郭志安：《北宋黄河中下游治理若干问题研究》，博士学位论文，河北大学，2007 年。

[5] 储晓军：《魏晋南北朝民间信仰研究》，博士学位论文，西北大学，2009 年。

[6] 易素梅（Sumei Yi），*The Making of Female Deities in North China*，Ph. D.，University of Washington，2009。

[7] 孙军辉：《唐代民间信仰研究》，博士学位论文，北京师范大学，2009 年。

[8] 李子香：《文化认同与文化控制：秦汉民间信仰研究》，博士学位论文，河南大学，2010 年。

[9] 蔡宗宪：《北朝的祠祀信仰》，硕士学位论文，"国立"台湾大学历史学研究所，1997 年。

[10] 张亿平：《魏晋南北朝民间信仰研究》，硕士学位论文，"国立"台湾大学中国文学研究所，2001 年。

[11] 王建明：《东晋南朝江南地区民间信仰研究》，硕士学位论文，安徽师范大学，2003 年。

[12] 王韵：《论唐、五代的昭义镇》，硕士学位论文，四川师范大学，2003 年。

[13] 刘聪：《蒋子文信仰流行考》，硕士学位论文，北京大学，2003 年。

[14] 王锦萍：《虚实之间：11—13 世纪晋南地区的水信仰与地方社会》，

硕士学位论文，北京大学，2004 年 5 月。

［15］梁建国：《宋代乡村区划研究》，硕士学位论文，河南大学，2004 年。

［16］包诗卿：《明代关羽信仰及其地域分布研究》，硕士学位论文，河南大学，2005 年。

［17］陈木梓：《台北市寺庙经济资源运用过程之探讨——以法令规范下的资料为例》，硕士学位论文，"国立"台湾大学社会学研究所，2000 年。

索　引

后　　记

本书是在 2012 年 6 月完成的博士后出站报告基础上修改而成的。

因为明年要出版另外一本书，所以已经提前写过一篇后记了，有些话已经说过，再次提笔写后记的时候就感觉心情似乎都已经释放完了。故而一直等到本书就要下印厂的前夕，才趁着北京雾霾不方便出门的空档，打开电脑，一股脑的把后记完成。

作为读者，我有先看后记的习惯，因为后记交代了一本书的缘起和作者的研究经验，以及其他一些学术史的内容，所以比较好看，想来拿到本书的诸君，应该和我一样吧。

从 2001 年 8 月第一次参加国际性的学术会议，到现在整整就要"出道"十五个年头了。当年参会的很多先生或者退休在家，或者淡出"江湖"，甚至已经驾鹤西去了。学术队伍的代际传承发生了明显的变化。1999 年 12 月 31 日晚上的跨年爆竹声还音犹在耳，新世纪的 15 年就已经发生了翻天覆地的变化。网络从电话线 ADSL 拨号都已经发展到了 WIFI 上网，手机也从引以为傲的标配变成了普普通通的几乎人手一只，BP 机更是在新世纪初就已经走入了历史。随着社会的快速发展，学术界也确立起"新材料、新角度、新方法"的研究目标，电子书的大量出现使得获取材料不是难事，大量文献数据库的出现，也改变了学者读书的习惯。看着抽屉里硕士时做的手抄卡片，好像已经很久很久没再动过了，尽管知道那是一个好习惯。

在研究领域的问题上，我从来不是一个"安分守己"者。最早入手的是魏晋南北朝史，"二史八书"是最早熟悉的正史。硕士阶段对一个人的学术道路是非常重要的，传统的史学方法在这个阶段都要学到。依然清晰记得导师邢铁教授在 1999 年 9 月入学第一节课上说："当初你们师爷李埏先生是怎么教我的，我也就怎么教你们。"因此，我也有幸从邢老师身上学到了老先生做学问的一点皮毛。邢老师总说自己"只教书不育人"，但事实上，"育人"好像比"教书"更多，因为我硕士第二年他就到南开在职读博去了。不过他的一些话音犹在耳，比如"看一本书没有发现对自己有用的材料，不要沮丧，因为你已经知道里面有什么了，下次你就不用再看了"。我经常和高楠师姐说，邢老师是思想家，我们虽然跟随他读书，但最终我们能否达到他的思想的高度，那就是看个人的造化了。我想，这样评价老师，应该不为过吧。

学习传统史学的方法，还要感谢另一位导师秦进才教授，从本科一年级开始，我就经常往秦老师家里跑，晚上一聊就是一两个小时。我的文言文基础不好，高考的时候特别吃亏。因为学古代史必须文言文要过关，是秦老师给了我很好的读文言文的建议。并且他让我在大一后半年的时候就开始看陈寅恪、周一良、唐长孺、田余庆等先生的大作，以便让我在学术起步的阶段，就知道大师的高度在哪里。那个年代晚上10点半宿舍就熄灯了。熄灯后点白色的蜡烛在床头继续看书，烛光下阅读《金明馆丛稿初编》《魏晋南北朝史论丛》《魏晋南北朝史论集》《东晋门阀政治》的情景，还历历在目。本科毕业时打包行李，才发现床下已经滴了很厚的一层固体蜡油。如今回想起来，学生时代不知礼数，经常在秦老师还没吃完晚饭的时候敲门打扰，实在惭愧。虽然秦老师十几年前就已经搬离了老家属院，校园的外墙都已经改变了很多，但每次经过那个家属院门口，都会想起20年前的那个懵懵懂懂的少年，在路灯的照耀下跑过马路的场景。邢老师入学时给我定的题目是"唐宋家族制度的变迁"，如今看来是非常好的一个题目，但在那个阶段自己并未能够体会得到，因此迟迟无法进入状态。邢老师和秦老师商议后，允许我自主选题，我才选择了"两汉南北朝时期淫祠"作为硕士论文题目。同级的同门都按照邢老师的安排做了有关唐宋家族家庭史的题目，而我则成了唯一的"另类"。也因此，我硕士毕业后很长时间还泡在魏晋南北朝尤其是北朝史的研究内。

硕士阶段另一大收获，是得到孙继民教授的指点。研一第一个学期孙老师给我们这个年级上"敦煌吐鲁番文书与碑刻墓志"课，当时冯金忠师兄那一届五个人在宁志新老师门下是二年级，我们两个导师的12个学生合并起来听孙老师上课。课程结束，敦煌吐鲁番文书的皮毛没学到，碑刻墓志的兴趣倒是被点燃了，并且课堂作业在得到孙老师的修改后还得以发表。二年级学院没再安排课，我就跟着孙老师的第一届研究生彭文峰、李效杰每周三下午一起去河北社科院历史所孙老师的办公室听课。记得孙老师有一次讨论唐长孺先生的一篇论文，即《〈晋书·赵至传〉中所见的曹魏士家制度》，这篇论文是作为研究方法论来读的，从中可以发现唐先生的治学方法。15 年后，依然记忆犹新。彭、李二位师兄虽然年龄比我大，但因为是孙老师的第一届研究生，被寄予厚望，所以在老师面前恭恭敬敬。反而是我由于没有这些负担，敢在老师面前放肆地大笑，老师也会开我的小玩笑以活跃气氛。毕业多年，孙老师每次电话，都不忘先开个小玩笑，我想，如果有一天老师不开玩笑了，我可能会很失望吧。

　　2002 年 6 月硕士毕业，那个年代硕士还能在一所省属重点大学轻易谋到正式教职。因此我顺利进入石家庄一所工科大学的中文系任教，长期讲授魏晋南北朝文学史、中国通史、民俗学等专业课程，同时也讲授过社会统计、社会调查、报告文学、现代汉语、古代汉语、"毛邓三"等其他专业的基础课以及全校的公共课。有几年因为民俗学课的关系，带领学生走访城中村，做了一些有关城中村文化保护的课题，发表了几篇论文，居然成为小有名气的"石家庄城中村专家"。并且在随后几年的大学生暑期社会实践中，带领学生去邯郸、保定的城中村继续做村落文化的调查。在当时诸位老师眼里，我有些不务正业，现在想来，这些调查却开启了我走向田野做研究的序曲，为日后的田野调查做好了实践上的准备。

　　好像在 2000 年前后高校开始了考博风，没有博士学位，在高校的发展或受到局限，我也未能免俗，为了将来评职称和能拿到大课题，必须硬着头皮考，尽管外语基础向来不好。所幸"历经磨难"，终于又重新做回古代史，但这次已经下移到了宋史。感谢博士导师刘秋根教授给我重新回归历史学队伍的机会。作为教育部省属高校重点研究基地，河北大学宋史研究中心在漆侠先生的带领下奠定了优良的学术传统。如今想来，刘老师带给我史学理论的眼光和视野，让我学会了关注经济史理论和海外汉学。最值得我感念的是，我和老师一直保持着"亦师亦友"的关系。感谢中心姜锡东教授、汪圣铎教授、王菱菱教授、肖爱民教授、闫孟祥教授传道授业，感谢王晓薇、王晓龙、贾文龙等师友在读博三年前后给予的各种帮助。在校本部南院六号楼 102 宿舍，我度过了人生重要的三年读博时光。中心在主楼十层，宿舍门口直线距离主楼只有 100 米，但有栏杆阻挠，因此要绕过毓秀园，就变成了 300 米，于是经常"趁人不备"翻越栏杆，练就了好身手。在那间宿舍里，2008 年 5 月 12 日的汶川地震让我第一次知道地震是什么感觉。2010 年 3 月连续两次大雪，让我记住了宿舍门口那条小路的美丽。虽然六号楼如今已经拆掉，但站在主楼上向下望去，感觉五年前，其实就是昨天。

2010 年 6 月博士顺利毕业，我得到来首都师范大学历史学院从事博士后研究的机会。由衷感谢合作导师王永平教授，自从 2004 年 8 月昆明唐史年会上认识老师，便一直保持联系，老师也一直关心我每一个成长的阶段。因为王老师对唐代民间信仰有自己独到的见解，因此我才下定决心将硕士论文所接触到的民间信仰的研究重新拾起来。虽然如今我已经出站，但我必须感谢首师大历史学院良好的学风和传统，不仅提供了在职从事博士后研究的良好条件，而且潜移默化的改变了我之前的浮躁。在这里，我受到了"全球史"理论的强烈影响，并且将之运用到了日后的研究中去。我想，这是塑造我学术认知的一个必经阶段吧。

来北京的另一大收获，是两年内能够亲炙赵世瑜教授教泽，从 2010 年 9 月到 2012 年 6 月，连续在北大 4 教和 2 教听了"中国区域社会史""社会史史料研读""社会史研究方法"等课程。虽然博士期间读过马克·布洛赫和布罗代尔的一些著作，为长时段的研究路径所吸引，但勒华拉杜里的大名还是第一次听到，也第一次阅读《蒙塔尤》，为年鉴学派的最新的研究方法而拍案赞叹。出站报告中有关"二仙"的史料，就在"社会史史料研读"课程上宣读过，并得到赵老师和杜洪涛、陈雪等同学的分析提示。我进站前设计的报告题目是"7－11 世纪华北民间信仰研究"，因我是邯郸人，故首先于 2010 年 4 月选择和邯郸紧邻的晋东南做了第一次田野考察，虽然只有四天时间，但陵川县西溪二仙庙和礼义镇崔府君庙，以及泽州县的府城玉皇庙里的宋金元碑刻就已经给我足够的震撼。2010 年 8 月在北师大历史系办公室拜见赵老师的时候，他就建议我收缩战线到山西，且拉长时段到元代。联系我第一次的晋东南考察，因此我将研究区域限定在晋东南。在随后的金石碑刻的搜集，以及 2011 年 9 月和 2012 年 4 月的晋东南的考察中，感觉晋东南的信仰已经不局限在这个区域，而是跨过太行山脉向外传播，因此最后选择了"南部太行山区"作为研究区域。因时间有限，出站报告只是选择了几个著名的神祇进行了专题研究，还有很多题目可以挖掘。报告完成后，有幸邀请到赵老师担任出站报告鉴定会的主席，他不仅给我的出站报告比较好的评价，也指出了其中存在的非常严重的问题。这些问题在随后的两年多时间内不断修正，尽管还无法达到尽善尽美的地步，但作为第一本唐宋金元时期华北区域祠神信仰的学术著作，我想应该还算是有一些学术价值吧。同时也感谢中国社会科学院历史所黄正建教授、中央民族大学历史文化学院李鸿宾教授、马来亚大学中文系苏庆华教授热情担任鉴定会委员，短短的两个半小时的鉴定会，成了学术讨论会，使我受益匪浅。

2012 年 11 月在苏庆华教授的大力帮助下，我得以下南洋访学，研究领域也逐渐涉及马来西亚华人史。本书的主体部分就是在马来亚大学中文系的职员办公室中完成的，其中大部分章节这两年也陆续发表，因此和出站报告原文是有一些不同的。

最后还要交代下本书的出版缘起。我从 2014 年 1 月底从马来亚大学访学归来，很快就进入中国社会科学出版社从事编辑工作。虽然编辑的任务非常繁重，但是社领导赵剑英社长兼总编、郭沂纹副总编对编辑从事一定的研究工作还是高瞻远瞩地持支持态度的。因此我的学术研究才不至于停顿下来。去年年底正值第四批中国博士后文库征稿，因此我有了出版的念头，并且最终得以实现，感谢郭沂纹副总编和博士后文库的外审专家，给了我这么宝贵的出版机会。同时要感谢同事吴丽平，她是民俗学博士，所以我非常希望她能够担任本书的责编，她在编辑任务繁重的情况下毅然接下，并且做了很好的初审。但毋庸置疑，本书中出现的错讹之处与观点问题，都应由我承担，请大家批评指正。

这本书就要出版了，我的"宋元山西祠神信仰研究"就要告一段落了。如果时间允许，下一个研究区域，可能是晋南，也可能是晋中、晋北，山西不仅是明清研究的重点区域，也应该是宋元研究的重点区域，宋元山西区域社会史大有可为。

这是我写的最长的一篇"后记"，交代了从 1999 年读研走上学术之路，到 2012 年博士后出站报告完成，从思想上到研究方法上的变化过程。每一个阶段的学习，都不会浪费，都为对形塑一个学者的研究方法和思考路径提供素材。因此，最终每个学者都会形成自己独特的研究风格。

我想，我也是有研究风格的吧。

2015 年 12 月 20 日于北京一水轩